U0839291

"十四五"职业教育国家规划教材

活页式·校企合作·高职汽车专业群规划教材

汽车车载网络系统检修

主　审　王建良

主　编　孙春玲　刘福海

副主编　刘小莉　王志远　韩永伟　毕巍巍

山东大学出版社

SHANDONG UNIVERSITY PRESS

·济南·

图书在版编目(CIP)数据

汽车车载网络系统检修/孙春玲,刘福海主编.—济南:山东大学出版社,2020.8(2025.6重印)
活页式·校企合作·高职汽车专业群规划教材
ISBN 978-7-5607-6633-1

Ⅰ.①汽… Ⅱ.①孙… ②刘… Ⅲ.①汽车—计算机网络—维修—高等职业教育—教材 Ⅳ.①U472.41

中国版本图书馆CIP数据核字(2020)第097773号

策划编辑 刘 彤
责任编辑 宋亚卿
封面设计 牛 钧

汽车车载网络系统检修
QICHE CHEZAI WANGLUO XITONG JIANXIU

出版发行	山东大学出版社
社　　址	山东省济南市山大南路20号
邮政编码	250100
发行热线	(0531)88363008
经　　销	新华书店
印　　刷	济南乾丰云印刷科技有限公司
规　　格	787毫米×1092毫米 1/16 14.75印张 347千字
版　　次	2020年8月第1版
印　　次	2025年6月第6次印刷
定　　价	59.00元

版权所有 侵权必究

前　言

《国家职业教育改革实施方案》指出，要深化“三教”改革，建设一批校企“双元”合作开发的国家规划教材，倡导使用新型活页式、工作手册式教材并配套开发信息化资源。同时，要求专业教材随信息技术发展和产业升级情况及时动态更新。教育部印发的《关于职业院校专业人才培养方案制订与实施工作的指导意见》要求，要建设符合项目式、模块化教学需要的教学创新团队，选用体现新技术、新工艺、新规范等的高质量教材，引入典型生产案例，普及项目教学、案例教学、情景教学、模块化教学等教学方式，推动课堂教学革命。山东交通职业学院汽车运用与维修技术专业群是国家“双高计划”重点建设专业群。其中，课程和教材是重要建设内容之一。

2022 年 10 月 16 日，中国共产党第二十次全国代表大会在北京胜利召开。为深入学习贯彻党的二十大精神，深化教育领域综合改革，加强教材建设和管理，教材编写组对教材进行了修订，以更好地推进党的二十大精神进教材、进课堂、进头脑。

“汽车车载网络系统检修”是高职汽车专业群课程体系中的一门专业必修课程。本书在内容选取上注重突出类型特征，书以载道、需求导向，重构教学内容体系，并基于工作过程中的情景组织内容，重点突出学生职业能力和职业素养的培养。全书由山东交通职业学院骨干教师和宝马培训中心、上汽大众培训中心的专家协同编写，并得到了行云新能科技(深圳)有限公司产品研发经理李海宁的大力支持。全书从实际应用出发，深刻贯彻党的二十大精神，精心设计“情景式”的教育模式，理论与实践相结合，系统地介绍了汽车常见车载网络系统的分类、结构、工作原理及故障诊断方法等。在内容编排上坚持信息技术与教学有机融合，适合课程教学团队模块化分工协同完成教学任务的需要。本书既可作为高职高专汽车检测与维修技术、汽车电子技术、汽车智能技术、新能源汽车运用技术等专业的教学用书，也可作为从事汽车车载网络系统检测相关工作的工程技术人员的参考用书。

全书分为七个项目，内容包括汽车车载网络系统概述、动力 CAN 总线系统的检测与修复、舒适 CAN 总线系统的检测与修复、LIN 总线系统的检测与修复、MOST 总线系统的检测与修复、汽车其他常见总线系统的检测与修复以及汽车车载通信新技术。

全书由山东交通职业学院孙春玲、刘福海担任主编，刘小莉、王志远、韩永伟、毕巍巍担任副主编。其中，刘小莉、韩永伟编写了项目一、项目六；刘福海、李海宁编写了项目二、项目七；孙春玲编写了项目三、项目五；王志远、毕巍巍编写了项目四；孙春玲、刘福海负责全书的通稿工作，王建良负责全书的主审工作。

本书在编写过程中参阅了许多国内外公开出版的教材和发表的文献资料，同时得到了山东交通职业学院宝马培训中心和上汽大众培训中心的大力支持，在此一并表示感谢。

由于时间仓促，加之水平所限，书中难免存在错误和不妥之处，敬请读者提出宝贵意见。

编　者

2022 年 11 月

目　录

项目一
汽车车载网络系统概述

★工作情景描述

汽车车载网络技术是计算机网络技术在汽车中的具体应用。随着生活水平的提高、电子技术的发展，人们对汽车的要求越来越高，电子设备的大量应用使得车身线路越来越复杂。为了实现资源共享，提高信号利用率，同时减少线束数量，车载网络技术应运而生。但车载网络技术对于从事汽车维修行业的人员来讲很棘手，因为其维修、诊断过程难度较大。

★学习目标

通过学习，应达到以下目标：①掌握汽车电脑控制系统的组成；②掌握汽车电子控制单元的连接类型、主要特点；③掌握车载网络系统的分类；④能正确分析简单的汽车单片机局域网系统各模块的相互关系。

★知识准备

任务一　汽车电脑系统的检修

一、汽车电脑控制系统概述

(一)汽车电脑控制系统

汽车电脑控制系统简称汽车电脑,是汽车控制系统的核心,在硬件结构上一般可分为外部传感器、汽车电脑和执行机构三部分,如图 1-1 所示。汽车电脑一般被称为 ECU (electronic control unit),主要由输入接口、微处理器和输出接口组成。

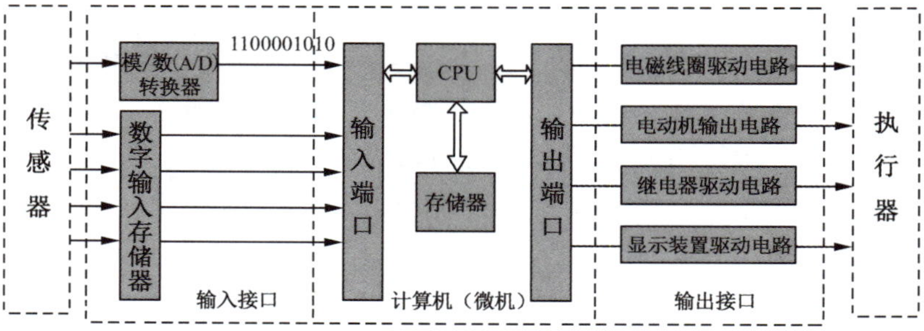

图 1-1　汽车电脑控制系统的组成

(二)ECU

ECU 是将中央处理器(central processing unit,CPU)、存储器(memory)、定时器/计数器、输入/输出(I/O)接口电路等主要计算机部件集成在一块集成电路芯片上的微型计算机。在实际应用中,通常很难将单片机与被控对象直接进行电气连接,必须外加输入电路、输出电路和操作开关等,才能构成一个单片机应用系统。其基本结构如图 1-2(a)所示。虽然单片机只是一块芯片,但已经具有微型计算机的组成与功能,故称之为单片微型计算机,简称单片机或微机。目前,汽车电脑控制系统采用的单片机均为数字式单片机。

1. CPU

CPU 是具有译码指令和数据处理能力的电子部件,是汽车电子控制单元的核心,基本结构如图 1-2(b)所示,由运算器(calculator)、寄存器(register)和控制器(controller)组成。运算器是计算机的运算部件,用于实现数学运算和逻辑运算。汽车上各种电脑控制系统(燃油喷射系统、防抱死制动系统、安全气囊系统、自动变速器控制系统)内部的数据运算与逻辑判断都在这里进行。寄存器用于暂时存储数据或程序指令。控制器是计算机的指挥控制部件，其功用是使计算机各部分按照监控程序和应用程序自动协调一致地进行工作。

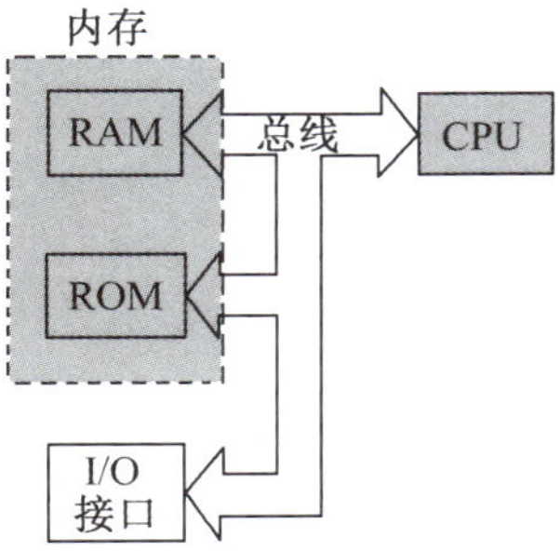

(a)单片机结构框图

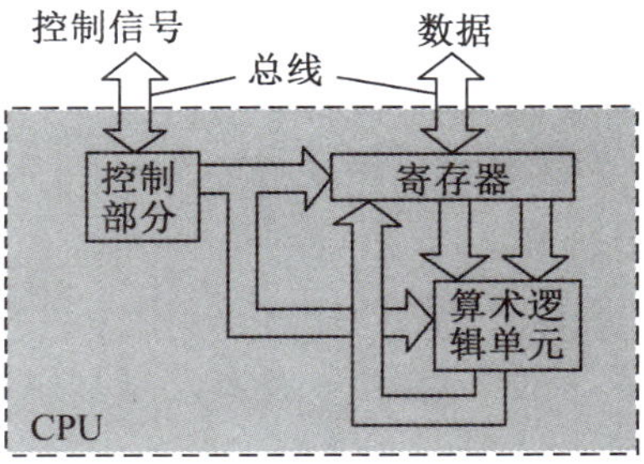

(b)CPU结构框图

图 1-2　单片机基本结构框图

2. 存储器

在单片机或微型计算机中，存储器是用来存储程序指令和数据的部件。存储器是由许多具有记忆功能的存储电路构成的，每个记忆存储电路存储 1 位二进制信息(0 或 1)，称为存储器的存储位(bit)。每 8 个记忆存储电路构成存储器的一个基本单元，存储 8 位二进制信息，称为存储字节(byte)。存储器按读写操作原理可分为只读存储器(read only memory，ROM)和随机存取存储器(random access memory，RAM)；按功能可分为程序存储器和数据存储器；按构成材料可分为半导体存储器和磁质存储器。

(1)ROM：ROM 可分为掩膜 ROM、可编程 ROM(PROM)、可改写 ROM(EROM)。

(2)RAM：RAM 片内为 128 B(52 子系列片内为 256 B)，片外最多可外扩 64 KB。片内 RAM 以高速 RAM 的形式集成在单片机内，可以加快单片机运行的速度，还可以降低功耗。

(3)程序存储器：程序存储器用来存储程序。8051 单片机的程序存储器为容量为 4 KB的 ROM，8751 则为 4 KB 的 EPROM。如果片内 ROM 的容量不够，片外 ROM 的最大容量可扩至 64 KB。

3. 输入/输出接口

I/O 接口是 CPU 与传感器或执行器之间进行数据交换和下达控制指令的通道。由于传感器和执行器种类繁多，它们的信号速度、频率、电平、功率和工作时序等都不可能与 CPU 完全匹配，因此必须根据 CPU 的指令，通过 I/O 接口进行协调和控制。

4. 总线

总线是微机内部传递信息的电路连线。在单片机内部，CPU、ROM、总线是微机内部传递信息的电路连线。在单片机内部，CPU、ROM、RAM 与 I/O 接口之间的信息交换都是通过总线实现的。按传递信息不同，总线可分为数据总线、地址总线和控制总线三种。数据总线主要用于传送数据与指令。地址总线用来传递地址数码。微机中的器件都与控制总线连接，CPU 可通过控制总线随时掌握各个器件的状态，并根据需要随时向某个器件发出控制指令。

5. 输出回路

输出回路是单片机与执行器之间的中继站，其功用是根据微机发出的指令，控制执行器动作。微机对采样信号进行分析、比较、运算后，由预定的程序形成控制指令并通过输出端子输出。

6. 时钟电路

MCS-51 单片机的内部有时钟电路，但石英晶体和微调电容需外接。时钟电路为单片机产生时钟脉冲序列。MCS-51 单片机允许的晶振频率一般为 6 MHz 和 12 MHz。

7. MCS-51 单片机的引脚

尽管单片机种类很多，但无论是从世界范围还是从全国范围来看，应用最广泛的都是英特尔（Intel）公司生产的 MCS-51 系列单片机。下面以 MCS-51 系列 8 位单片机（8031、8051、8751 等）为研究对象，介绍单片机的硬件结构和工作原理。

MCS-51 以及 80C51 系列单片机中各种型号芯片的引脚是互相兼容的。目前大多数引脚制造工艺为高性能金属氧化物半导体（HMOS）的 MCS-51 单片机都采用 40 只引脚的双列直插封装（DIP）方式；制造工艺为混合互补金属氧化物半导体（CHMOS）的 80C31/80C51/87C51 单片机，除采用 DIP 方式外，还采用方形封装方式，为 44 只引脚（其中 4 只是无用的引脚）。

MCS-51 系列又分为 51 和 52 两个子系列，并以芯片型号的最末位数字作为标志。其中，51 子系列是基本型，而 52 子系列则属于增强型。MCS-51 单片机的典型芯片是 8031、8051、8751。8051 内部有 4 KB ROM，8751 内部有 4 KB EPROM，8031 内部无 ROM；除此之外，三者的内部结构及引脚完全相同。因此，下面以 8051 为例，说明本系列单片机的内部组成、信号引脚和指令系统。8051 单片机的基本组成如图 1-3 所示。

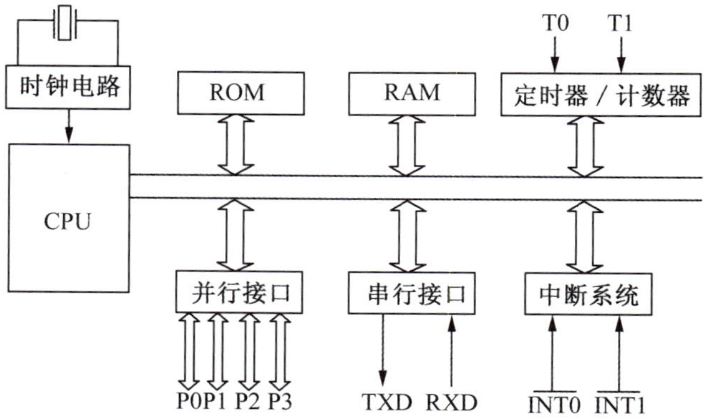

图 1-3 8051 单片机基本结构

MCS-51 单片机是标准的 40 引脚双列直插式集成电路芯片，引脚排列如图 1-4 所示。由于工艺及标准化等原因，芯片的引脚数目是有限制的，为了增加引脚的功能，有些引脚具有第二功能，带括号的符号是第二功能符号。

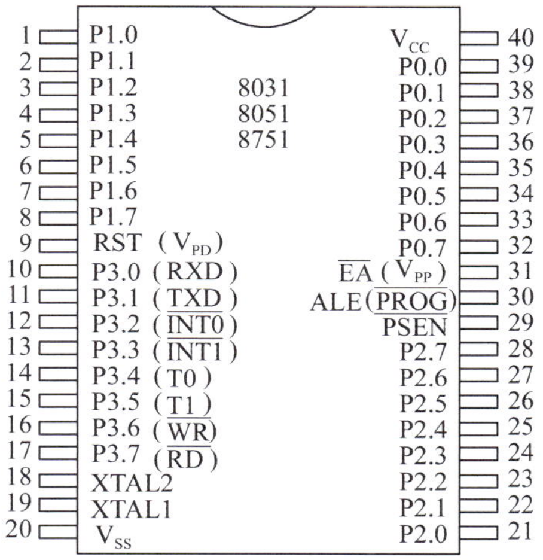

图 1-4　MCS-51 单片机引脚

(1)电源引脚：V_{CC}(40 脚)为芯片电源正极端，接+5 V 电源；V_{SS}(20 脚)为芯片电源负极端或接地端。

(2)时钟引脚，即 XTAL1(19 脚)和 XTAL2(18 脚)：当使用芯片内部时钟时，外接石英晶体和微调电容；采用外部振荡器时，XTAL1 接地，XTAL2 为外部振荡信号的输入端。

(3) I/O 口引脚：8051 共有 4 个 8 位的并行 I/O 口，即 P0 口、P1 口、P2 口、P3 口。

P0 口：P0.0～P0.7 (39～32 脚)，8 位双向 I/O 口。此口在 CPU 的控制下，可以选为双向数据总线口，可以输出或输入数据；也可选为地址总线的低 8 位输出线口。

P1 口：P1.0～P1.7 (1～8 脚)，8 位双向 I/O 口，仅有双向数据总线口功能。

P2 口：P2.0～P2.7 (21～28 脚)，8 位双向 I/O 口。此口在 CPU 的控制下，可以选为双向数据总线口，也可选为地址总线的高 8 位输出线口。

P3 口：P3.0～P3.7 (10～17 脚)，8 位双向 I/O 口，为双向数据总线口和第二功能口。P3 口各引脚与第二功能见表 1-1。

表 1-1　P3 口各引脚与第二功能

引脚	第二功能	信号名称
P3.0	RXD	串行数据接收
P3.1	TXD	串行数据发送
P3.2	$\overline{\text{INT0}}$	外部中断 0 申请
P3.3	$\overline{\text{INT1}}$	外部中断 1 申请
P3.4	T0	定时器/计数器 0 的外部输入
P3.5	T1	定时器/计数器 1 的外部输入
P3.6	$\overline{\text{WR}}$	外部 RAM 写选通
P3.7	$\overline{\text{RD}}$	外部 RAM 读选通

(4)控制信号引脚：

①ALE/$\overline{\text{PROG}}$(30 脚)：ALE 是地址锁存控制信号。在访问外部存储器(RAM 或 ROM)时，ALE 用于控制将 P0 口输出的低 8 位地址锁存起来，以实现低位地址和数据的隔离。此外，由于 ALE 是以晶振 1/6 的固定频率输出的正脉冲，因此，可作为外部时钟或外部定时脉冲使用。在对 8751 的 EPROM 编程时，第二功能$\overline{\text{PROG}}$是编程脉冲的输入端。

②$\overline{\text{PSEN}}$(29 脚)：在访问外部程序存储器时，此端输出低电平，作为外部程序存储器的读选通信号。

③$\overline{\text{EA}}$/V_{PP}(31 脚)：为内部程序存储器和外部程序存储器的选择控制信号。为 1 时，访问内部程序存储器，并可延至外部程序存储器；为 0 时，访问外部程序存储器。在对 8751 的 EPROM 编程时，第二功能 V_{PP}是编程电压(21 V)的输入端。

④RST/V_{PD}(9 脚)：复位信号输入端，用以完成单片机的复位初始化操作。第二功能 V_{PD}是备用电源输入端，当主电源 V_{CC}端口断电期间，备用电源经 V_{PD}端向片内 RAM 供电，保证存储在 RAM 中的数据不致丢失。

(三)数制

1. 二进制数

计算机内部的基本工作电路是组合逻辑电路和时序逻辑电路，按高低电平和二进制规律工作。计算机处理和存储的信息都是二进制信息，并以 8 位二进制数为一个单位，称为一个字节(byte，简写为 B)。对于一个较大的信息，可以由若干个字节组成。以二进制数表示的数据或指令，是计算机可以直接使用的，故称为机器数，也称机器码。

数字信号不是高电平就是低电平，因此，可以对数字信号赋值。例如，低电平数字信号可规定为 0，而高电平数字信号则规定为 1。对数字信号赋值称作二进制编码。在汽车电脑中，以二进制代码传输信息。状态、数量及文字等都可以用一系列的 0 和 1 表示。

很多输入传感器的工作电压为 0～5 V。节气门位置传感器(throttle position sensor，TPS)所能产生的电压为：关闭节气门为 0～2 V，部分开启节气门为 2～4 V，大开节气门为 4～5 V。

电脑可以规定 0～2 V 为 1，2～4 V 为 2，4～5 V 为 3。

注：二进制代码是对数字信号的数值贴合。

2. 十六进制数

在对计算机输入数据、指令码时，如采用二进制数，则位数太多，使用比较麻烦。在单片机上常用十六进制数。十六进制数是微型计算机软件编程时常采用的一种数制，其由 0、1、2、3、4、5、6、7、8、9、A、B、C、D、E、F 等 16 个数符构成，其中 A、B、C、D、E、F 分别代表十进制数的 10、11、12、13、14、15。

十六进制数的进位规则是“逢十六进一”。一般在数的后面加字母 H 表示是十六进制数。8 位二进制数“00000000～11111111”，可用 2 位十六进制数“00H～FFH”一一对应表示。当然，十六进制数进入计算机后要经专门的电路和软件转换为二进制数供计算机使用。在人工输入数据时，如果数据是十进制数，一般应先人工转换为十六进制数，然后再输入。

（四）汽车电脑控制系统的特点

(1)具有高的工作可靠性。

(2)具有良好的抗振性、抗腐蚀性、抗污染性。

(3)能在温度大范围变化的情况下正常工作。

(4)具有抗强电磁干扰的能力。

(5)能在电压波动较大的情况下正常工作。

(6)智能化，自诊断。

二、汽车电脑的工作过程

闭合点火开关后，车载电源加到电脑电源电路，输出＋5 V电源给ECU供电，在时钟和复位电路正常工作下，开始自检；自检完后，接受输入信号，计算处理后，输出驱动信号，控制执行器。

三、汽车电脑的故障检测

（一）汽车电脑控制电路检查

在动手检修电脑之前，要先对电脑的控制电路（即外电路）进行检查，排除电路中的故障。因为如果外电路存在故障，容易造成对电脑进行误修，即使修好了或是换用一块新电脑板，还会因为外电路的故障而造成电脑损坏。

外电路故障排除后，如果确定是电脑损坏，可对电脑板进行检修。

（二）电脑故障检测方法

汽车电脑主要由电源部分、CPU、存储器、输入/输出电路等几部分组成。

1. 电源故障

一般是因为就车充电时，充电电压调整得过高，或极性接反，或发动机在运转过程中接头松脱造成发电机直接给电脑板供电等。这种情况一般会烧坏大功率稳压二极管等元件，更换即可，比较容易修复。

2. 输入/输出电路故障

一般是放大电路元件烧坏，有时是由电路板上线路烧断造成的。

3. 存储器故障

当存储器发生故障时，可进行更换，需买一只同型号的空白芯片，通过编程器将原来存储器中的程序内容读出来，再写入空白芯片中去，可复制出新的芯片，再将新的芯片装入电脑。

4. 特殊故障

如被水浸过的车辆，电脑板会出现腐蚀，造成元件引脚断路、粘连或元件损坏，可逐一检查修复或更换元件。

(三)汽车电控单元的故障自诊断

现代汽车微机控制系统具有自诊断的功能。所谓自诊断,就是对车辆单独的电控单元进行检测,比如对发动机、变速器、ABS 和仪表等控制单元进行检测。当电控单元出现故障时,这里以发动机电控系统为例,此时故障灯会点亮,同时 ECU 将故障码输入存储器,通过一定程序,故障码可以从 ECU 中调出,根据故障码显示的内容迅速准确地确定故障位置。

任务二　车载网络技术概述

一、车载网络技术的诞生

(一)线束

在汽车技术发展处于单系统的汽车单片机控制时代,特别是早期生产的汽车,车上只安装 1 个电子控制单元,其信息传输量较少,电子控制系统的传感器、电子控制单元和执行器之间的连接线束的数量还不太多,分别布线还可接受。装备 1 个电子控制单元的汽车内部线束数量如图 1-5 所示。

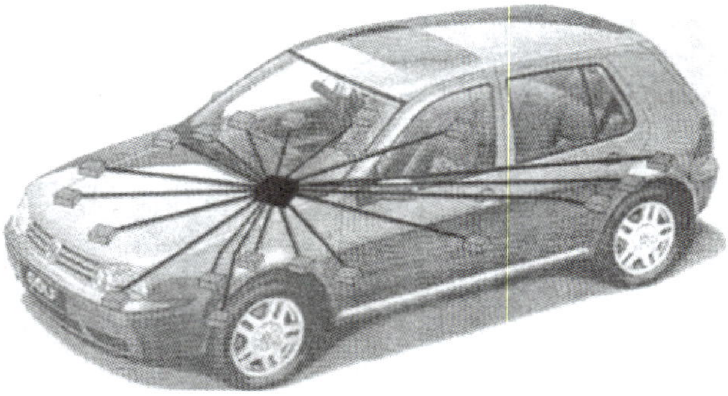

图 1-5　装备 1 个电子控制单元的汽车内部线束数量

随着汽车技术的进步和消费者需求的提高,特别是进入 21 世纪以来,汽车电子技术迅猛发展并在汽车上广泛应用,汽车电子化程度越来越高。从发动机控制到传动系统控制,从行驶、制动、转向系统控制到安全保障系统及仪表报警系统,从电源管理到为提高舒适性而做的各种努力,汽车电子系统已经形成了一个复杂的大系统,如图 1-6 所示。

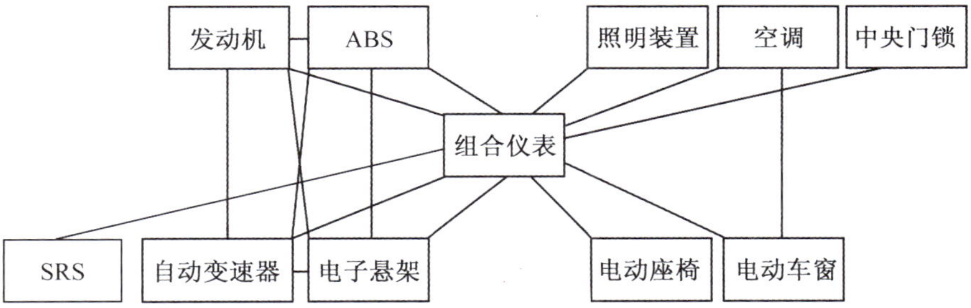

图 1-6　复杂多控制单元的汽车单片机控制系统

这些系统除了各自的电源、传感器和执行器外，还需要互相通信，且信息传输量急剧加大。对于复杂控制系统，如果在各个控制单元之间依然采用传统的布线方式，连接线束的数量将急剧增加，如图 1-7 所示。庞大的线束、插接器会降低车辆电气系统的可靠性，使故障率升高。导线数量的增加还会造成如下影响：(1)整个汽车的布线十分复杂，一根线束包裹着几十根导线的现象很普遍。(2)占用空间，使得在有限的汽车空间内布线越来越困难，限制了其功能的扩展。(3)降低汽车的可靠性。(4)增加维修的难度。一般情况下线束都装在纵梁下等看不到的地方，一旦线束出现问题，查找相当麻烦。(5)增加油耗。在一些高级轿车上，导线的质量占整车质量的 4%左右，导线质量每增加 50 kg，油耗会增加 0.2 L/(100 km)。(6)成本高。电控单元并不是仅仅与负载设备简单地连接，更多的是与外围设备及其他电控单元进行信息交流，并经过复杂的控制运算发出控制指令，按传统的连接方式，线束成本较高。

综上所述，随着车用电气设备的数量越来越多，从发动机控制到传动系统控制，从行驶、制动、转向系统控制到安全保障系统及仪表报警系统，从电源管理到提高舒适性，汽车电气系统成为越来越复杂的系统，并且都集中在驾驶室控制，使得汽车新技术的发展应用与汽车线束数量及线径急剧增加的矛盾相当突出。为简化线路，提高信息传输的速度和可靠性，降低故障率，一种新的信息传输技术——车载网络技术应运而生，如控制器局域网(controller area network, CAN)、局部连接网络(local interconnect network, LIN)和局域网(local area network, LAN)等。

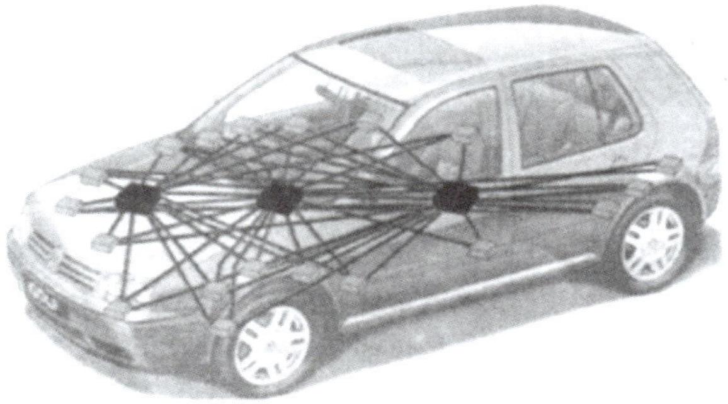

图 1-7　装备 3 个电子控制单元的汽车内部线束数量

一辆汽车不管有多少个电控单元，每个电控单元都只需引出两条线共同接在两个节点上，这两条导线称为数据总线，也称网线。采用车载网络可减小线束尺寸、降低成本、减少插接器的数量，同一款车同等配置下，可以大大简化汽车线束；可以进行设备之间的通信，增加功能；通过信息共享，可以减少传感器信号的重复数量。总线方式布线如图1-8所示。

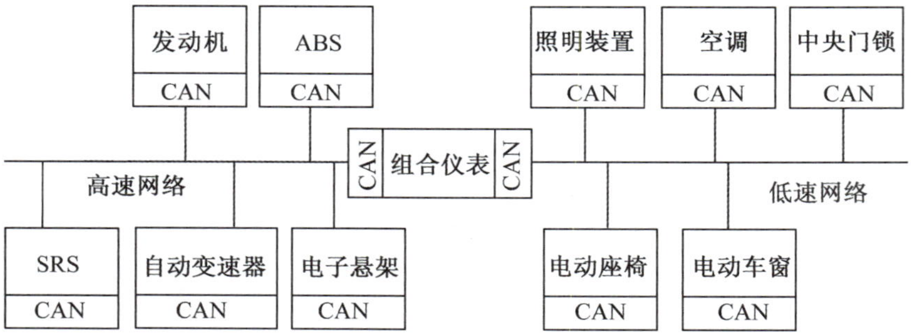

图 1-8　总线方式布线拓扑图

(二)汽车数据传输总线简介

所谓数据传输总线，就是指在一条数据线上传递的信号可以被多个系统共享，从而最大限度地提高系统的整体效率，充分利用有限的资源。

(三)数字总线信号传递方式

汽车上传统的信息传递方式是每项信息都需要独立的数据线完成，即有几个信号就要有几条信号传输线。例如，宝来轿车发动机电控单元 J220 与自动变速器电控单元 J217 之间就需要 5 条信号传输线，如图 1-9 所示。传递的信号项目越多，则需要越多的信号传输线。采用传输总线后，只需要 1 根或 2 根传输线即可，如图 1-10 所示。

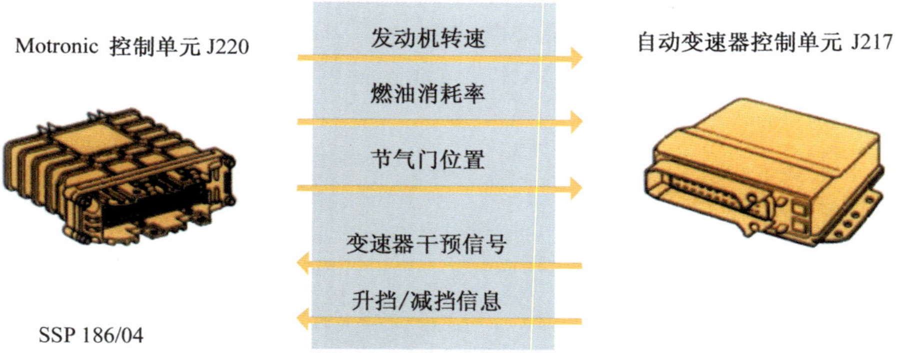

图 1-9　传统信号传递方式

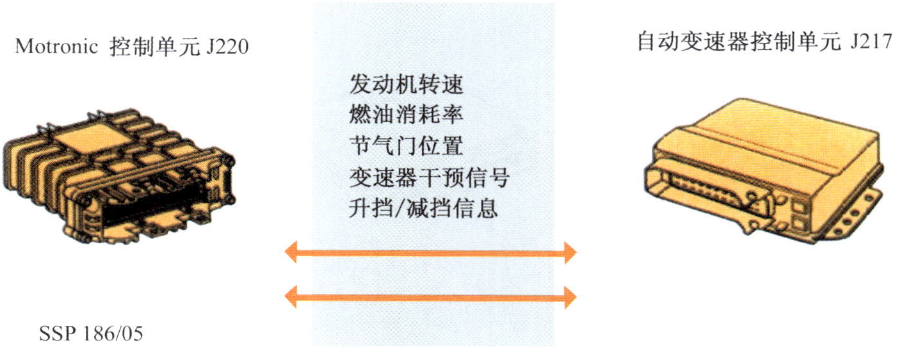

图 1-10　数字总线信号传递方式

总线系统上并联有多个元件，这就要求整个系统的布置应满足以下要求：(1)可靠性高。传输故障(无论是由内部还是外部引起的)应能被准确识别出来。(2)使用方便。当某一个控制单元出现故障时，其余系统应尽可能地保持原有功能，以便进行信息交换。(3)数据密度大。所有控制单元在任一瞬时的信息状态均相同，使两个控制单元之间不会有数据偏差。如果系统的某一处有故障，那么总线上所有连接的元件都会得到通知。(4)数据传输快。连成网络的各元件之间的数据交换速率必须很快，这样才能满足实时要求。

采用总线传输(多路传输)的优点为：(1)简化线束，减轻质量，减少成本，减小尺寸，减少连接器的数量；(2)可以进行设备之间的通信，丰富了功能；(3)通过信息共享，可以减少传感器信号的重复数量。

二、车载网络技术的发展史

早在 1968 年，艾塞库斯就提出了利用单线多路传输信号的构想。

从 1980 年起，汽车内开始装用网络。

从 1983 年起，丰田公司在世纪牌汽车上采用了应用光缆的车门控制系统。

从 1986 年起，在车身系统上装用了铜线传输媒介的网络，并在日产和通用公司汽车的控制系统中得到应用。

20 世纪 80 年代末，博世(BOSCH)公司和 Intel 公司研制了专门用于汽车电气系统的总线——控制器局域网(CAN)规范。

接着，美国汽车工程师学会(SAE)提出了 J1850 通信协议规范。

20 世纪 90 年代，由于集成电路技术和电子器件制造技术的迅速发展，用廉价的单片机作为总线的接口端，采用总线技术布线的价格逐步降低，总线技术布线进入了实用化阶段。能够实现多种控制功能的计算机集中管理系统逐步取代以前各自独立的电子控制系统，初步实现了汽车控制技术从常规、单一的电子控制系统向全面、综合电子控制系统的过渡。桑塔纳 2000 型乘用车综合电控系统的构成如图 1-11 所示。

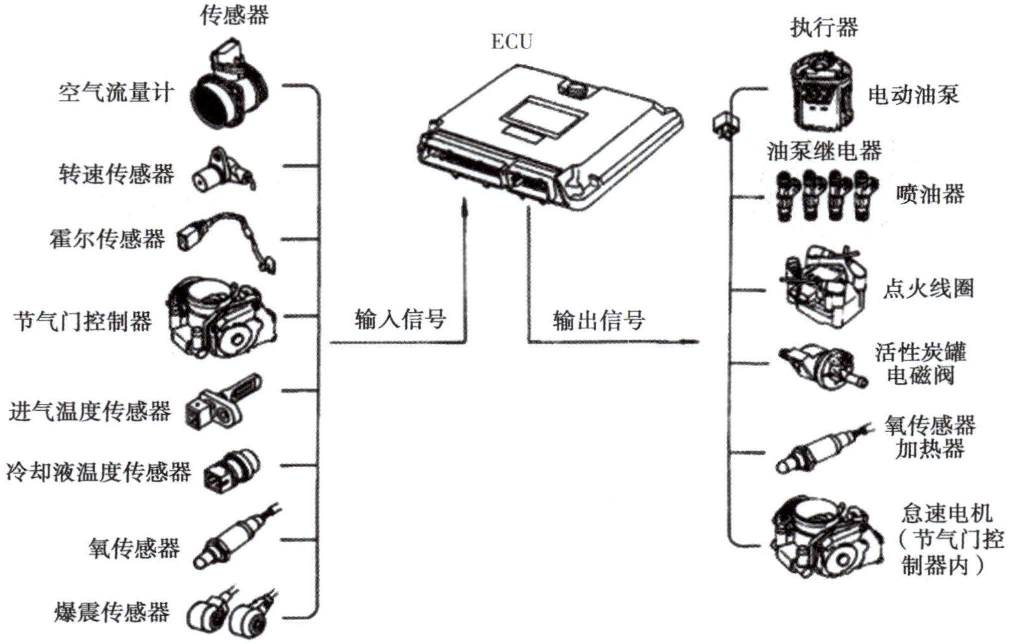

图 1-11 桑塔纳 2000 型乘用车综合电控系统的构成

随着汽车电子技术的发展，欧洲提出了控制系统的新协议——时间触发协议（time triggered protocol，TTP）。

随着汽车信息系统对网络传输信息量要求的不断提高，家用数字总线（domestic digital bus，DDB）协议和面向媒体的系统传输（media oriented system transport，MOST）协议先后出现。

2000 年后，车载网络得以进一步细分，低端 LIN 产生。

目前，多路总线传输技术在国内外已被成功地运用到各种品牌汽车上，如奔驰、宝马、大众、奥迪、通用、丰田、本田、日产、马自达、三菱、雪铁龙、保时捷、美洲豹等。

电子控制技术在汽车上的广泛应用，不仅拓展了电子控制的功能和控制内容，提高了控制精度和汽车性能，也为车载网络技术的发展奠定了坚实的基础。

2000 年以后，进入了整车联网层次的汽车网络化时代，采用先进的单片机技术和车载网络技术，形成了汽车上的分布式、网络化的电子控制系统。整车电气系统被连成一个多电子控制单元、多节点的有机整体，使其性能更加完善。

目前，世界主要汽车制造商生产的大多数汽车上采用了以 CAN、LIN、DDB、MOST 等为代表的网络控制技术，如图 1-12、图 1-13 所示，将车辆控制系统简化为节点模块。在基于现场总线的分布式控制中，任何传统意义上的传感器和执行器都可以与同一现场的节点组合，构成节点模块。车载网络技术进一步优化了汽车的控制系统，极大地提升了汽车的整体控制水平。

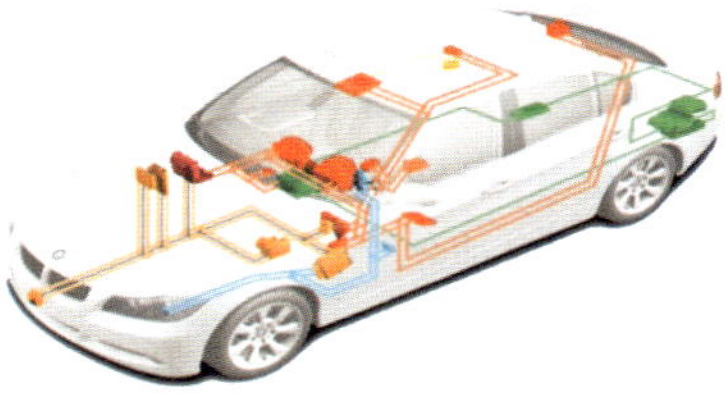

图 1-12　宝马 E60 车载网络系统

图 1-13　奥迪 A4 车载网络系统

任务三　车载网络系统基础知识

车载网络技术是汽车电子控制技术与现场总线技术、计算机网络技术相结合的产物。

一、车载网络系统的功能

(一)多路传输功能

为了减少车辆电气线束的数量,多路传输通信系统可使部分数字信号通过共用传输线路进行传输。系统工作时,由各个开关发送的输入信号通过 CPU 转换成数字信号,该数字信号以串行信号方式从传感器传输给接收装置,发送的信号在接收装置处转换为开关信号,再由开关信号对有关元件进行控制。

(二)唤醒和休眠功能

唤醒和休眠功能用于减少关闭点火开关时蓄电池的额外能量消耗。当系统处于休眠状态时,多路传输通信系统将停止诸如信号传输和 CPU 控制等功能,以节约蓄电池的电能;当有人操作系统时,处于休眠状态的有关控制装置立即开始工作,同时还将唤醒信号通过传输线路发送给其他控制装置。

(三)失效保护功能

失效保护功能包括硬件失效保护功能和软件失效保护功能。当系统的 CPU 发生故障时,硬件失效保护功能使其以固定的信号进行输出,确保车辆能继续行驶;当系统某控制装置发生故障时,软件失效保护功能不受来自有故障的控制装置的信号影响,保证系统能继续工作。

(四)故障自诊断功能

故障自诊断功能包括多路传输通信系统的自诊断模式和各系统输入线路的故障自诊断模式,既能对自身的故障进行自诊断,又能对其他系统进行故障诊断。

二、车载网络系统的特点

汽车网络信息传输方式是利用数据总线将汽车上的各个功能模块(电控单元等)连接起来,形成汽车信息传输网络系统。发送数据和控制信号的功能模块将数据和控制信号以编码的方式发送到同一根总线上,接收数据和控制信号的功能模块通过解码获得相应的数据和控制命令(或某个开关动作)。总线每次只传送一个信息,多个信息分时逐个(串行)传输。其传输特点如下:(1)由于用一根总线替代了多根导线,减少了导线的数量和线束的体积,简化了整车线束,线路成本和质量都有所下降。(2)由于减少了线路和节点,信号传输的可靠性得以提高,并提高了整车电气线路的工作可靠性。(3)改善了系统的灵活性,通过系统软件即可实现控制系统功能变化和系统升级。(4)网络结构将各控制系统紧密连接,达到数据共享的目的,各控制系统的协调性可进一步提高。(5)可为诊断提供通用的接口,利用多功能测试仪对数据进行测试与诊断,方便维修人员对电子系统进行维护和故障检修。(6)便于后续开发。采用开放式的车载网络技术,为后续技术的开发留有充分的余地,随着技术的进步,新的电子控制系统可以很方便地融入已有的系统之中,不必对现有系统进行太大的改动。(7)便于实现控制器与执行器的就近安装,甚至可以采用控制器与执行器的一体化安装,进一步节省了安装空间,提高了控制的实时性和精度,从而实现了良性循环。

三、车载网络系统常用的基本术语

网络系统中有许多计算机专用术语,如局域网、数据总线、网络、通信协议、数据传输、网关、仲裁和终端电路等。

(一)局域网

局域网络是在一个有限区域内连接的计算机的网络,简称“局域网”。一般这个区域具有特定的职能,通过局域网实现系统内的资源共享和信息通信。连接到网络上的节点可以是计算机、基于微处理器的应用系统或智能装置。汽车上的网络是局域网与现场总线之间的一种结构,其数据传输速度一般为 $10\sim10^3$ kb/s,传输距离在几十米。

(二)现场总线

现场总线是在工业过程控制和生产自动化领域发展起来的一种网络体系,是在过程现场安装在控制室先进自动化装置中的一种串行数字通信链路。该系统是用于过程自动化和制造自动化最底层的现场设备或现场仪表互连的通信网络,是现场通信网络与控制系统的集成。

(三)数据总线

数据总线是模块间运行数据的通道,即所谓的信息高速公路,可以实现在一条数据线上传递的信号被多个系统(控制单元)共享,从而最大限度地提高系统的整体效率,充分利用有限的资源。例如,常见的电脑键盘上有 104 个键,可以发出 100 多个不同的指令,但键盘与主机之间的数据连接线只有 7 根,键盘依靠这 7 根数据线上不同的电平组合(编码信号)传递信息。把这种方式应用在汽车电气系统上,可以大大简化汽车电路。通过不同的编码信号表示不同的开关动作,信号解码后,根据指令接通或断开对应的用电设备(前照灯、刮水器、电动座椅等)。这样,就能将过去一线一用的专线制改为一线多用制,大大减少了汽车上电线的数目,缩小了线束的直径。当然,数据总线还使计算机技术融入了汽车系统中,加速了汽车智能化的发展。

各汽车制造商一直在设计各自的数据总线,如果不兼容,就称为专用数据总线;如果按照某种国际标准设计生产,就是非专用数据总线。为使不同厂家生产的通过数据总线连接在一起的零部件能在同一辆汽车上协调工作,必须制定相应的标准。

(四)模块/节点

模块就是一种电子装置,简单的如温度和压力传感器,复杂的如计算机(微处理器)。传感器是一个模块装置,根据温度和压力的不同产生不同的电压信号,这些电压信号在计算机的输入接口(一种数字装置)转变成数字信号。在计算机多路传输系统中,一些简单的模块称为节点。

(五)多路传输

多路传输是指在同一通道或线路上同时传输多条信息。常规线路系统与多路传输系统的车门控制单元如图 1-14 所示。事实上,数据信息是依次传输的,但速度非常快,似乎是同时传输的。对人来说,0.1 s 是非常短的时间,但即使对 1 台运算速度相对慢的计算机,0.1 s 也是很长的时间。如果将 0.1 s 分成若干段,许多单个数据都能被传输(每一段时间传输一段数据),这就称为分时多路传输。

由图 1-14 可以看出,多路传输系统所用电线比常规线路系统少得多。汽车上用的是单线或双线分时多路传输系统,ECU 可以触发仪表板上的警告灯或故障指示灯等,由于多路传输可以通过一根线(数据总线)执行多个指令,因此可以增加许多功能装置。

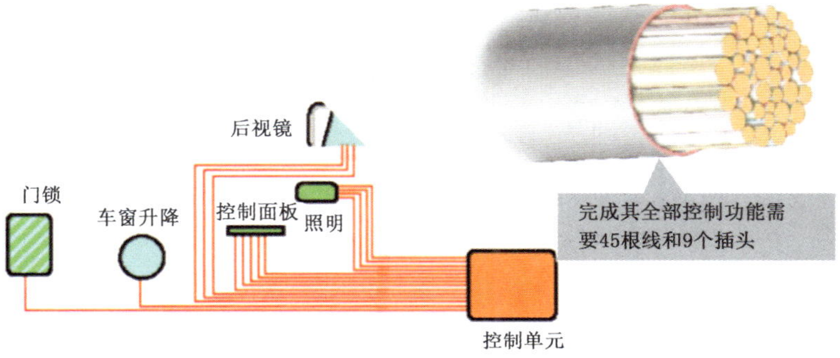

(a)常规线路系统的车门控制单元

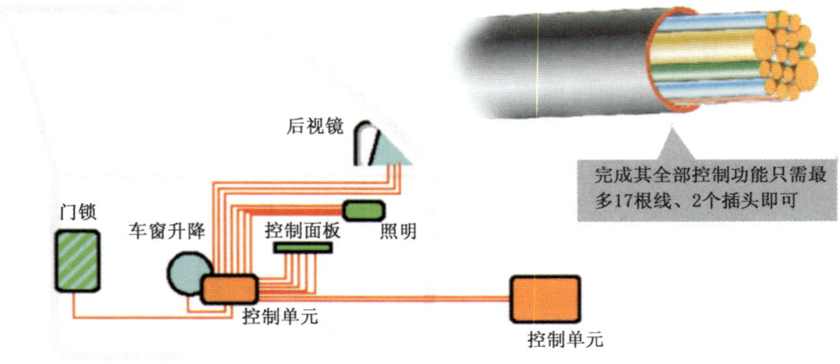

(b) 多路传输系统的车门控制单元

图 1-14　常规线路系统与多路传输系统的车门控制单元

(六) 网络

为了实现信息共享而把多条数据总线连在一起,或者把数据总线和模块当作一个系统,称为网络。从物理意义上讲,汽车上许多模块和数据总线距离很近,因此称之为局域网。根据网络的结构,车载网络分为总线形网、星形网和环形网三种。

(七) 网关

因为车上有很多总线和网络,必须用一种有特殊功能的计算机达到信息共享和不产生协议间的冲突的目的,实现无差错数据传输,这种计算机称为网关。上海大众途安轿车 CAN 数据总线如图 1-15 所示,其中 J533 为网关。

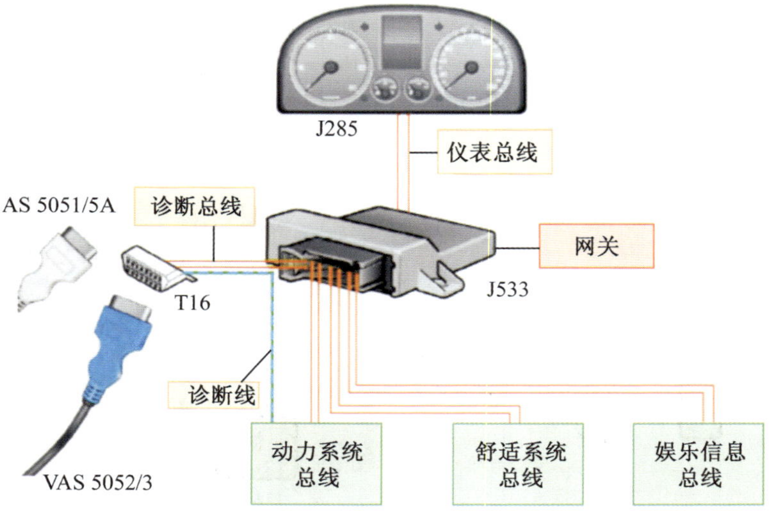

图 1-15　上海大众途安轿车 CAN 数据总线

(八) 控制器局域网

控制器局域网(CAN)是国际上应用得最广泛的现场总线之一。最初,CAN 作为汽车环境中的微控制器通信总线,在车载各电子控制装置 ECU 之间交换信息,形成汽车电子控制网络，如发动机管理系统、变速器控制器、仪表装备、电子主干系统中，均嵌入了CAN控制装置。

（九）通信协议

两个实体模块要成功地通信，必须“说同样的语言”，并按既定控制法则保证相互的配合。具体地说，在通信内容、通信方式以及通信时间等方面，两个实体要遵从相互可以接受的一组约定和规则。这些约定和规则的集合称为协议。协议可定义为在两实体间控制信息交换的规则集合。

1. 通信协议的主要内容

（1）在一个简单的通信协议中，模块不分主从，根据规定的优先规则，模块间相互传递信息，并且都知道该接收什么信息。

（2）一个模块是主模块，其他则为从属模块，根据优先规则，主模块决定哪个从属模块发信息以及何时发送信息。

（3）所有的模块都像旋转木马上的骑马人，一个上面有“免费卷”挂环的转圈绕着它们旋转。当一个模块有了有用的信息后，它便抓住挂环挂上这条信息，任何一个需要这条信息的模块都可以从挂环上取下这条信息。

（4）通信协议中有个仲裁系统，通常这个系统按照每条信息的数字拼法为各数据传输设定优先规制。

2. 通信协议的三要素

（1）语法：确定通信双方之间“如何讲”，即由逻辑说明构成，要对信息或报文中各字段格式化，说明报头（或标题）字段、命令和应答的结构。

（2）语义：确定通信双方之间“讲什么”，即由过程说明构成，要对发布请求、执行动作以及返回应答予以解释，并确定用于协调和差错处理的控制信息。

（3）定时规则：指出事件的顺序以及速度匹配、排序。

3. 常用通信协议

目前，汽车多路信息通信系统中采用的通信协议主要有8种，如表1-2所示。

表1-2　8种典型的通信协议

序号	通信协议名称	推荐或实施单位
1	CAN	奔驰、英特尔、博世、SAE、ISO/TC22/SC3/WG1
2	BASIC CAN	飞利浦、博世
3	ABUS	大众
4	VAN	雷诺、标致、雪铁龙、ISO/TC22/SC3/WG1
5	HBCC	福特、SAE J1850
6	PALMNET	马自达、SAE
7	DLCS	通用
8	CCD	克莱斯勒、SAE

注：ISO为国际标准化组织。

除以上 8 种通信协议之外，还有其他协议，如宝马公司(BMW)于 1994 年提出的集中式网络协议、阿尔法·罗密欧公司的集中式网络协议、卢卡斯(Lucas)公司的光学分布式星形耦合器系统、日立公司的集中式光学单纤维双向通信、飞利浦公司的分布式网络协议等。

到目前为止，世界上尚无一个可以兼容各大汽车公司通信协议的通用标准，也就是说，想用某个公司的通信协议取代其他公司的协议，是很难做到的。因此，在汽车上就形成了多种类型的多路通信系统共存的局面。

(十)传输仲裁

当出现数个使用者同时申请利用总线发送信息时，会发生数据传输冲突，好比同时有两个或多个人想过独木桥一样。传输仲裁是为了避免数据传输冲突，保证信息按其重要程度发送。

(十一)架构

网络特定的通信协议称为架构，架构在其输入端和输出端分别规定能进和能出的信息。架构通常包括 1 条或 2 条线路。采用双线传输数据时，数据的传输基于两条线的电位差；采用 1 条线传输数据时，对搭铁有参考电压。

(十二)集线器

集线器(hub)相当于一个有多个端口的中继器，其功能是随机选出某一端口的设备，并让它独占全部带宽，与集线器的上联设备(如交换机、路由器或服务器)进行通信。集线器分为无源集线器、有源集线器、智能集线器和交换式集线器。无源集线器只将传输介质连接在一起，从一个端口接收数据，然后向所有端口广播。有源集线器具有支持多种传输介质、信号放大、检测和修复数据等功能。智能集线器除具有有源集线器的全部功能外，还有网络管理等智能化功能。交换式集线器可均衡网络负载和提高网络可用带宽。

(十三)子总线

子总线是指从主总线分出至电控单元或传感器的线束。

(十四)主总线

主总线是指总线(通信线路)中两个终端电路间的线束，是 CAN 通信系统中的主总线。

(十五)终端电路

终端电路是将 CAN 通信电流转换成总线电压而设置的电路，由电阻器和电容器组成。在一条总线上需要两个终端电路。CAN J/C 是为 CAN 通信设计的插接器，用于存储终端电路。

四、现场总线与车载网络

(一)现场总线

在 20 世纪 80 年代产生了主要解决工业现场的智能化仪器仪表、控制器、执行机构等现场设备之间的数字通信以及这些现场控制设备和高级控制系统之间信息传输功能的通信网络，即现场总线，并形成了一些现场总线技术标准。现场总线是一种工业数据通信总线，主要用于过程自动化控制（如冶金、啤酒酿造）、制造自动化控制（如机械加工）、楼宇自动化控制等领域。

与传统的控制系统相比，使用现场总线可以节省硬件数量和投资，节省安装和维护费用，用户具有高度的系统集成主动权，提高了经济性和可靠性，易于标准化和模块化，使设计和重构更加容易。

目前，汽车上广泛使用的 CAN 总线就可以归为现场总线类网络，但同时又有其自身的一些特点。车载网络系统不仅有 CAN 总线和 LIN 总线这样的控制网络，还有多媒体影音娱乐信息网络，如 DDB、MOST 等。目前，汽车电子控制系统中应用得最广泛的是 CAN 总线。

(二)现场总线的组成

现场总线由两大部分组成，即数据传输线和节点，如图 1-16 所示。

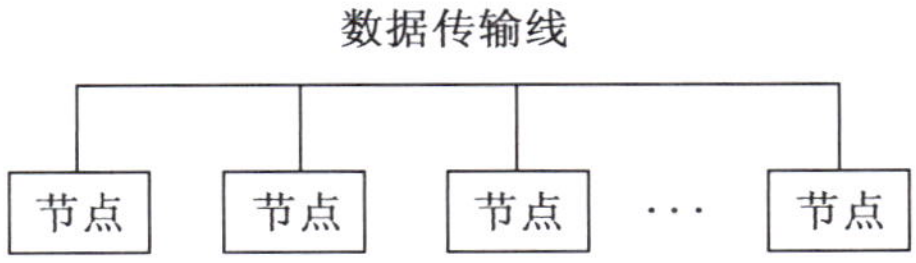

图 1-16　现场总线的基本组成

在总线系统中，节点包括控制单元和总线辅助设备。控制单元由一个控制器、一个滤波器、一个收发器、两个数据传输终端组成，如图 1-17 所示。与传统汽车单片机控制系统的控制器 ECU 相比，控制单元在硬件上多了专门的总线接口装置（如 CAN 总线接口），并有相应的软件即通信标准的支持。

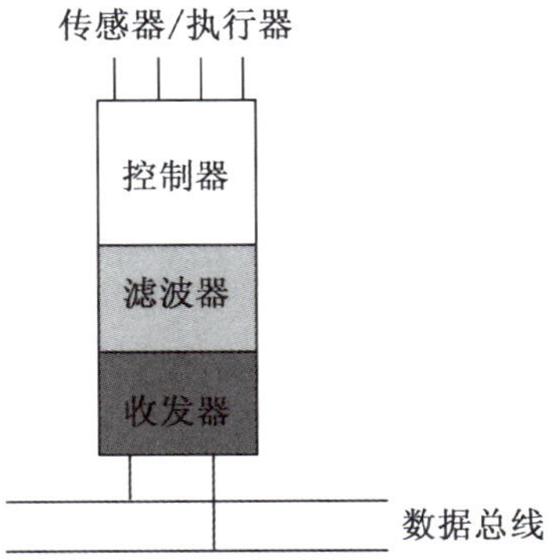

图 1-17　现场总线中的控制单元

在现场总线系统中，传统意义上的传感器、执行器称为总线辅助装置。同一现场的一个或多个辅助装置与控制器（控制单元）组合，构成节点（也称为总线模块），如图 1-18 所示。

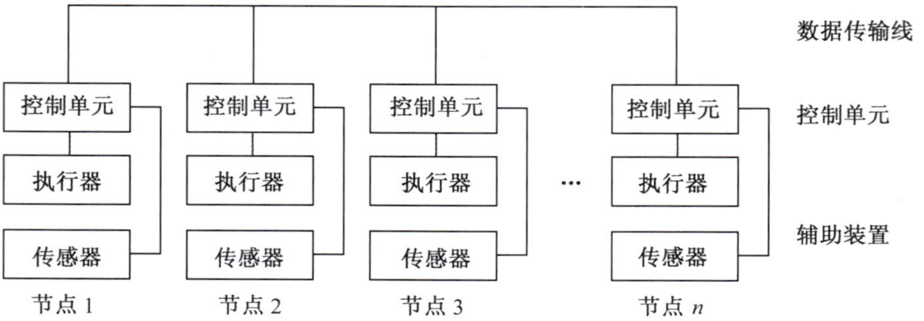

图 1-18　现场总线中的节点

(三)现场总线的工作原理

1. 节点和单片机控制系统的区别

节点和传统的单片机控制系统表面上看有一些类似，如都有传感器、控制器（控制单元）和执行器，但是二者在本质上是完全不同的系统。节点和单片机控制系统最大的区别是：一个节点的各传感器和执行器可以分属于不同的控制系统，即传感器信号对于本节点控制的执行器不一定是有用信号，节点只负责把传感器的信息发送到总线上；而该执行器所需的传感器信号也不一定与该执行器在同一节点上，控制单元可以从总线上获得该控制系统所需的传感器信号。即在现场总线中，节点信息的发布和获取是自由的和开放的。

2. 节点构成原则

传感器和执行器需要放在一个节点上，有两个最重要的原则。

(1)要求构成一个节点的传感器和执行器安装在一起或距离很近，称为同一现场原则。如奔驰 W220 的左前转向灯和左前照灯在一个节点（左前控制单元）上，而右前转向灯和右前照灯又在一个节点（右前控制单元）上。大众汽车的转向柱模块（节点）上包括转向柱附近的所有开关，这样可以使布线简单，因此汽车总线的应用使汽车线束大为减少。

(2)要求传感器信号和执行单元的控制信号必须满足该控制系统实时控制的要求。如果实时时间很短，总线信息传输速度不能满足其要求，则传感器和执行器就必须与控制器放在一个节点内。

例如，在大众速腾汽车的电源管理系统中，中央电器控制单元 J519 作为中央电器控制网络系统的一个节点，可以实现电源管理、车外灯控制、车内灯控制、仪表照明及灯光亮度调节、转向信号控制、接线柱控制、前/后风窗玻璃的刮水器控制、燃油泵电源的接通与断开、发电机励磁、后风窗加热等十几种功能，控制功能十分丰富，如图 1-19 所示。

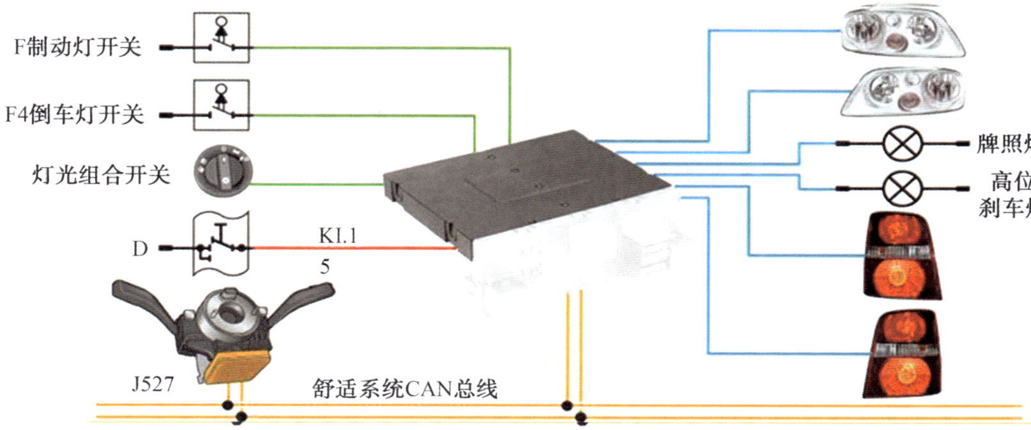

图 1-19　大众速腾汽车的电源管理系统

3. 节点工作原理

现场总线是网络系统，本质上与 Internet 一样，每一个节点与网络上的计算机一样，都可以向网络发送信息，也可以接收网络信息。节点可以根据这些信息决定控制策略，向执行器发送指令。各节点之间的关系是平等的，节点的信息（包括所有传感器信息和控制信息）是共享的。

奔驰 S 级 221 网络中的传感器节点-点火开关节点如图 1-20 所示。现场总线的工作过程为：节点 1 是一个传感器节点，控制单元的任务是将传感器信号转换为符合总线协议（如 CAN）的数据，以串行通信的方式发送到网络上。每个信息称为一帧，以固定的周期（循环往复）发送到网络上。奔驰 S 级 221 的点火开关节点（点火开关控制单元 N73）就是一个这样的模块，其主要作用是将点火开关信息发送到网络上。节点 2 是一个执行器节点，控制单元从总线上获得控制系统的传感器信息，然后进行决策并给执行装置发送指令，同时还可以将控制信息发送到网络上。节点 1 和节点 2 这样的节点在现场总线控制系统中应用得非常普遍，也非常适合标准化生产。理论上，现场总线中的每个传感器和执行器都可以单独与控制器结合构成节点，有时也称之为智能传感器和智能执行装置。

基于成本等因素的考虑，通常把处于同一现场的多个传感器和执行器与控制单元相结合组成节点（总线模块），并通过数据线将各节点连接起来构成现场总线。

节点 3 是具有多个传感器和执行器的节点，这些传感器和执行器可以分属于不同的控制系统。控制单元接收总线上的信息和节点上传感器的信号，然后进行决策，并给执行器发送指令，同时可以将传感器信息和控制信息发送到网络上。

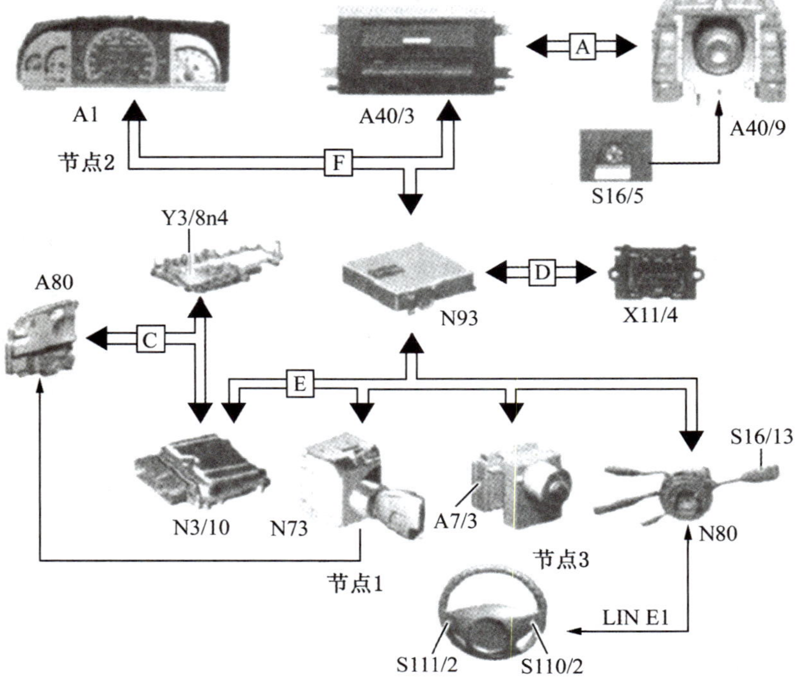

A1—组合仪表；A40/3—驾驶室管理及数据系统控制装置；A40/9—前部中央操作装置；S16/5—自动变速器换挡规律选择开关；A80—智能换挡控制单元；Y3/8n4—自动变速器控制装置；N93—中央网关控制单元；X11/4—数据链路插接器；N3/10—发动机控制单元；N73—点火开关控制单元；A7/3—ABS控制单元；S16/13—换挡开关；N80—转向柱控制单元；S111/2—右侧转向盘换挡按钮；S110/2—左侧转向盘换挡按钮；A—远程信息处理CAN；C—动力系统CAN；D—诊断系统CAN；E—底盘系统CAN；F—中央系统CAN。

图1-20　奔驰S级221网络中的传感器节点-点火开关节点

任务四　车载网络系统的分类及应用

一、车载网络的分类

(一)按网络拓扑结构分类

网络的拓扑结构(topological structure)是指网上计算机或设备与信息传输介质形成的节点与数据传输线的物理构成模式。车载网络的拓扑结构主要有总线形结构、星形结构、环形结构等几种。

1. 总线形拓扑结构

在两根总线上多个节点并列连接，从其中一个节点能同时向所有节点进行传送呼叫，所有节点都通过相应硬件接口连接到两条公共总线上，任何一个节点发出的信息都可沿着总线传输，并被总线上其他任何一个节点接收。这种结构中总线具有信息的双向传输功能，普遍用于控制器局域网的连接，总线一般采用同轴电缆或双绞线，如图 1-21 所示。

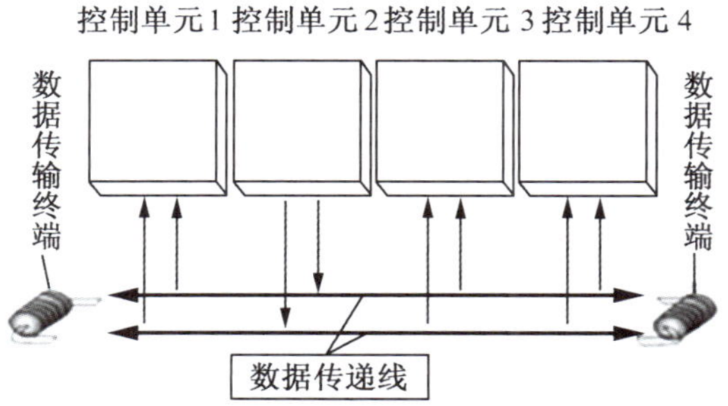

图 1-21　总线形拓扑结构

总线形拓扑结构的优点是：安装简单，扩充或删除一个节点很容易，不需停止网络的正常工作，节点的故障不会殃及整个系统。由于各个节点共用一个总线作为数据通路，信道的利用率高。但总线形拓扑结构也有其缺点：由于信道共享，连接的节点不宜过多，并且总线自身的故障可以导致整个系统的崩溃。

车载网络多采用这种结构，应用在 CAN 总线系统中。动力 CAN 数据总线（高速）速率为 500 kb/s，用于动力系统和底盘系统数据总线；舒适 CAN 数据总线（低速）速率为 100 b/s，用于将中央门锁系统、车门玻璃升降系统等联网。

2. 星形拓扑结构

星形拓扑结构是以中央节点控制数据传输的网络方式，即以一台中心处理机为主组成的网络，中心处理机接收从各个节点来的数据，并进行处理，再向各个节点发出指令，把若干外围节点连接起来的辐射式互联结构，如图 1-22 所示。这种结构适用于局域网。

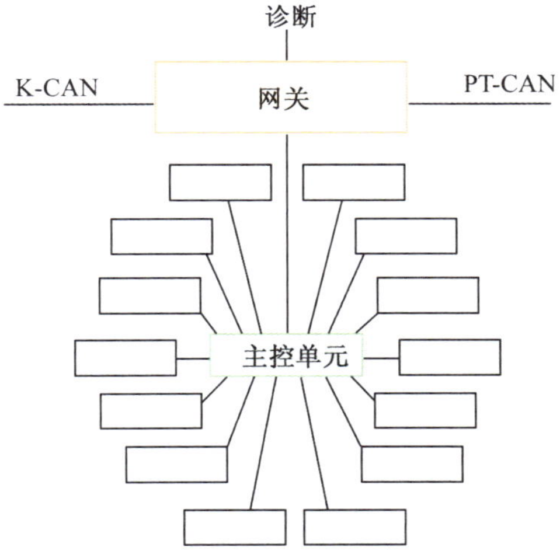

图 1-22　星形拓扑结构

星形拓扑结构的特点是：结构简单，安装容易，费用低，通常以集线器作为中央节点，便于维护和管理。中央节点的正常运行对网络系统至关重要，中央节点负载重，扩充困难，信道（线路）利用率较低。

由于车载网络的应用目的之一是简化线束，所以这种结构不可能成为整车网络的结构，只在某一总成或系统上使用。宝马车系的安全气囊系统采用的是星形拓扑结构。

3. 环形拓扑结构

环形拓扑结构是将节点连接成环形，顺次进行数据传输，将被传送的信息数据进行中转，直至到达需要的节点为止。环形网络中的信息传输是单向的，即沿一个方向从一个节点传到另一个节点；每个节点需安装中继器，以接收、放大、发送信号，如图 1-23 所示。

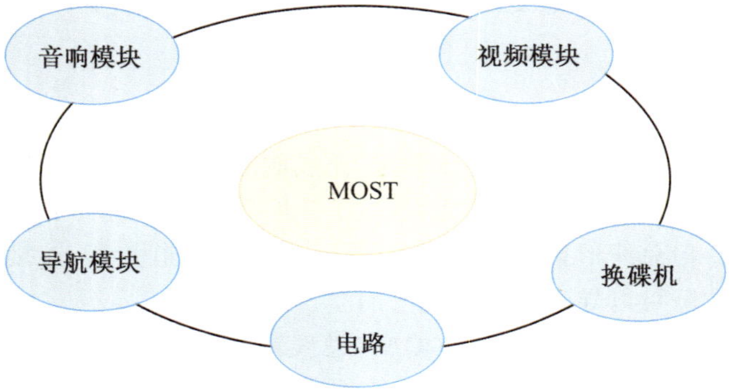

图 1-23　环形拓扑结构

环形拓扑结构的优点是：结构简单，建网容易，便于管理；缺点是：当节点过多时，将影响传输效率，不利于扩充，某一个节点发生故障时，整个网络就不能正常工作。

奥迪和宝马车系的影音娱乐系统的 MOST 总线即为环形拓扑结构，如图 1-24 所示，通过光脉冲传输数据，且只能朝一个方向传输数据。光缆用作传输媒介可以传输各种数据（如控制信息、音频和图像数据），并提供各种数据服务。

（二）按信息传输速率分类

目前汽车网络标准很多，且侧重功能各不相同。为方便研究和设计应用，SAE 将汽车数据传输网分为 A、B、C、D、E 五种类型。

按照系统的复杂程度、信息量、必要的动作响应速度、可靠性要求等，车载网络系统又可以分为低速（A）、中速（B）、高速（C、D、E）三类，如图 1-25 所示。

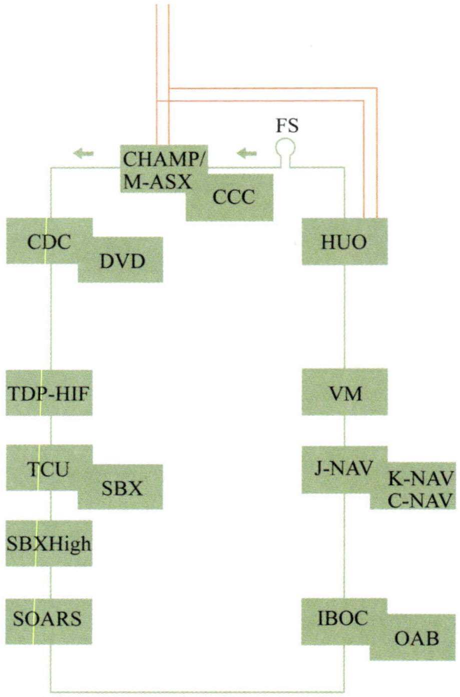

图 1-24　宝马车系影音娱乐系统的 MOST 结构

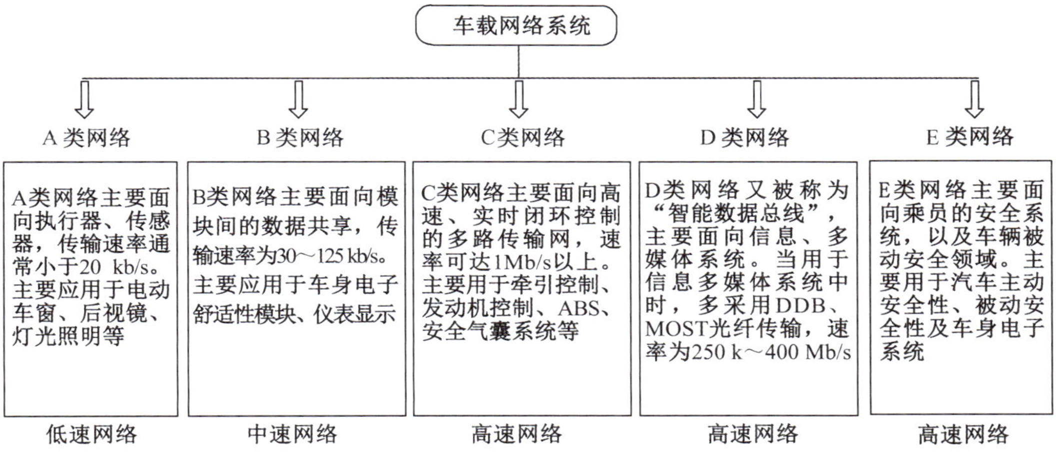

图 1-25　车载网络系统的分类

就目前的技术水平而言，以上几种网络技术在汽车上多采用组合方式，即车身和舒适性控制单元都连接到低速 CAN 总线上，并借助于 LIN 总线进行外围设备控制。而汽车高速控制系统通常会使用高速 CAN 总线将其连接在一起。

远程信息处理和多媒体连接需要高速互连，且数据传输量大，视频传输需要同步数据流格式，因此，影音娱乐信息、多媒体系统多采用 DDB 或 MOST 总线。无线通信则通过蓝牙（bluetooth）技术加以实现。

随着技术的不断进步，在未来的 5～10 年，时间触发协议（TTP）和 FlexRay 将得到广泛使用，使车载网络技术得到一次脱胎换骨的提升。

但是时至今日，仍没有一个通信网络可以完全满足未来汽车的所有成本和性能要求。因此，在车载网络系统中，多种总线、协议并存，各自发挥自身所长，彼此协同工作的局面还将继续存在下去。

二、车载网络技术的实际应用

下面介绍几种车载网络技术的典型应用方案。

（一）A 类网络系统的应用

如图 1-26 所示的汽车防盗报警系统是典型的 A 类网络系统（LIN 总线系统）应用实例。由于车门开关及行李箱开关等信号只在一定的情况下（窃贼试图撬开车门或行李箱）产生，正常时没有信号，所以对数据传输速率要求极低，低速 A 类网络能充分满足系统要求，并且和传统的系统设计相比，大大减少了车身线束，设计更为简单、方便。

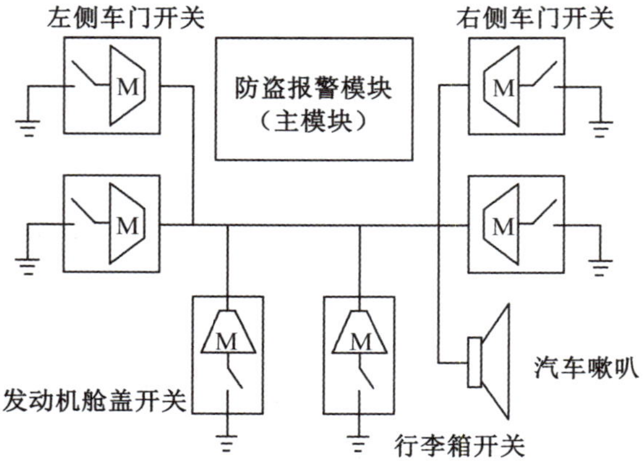

图 1-26　汽车防盗报警系统

(二)B 类网络系统的应用

当大量共享数据需要在车内各个控制单元间进行交换时，A 类网络系统不再胜任，可采用 B 类网络系统。由 CAN 组成的典型 B 类网络系统如图 1-27 所示。采用基于 CAN 总线的 B 类网络系统后，车辆信息中心和组合仪表单元无须单独连接液位、温度、车灯、车门及安全带等信号传感器，就能从总线上获取上述信息，大大减少了传感器和其他电子部件的数量，有效节约了安装空间和系统成本。

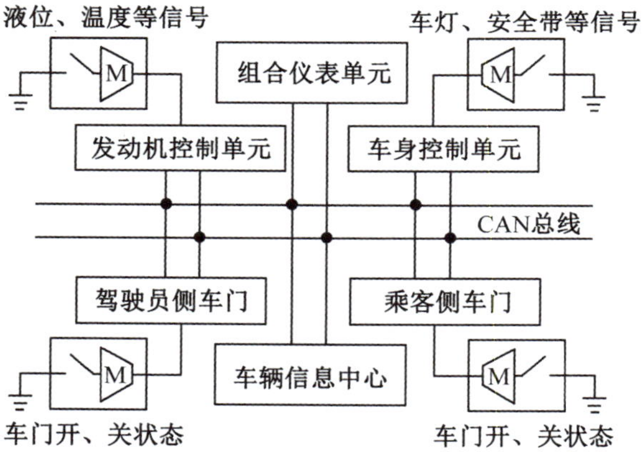

图 1-27　基于 CAN 总线的 B 类网络系统

(三)A、B 两类网络系统的组合

通常 A 类网络系统不单独使用，而是和 B 类网络系统组合使用，如图 1-28 所示。在组合应用方案中，将 A 类网络通过车身计算机(网关)连接到 CAN 总线组成的 B 类网络中，使得该 A 类网络系统成为 CAN 总线的一个节点，这样无须在各传感器/执行器部件上安装 CAN 控制器件，就能使信号在 CAN 总线上传输，有效利用了 A 类网络成本低的优点。

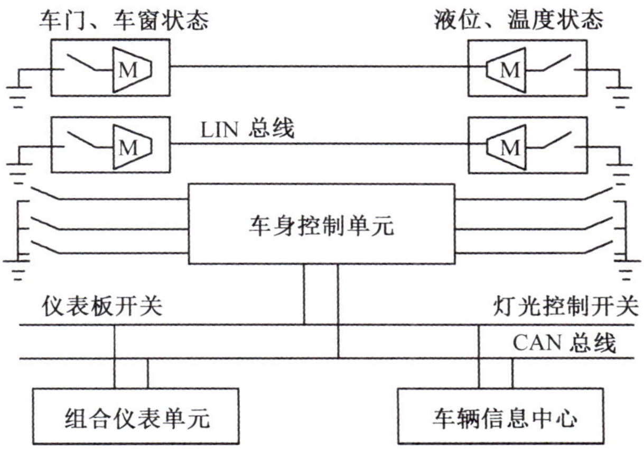

图 1-28　A、B 两类网络系统的组合应用

(四)C 类网络系统的应用

为进一步减少车身线束,方便故障诊断,满足主要电子控制单元或系统间大量数据信息实时交换的需要,使汽车各方面性能趋于最佳状态,则需建立基于 CAN 总线的 C 类网络系统。在如图 1-29 所示的 C 类网络系统方案中,CAN 总线有效地将发动机控制系统、驱动防滑控制系统及巡航控制系统等连接成为一个综合控制系统,使整车性能得到大幅度提高。

CAN 是一种多主总线,支持分布式实时控制的通信网络。其通信介质可以是双绞线、同轴电缆或光纤。在汽车发动机控制部件、传感器、驱动防滑系统等应用中,总线的数据传输速率最大可达 1 Mb/s。

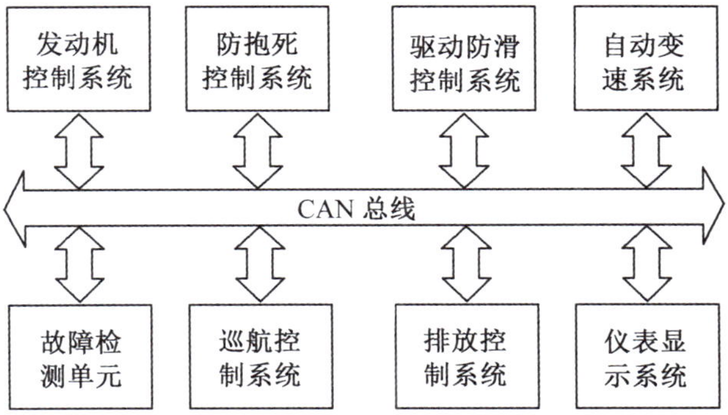

图 1-29　基于 CAN 总线的 C 类网络系统

★任务实施

汽车车载网络系统实车认识

学　　院		专　　业	
姓　　名		学　　号	
小组成员		组长姓名	

实训目标：

1. 能够依据接待要求，独立完成接待准备工作。
2. 能够说出实车上应用的车载网络系统的分类。
3. 能够根据客户的咨询信息，根据维修手册说出实车车载网络系统的具体应用。
4. 能够根据维修手册中的技术标准，结合客户车辆配置情况，独立找到汽车常用网络系统的安装部位。
5. 能够使用常用工具，与他人合作规范地完成汽车网络系统基本认识及检测工作。
6. 养成与他人协作的习惯，培养良好的人际交往能力。

一、接受工作任务	成绩：

汽车服务站新接收了一辆待保养车辆，据车主反映，该车上应用了车载网络系统，但他对这方面不是特别了解。技师王强首先委派学徒工石磊向客户详细介绍该车车载网络具体的应用，在介绍过程中要求石磊对车辆上应用的车载网络系统等情况进行记录。

二、信息收集	成绩：

1. 客户信息登记：进店时间：____月____日____时，客户姓名：__________，电话：__________。
2. 客户车辆登记：车型：__________，车牌号码：__________，车辆的 VIN(识别号码)：__________。
3. 车辆进店时里程数：__________，油量/电量：__________，车上故障灯：□无　□有(说明并备注一下)__________。
4. 车辆外观检查情况：剐蹭痕迹：□无　□有(有的话标注在车辆登记表格中加以说明)__________。
5. 车辆进店保养内容：__________。
6. 查找本车的维修手册____册，版本是__________。
7. 本车保养是：□单人进行　□双人进行　□需要技术支持协助完成。
8. 本车相应的车载网络系统应用检查：□CAN　□LIN　□MOST。整车控制电路图：□完整　□不完整(若不完整，原因是：__________)。
9. 本次保养所用仪器设备准备情况：□齐全　□不齐全(若不齐全，原因是：__________)。
10. 本次保养需要的时长为__________。
11. 本次保养后需要提供给客户的资料有：__________。
12. 本次保养后车辆清洗情况：□需要清洗　□不需要清洗。

三、制订计划	成绩：

1. 请根据汽车车载网络系统实车应用认知规范及要求，制订车载网络系统应用的认知实训计划。

2. 请根据实训作业计划，完成小组成员任务分工。

操作人	
监护人	

作业注意事项

(1)实训开始前应摘掉各类饰品，换上实训服，长头发应挽起固定于脑后。
(2)整车实训时应确保点火开关处于 Lock 位置，操作另有要求的除外。
(3)就车工作时，应施加驻车制动，除非特定操作要求置于其他挡位。
(4)举升车辆时应按照规范进行，避免发生意外事故。
(5)工具使用后，应清洁并归还原处。

检测设备/工具/材料

序号	名称	数量	清点
			□已清点
			□已清点
			□已清点
			□已清点
			□已清点
			□已清点
			□已清点
			□已清点
			□已清点

<table>
<tr><td colspan="2">四、计划实施</td><td>成绩：</td></tr>
<tr><td colspan="3">1. 请完成车载网络系统实车认识作业前检查及车辆防护，并记录信息。
(1)作业前维修手册查询。</td></tr>
<tr><td>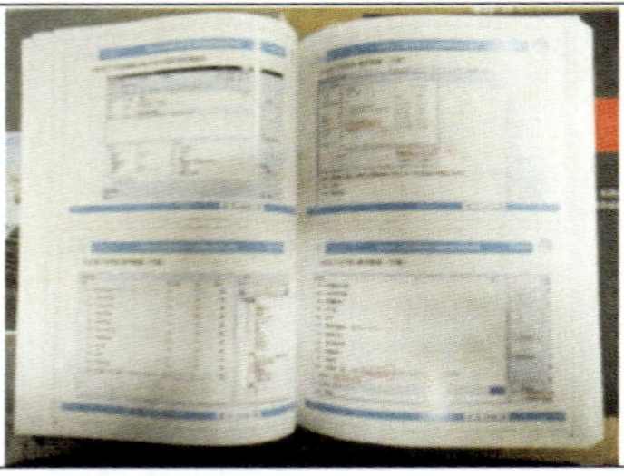</td><td colspan="2">作业内容：

作业结果：</td></tr>
<tr><td colspan="3">(2)作业前车辆的检查。</td></tr>
<tr><td></td><td colspan="2">作业内容：

作业结果：</td></tr>
<tr><td colspan="3">(3)作业前检测工具的检查。</td></tr>
<tr><td>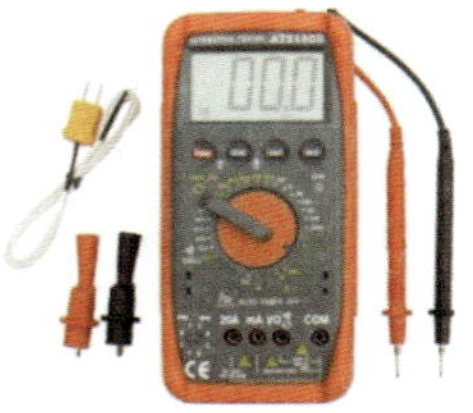</td><td colspan="2">作业内容：

作业结果：</td></tr>
<tr><td colspan="3">2. 请检查实车上 CAN 总线系统应用。</td></tr>
<tr><td rowspan="7">动力 CAN 总线系统</td><td rowspan="6">应用部位</td><td></td></tr>
<tr><td></td></tr>
<tr><td></td></tr>
<tr><td></td></tr>
<tr><td></td></tr>
<tr><td></td></tr>
<tr><td>各系统之间连接
方式框图</td><td></td></tr>
</table>

<table>
<tr><td rowspan="7">舒适 CAN 总线系统</td><td rowspan="6">应用部位</td><td></td></tr>
<tr><td></td></tr>
<tr><td></td></tr>
<tr><td></td></tr>
<tr><td></td></tr>
<tr><td></td></tr>
<tr><td>各系统之间连接方式框图</td><td></td></tr>
<tr><td colspan="3">3. 请检查实车上 LIN 总线系统应用。</td></tr>
<tr><td rowspan="5">LIN 总线系统</td><td rowspan="4">应用部位</td><td></td></tr>
<tr><td></td></tr>
<tr><td></td></tr>
<tr><td></td></tr>
<tr><td>各系统之间连接方式框图</td><td></td></tr>
</table>

<table>
<tr><td colspan="3">4. 请检查实车上其他总线系统应用。</td></tr>
<tr><td rowspan="5">总线系统</td><td rowspan="4">应用部位</td><td></td></tr>
<tr><td></td></tr>
<tr><td></td></tr>
<tr><td></td></tr>
<tr><td>各系统之间连接方式框图</td><td></td></tr>
</table>

五、质量检查		成绩：
请实训指导教师检查本实训作业结果，并针对实训过程中出现的问题提出改进措施及建议。		
序号	评价标准	评价结果
1	保养作业前检查及车辆防护	
2	维修手册检查	
3	检测工具检查	
综合评价	☆ ☆ ☆ ☆ ☆	
综合评语（作业问题及改进建议）		

六、评价反馈	成绩：

1. 请根据自己在课堂中的实际表现进行自我反思和自我评价。

自我反思：

自我评价：

2. 实训成绩单。

项目	评分标准	分值	得分
接受工作任务	明确工作任务，理解任务在企业工作中的重要程度	5	
信息收集	完整、准确地收集信息	10	
制订计划	按照车载网络系统实车认知规范及要求，制订合适的行动计划	10	
	能协同小组人员安排任务分工	5	
	能在实施前准备好所需要的工具和器材	5	
计划实施	规范地进行场地布置及工具检查	5	
	识别实车上动力 CAN 总线系统应用	10	
	识别实车上舒适 CAN 总线系统应用	10	
	识别实车上 LIN 总线系统应用	10	
	识别实车上其他总线系统应用	10	
质量检查	学生任务完成，操作过程规范	10	
评价反馈	学生能对自身表现情况进行客观评价	5	
	学生在任务实施过程中发现自身问题	5	
得分（满分 100）			

★学习评价

1. 选择题

(1)发动机电子控制系统由空气供给系统、燃油供给系统和(　　)系统三部分组成。

A. 点火控制　　B. 电子控制　　C. 废气再循环　　D. 二次空气喷射

(2)CCS 是(　　)的代号。

A. 点火控制　　B. 电子控制　　C. 巡航控制　　D. 二次空气喷射控制

(3)电子控制单元的代号是(　　)。

A. EFI　　B. ECU　　C. EGR　　D. ABS

(4)在汽车网络结构中,车身系统的控制单元可采用(　　)的总线连接。

A. 低速　　B. 中速　　C. 高速

(5)在汽车网络结构中,信息与车载媒体系统的控制单元可采用(　　)的总线连接。

A. 低速　　B. 中速　　C. 高速

(6)在汽车网络中,用(　　)来约定各模块的优先权。

A. 数据总线　　B. 通信协议　　C. 总线速度

(7)汽车网络大多属于(　　)拓扑结构的局域网。

A. 总线形　　B. 星形　　C. 环形

(8)关于使用车载网络技术的优点,下列说法不正确的是(　　)。

A. 布线简化,降低成本　　B. 电控单元间交流更加简单和快捷

C. 传感器数目增多　　D. 有利于进行故障检修

2. 填空题

(1)按 SAE 划分的车载网络协议标准中,A 类网络主要面向传感器、执行器控制,是低速网络,主要应用于__________、__________、__________和__________。

(2)按 SAE 划分的车载网络协议标准中,B 类网络主要面向独立模块间的数据共享,是中速网络,主要应用于________、__________、__________和__________。

(3)按 SAE 划分的车载网络协议标准中,C 类网络主要面向高速、实时闭环控制的多路传输网,该类网络适用于______________。

(4)按 SAE 划分的车载网络协议标准中,D 类网络主要面向________和________。

3. 判断题

(1)发动机电子控制系统的主要功能是控制发动机的空燃比和点火时刻。(　　)

(2)发动机电子控制系统还有自诊断等辅助功能。(　　)

(3)利用单片机的通信接口,可进行多机通信,也可组成网络系统。(　　)

(4)单片机一般带有串行口,有多级中断处理系统等。(　　)

(5)现代汽车车载网络系统可以实现信息共享、减少布线、降低成本和提高总体可靠性。(　　)

4. 简答题

(1)请列举电子控制技术在汽车中的应用实例。

(2)试展望一下汽车电子技术的发展趋势。

(3)车载网络系统有什么作用?

(4)请列举单片机的应用领域。

★知识拓展

汽车电气系统内部采用基于总线的网络技术，可以达到信息共享、减少布线、降低成本、提高系统可靠性的目的。鉴于此，各大汽车制造商在其生产的汽车上大量使用了车载网络系统(见表1-3)。受制造成本和技术水平的限制，不同品牌的汽车和同一品牌、不同时期生产的汽车，其网络结构各有不同。但从宏观上看，都有相同和相近之处。

表1-3 主要车载网络系统一览表

车载网络系统名称	适用范围	传输速率/(kb/s)	主要应用车系
CAN(controller area network)	车身控制系统、动力传动控制系统	1 000	欧、美、日、韩各大车系均有应用
VAN(vehicle area network)	车身控制系统	1 000	法国车系
J1850	车身控制系统	10.4～41.6	美国车系
LIN(local interconnect network)	车身控制系统	20 000	德国车系
IDB-C(intelligent data bus on CAN)	汽车多媒体系统	250～100 000	—
TTP/C(time trigger protocol by CAN)	被动安全系统	2 000～25 000	—
TTCAN(time triggered CAN)	被动安全系统	1 000	—
Byteflight	被动安全系统	10 000	宝马车系
FlexRay	被动安全系统、行驶动态管理系统	10 000	宝马F01/F02车系
DDB/Optical(domestic digital bus/optical)	汽车多媒体系统	5 600	奔驰车系
MOST(media oriented systems transport)	汽车多媒体系统	22 500	德国车系
IEEE 1394	汽车多媒体系统	100 000	美国车系
IDB-1394	汽车多媒体系统	—	美国车系、日本车系
Bluetooth	无线通信、语音系统、个人娱乐	1 000	欧、美、日、韩各大车系均有应用
Ethernet	维修时的车辆编程、汽车多媒体系统	100 000	宝马F01/F02车系

不同控制系统对信息传输的要求不尽相同，因此在汽车上针对不同的控制系统采用各具特色的总线技术，再利用网关将这些性能各异、各具特色的总线整合成一体，构成成本较低但功能完善的整车网络，以实现“人尽其才，物尽其用”。

遵循这一指导思想，汽车网络结构采用多条不同速率的总线分别连接不同类型的节点，并使用网关服务器实现整车的信息共享和网络管理。宝马 E60 车系的全车网络系统包括 4 套总线结构：K-CAN、PT-CAN、MOST 和 Byteflight。其中 K-CAN 总线主要控制车身系统，PT-CAN 总线主要控制动力传动和底盘系统，MOST 总线主要控制影音娱乐、通信和信息显示系统，Byteflight 总线主要用于安全气囊系统，如图 1-30 所示。

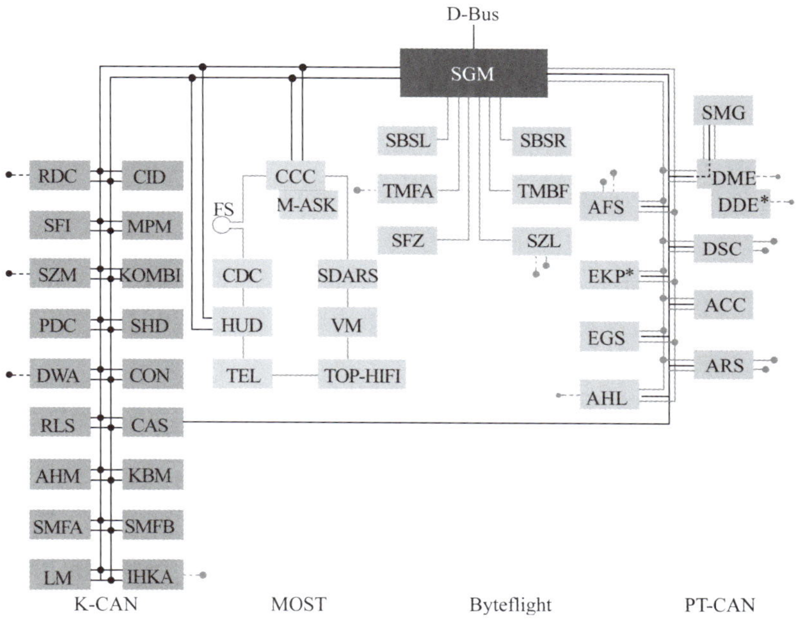

D-Bus—诊断总线；SGM—安全和网关模块；RDC—轮胎压力监控系统；CID—中央信息显示器；
SH—停车预热系统；MPM—电源管理系统；SZM—中央控制台开关中心；KOMBI—组合仪表；
PDC—驻车距离报警系统；SHD—天窗系统；DWA—防盗报警系统；CON—iDriver 控制器；
RLS—雨量传感器/行车灯控制系统；CAS—便捷进车及启动系统；AHM—挂车电气连接模块；
KBM—车身控制单元；SMFA—驾驶人座椅调整控制单元；SMFB—乘客座椅调整控制单元；
LM—前照灯灯光控制单元；IHKA—自动恒温空调系统；CCC—整车通信系统控制单元；
M-ASK—多音频控制系统；FS—系统检修用快速擦写插头；CDC—光盘自动换碟机构；
SDARS—卫星收音机；HUD—信息抬头显示系统；VM—车载电视系统；TEL—车载电话系统；
TOP-HIFI—高保真音响系统；SBSL—位于左侧 B 柱处的卫星式安全气囊控制单元；
SBSR—位于右侧 B 柱处的卫星式安全气囊控制单元；TMFA—位于驾驶人侧车门处的卫星式安全气囊控制单元；
TMBF—位于乘客侧车门处的卫星式安全气囊控制单元；SFZ—位于车辆前部的中央卫星式安全气囊控制单元；
SZL—位于转向柱开关处的卫星式安全气囊控制单元；SMG—顺序换挡变速器控制单元；
DME—汽油发动机控制单元；DDE* —柴油发动机控制单元；AFS—主动转向系统；
DSC—动态稳定控制系统；EKP* —燃油泵控制系统；ACC—自适应巡航控制系统；
EGS—自动变速器单元；ARS—动态驾驶(主动式抗侧翻)系统；AHL—自适应转向前照灯系统。

图 1-30　宝马 E60 车系全车网络系统构成

动力传动系统的受控对象(发动机、自动变速器、动态稳定控制系统等)直接关系到汽车的动力性能、经济性能和行驶状态,对数据通信(信息交换)的快速性、实时性要求较高。因此,在动力传动系统内部需要使用高速总线进行信息传输。

动力传动系统的传感器的各种状态信息可以用广播的形式在高速总线上发布,各节点可以在同一时刻根据自己的需要获取信息。这种方式最大限度地提高了通信的实时性。

对于车身系统和舒适性控制系统,其受控器件多为低速电动机和各种开关,如车门门锁电动机、车窗玻璃升降电动机、座椅调节电动机以及各种按钮、开关等。这类器件对信息传输的实时性要求不高,但数量众多。因此,在车身系统和舒适性控制系统内部使用低速总线进行信息传输就可以满足要求。

汽车动力传动系统采用高速总线,车身系统和舒适性控制系统采用低速总线,两者彼此分开,还利于保证动力传动系统通信的快速性和实时性。此外,采用低速总线还可以增加传输距离、提高抗干扰能力并降低硬件成本。

汽车影音娱乐系统(亦称车载多媒体系统)需要传输的信息量大,而且对通信速率的要求也高(一般在 2 Mb/s 以上),以铜质导线为传输介质的数据总线一般难以满足要求,多采用以光纤为传输介质的光学总线系统,如 DDB、MOST 等。采用基于光纤通信的光学总线系统,可以保证足够的带宽,确保车载多媒体系统的视频、音频信号连续流畅,不致出现停顿和卡滞。

作为汽车上最重要的被动安全措施,安全气囊系统的控制对信息传输速率要求很高。在车载网络技术发展的早期,一般把安全气囊系统纳入车身系统加以控制。随着技术的不断发展,目前已经开发出来专门用于气囊系统控制的安全总线系统,如 Byteflight 等。

网关是车载网络内部通信的核心器件,通过网关可以确保各条总线上信息的共享和协调工作,实现汽车内部的网络管理和故障诊断功能,营造“顺畅、和谐”的工作氛围。

项目二

动力 CAN 总线系统的检测与修复

★工作情景描述

有一客户开来一辆大众途安轿车，该车出现换挡冲击、转速表不工作、仪表无挡位显示灯的故障现象，要求给予维修。要完成这个工作任务，首先需要知道汽车动力 CAN 总线的结构与原理、检修动力 CAN 总线的各种方法。

★学习目标

通过学习，应达到以下目标：①掌握动力 CAN 总线系统的组成及结构；②掌握动力 CAN 总线系统的基本工作原理及其在汽车上的具体应用；③能用示波器测量动力 CAN 总线系统的波形并对波形进行分析；④能对动力 CAN 总线系统的各种常见故障进行诊断。

★知识准备

任务一　CAN总线系统概述

一、CAN总线系统的产生背景

目前，在车辆上应用的信息传递形式有导线传输和网络传输两种。

（一）常规方法布线网络图

汽车常规方法布线的网络图如图2-1所示，这种布线方法的信息传输方式的特点是每项信息都通过各自独立的数据线进行交换。

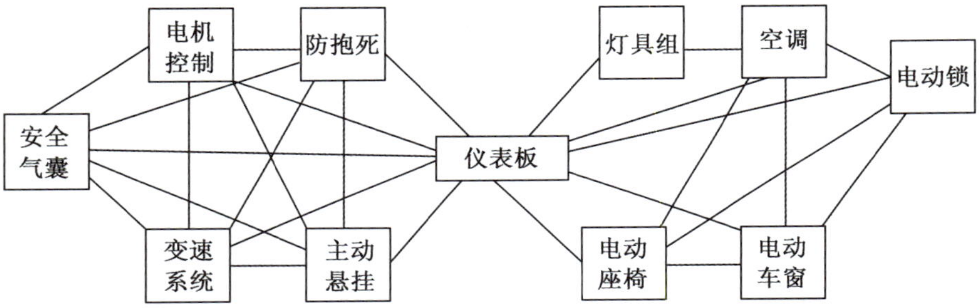

图2-1　常规方法布线网络图

由图2-1可以看出，这种布线方法存在如下缺点：(1)会增加汽车上布线所用的铜线，使汽车的生产成本和车身的质量增加；(2)查找故障相当麻烦，不便于进行维修；(3)若想在汽车上增加一两种新的功能，或者将某个落后的电器配件更新，将会使本来就很乱的布线更加复杂。

如图2-2所示，在该例中，发动机控制单元和变速器控制单元之间有5种信息需要传递，那么则需要5根独立的数据线进行数据传输，而且信息在数据线内是单向传输的。

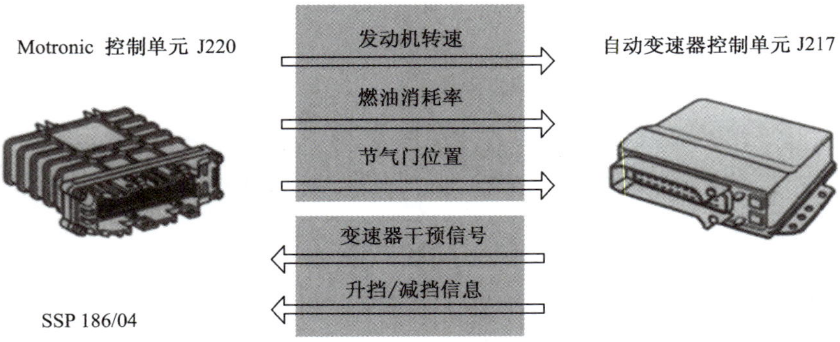

图2-2　常规布线方法示例

车门控制单元的常规方法布线图如图 2-3 所示。由图 2-3 可以看出，要想完成车门控制系统的全部功能，共需要 45 根线和 9 个插头。

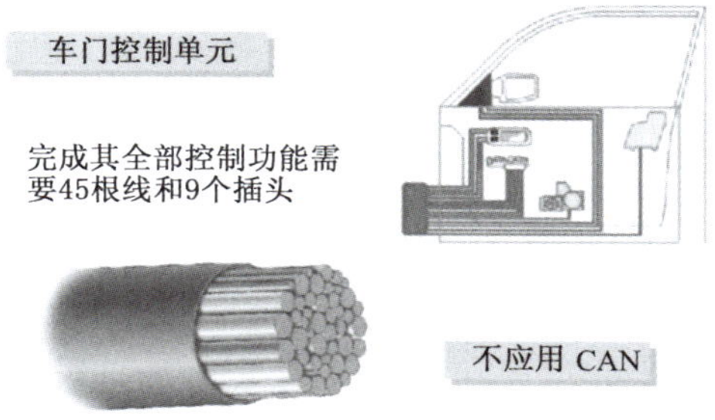

图 2-3　车门控制单元的常规方法布线图

随着汽车控制系统越来越复杂，传输的信息量越来越大，数据线数量、控制单元数和控制单元的端口也会相应增加，传统的数据传递形式只适用于有限信息量的数据交换和传输。

（二）CAN 系统的产生

汽车 CAN 系统布线图如图 2-4 所示。由图 2-4 可以看出，控制单元之间的所有信息都通过两根数据线进行交换，即用两根数据线代替了原来汽车上的大量的导线。通过该种方式，所有的信息不管信息容量大小，都可以通过专用的数据线进行传递，充分提高了系统的运行效率。

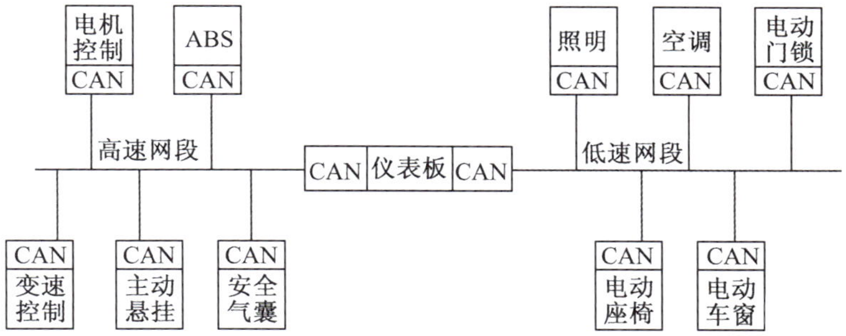

图 2-4　CAN 系统布线图

如图 2-5 所示，采用 CAN 信号传输后，数据线会由原来的 5 根减少为 2 根。而在如今汽车技术高速发展的时代，采用 CAN 传输后，将原来汽车上的一线一用的专线制改为一线多用制，可以大大减少汽车上电线的数量，同时也简化了整车的布线。

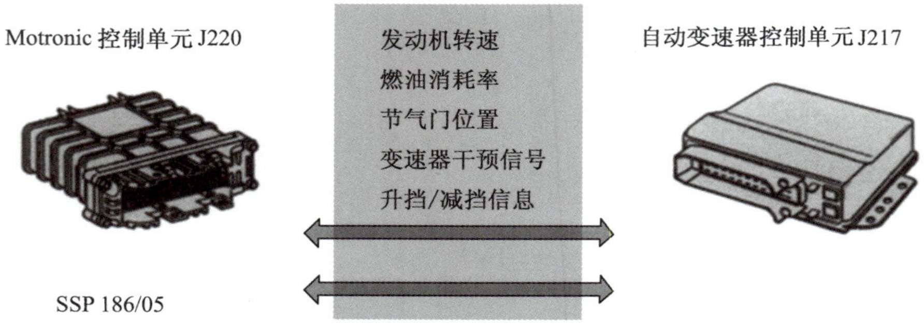

图 2-5　CAN 系统布线示例

车门控制单元的 CAN 布线图如图 2-6 所示。由图 2-6 可以看出，要想完成车门控制系统的全部功能，相比于传统模式来说，采用 CAN 系统只需要 17 根线和 2 个插头，大大减少了导线的数量。

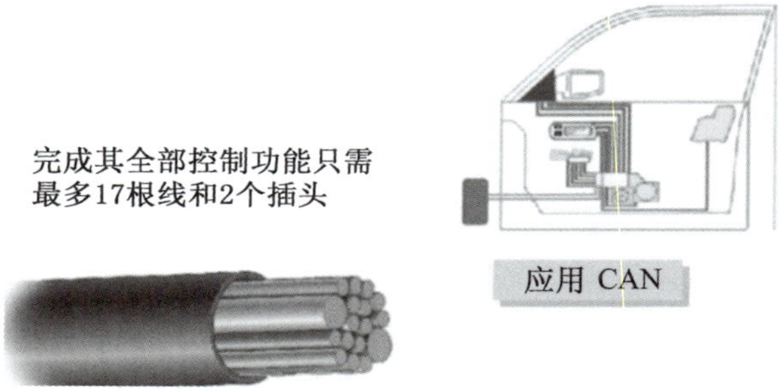

图 2-6　车门控制单元的 CAN 布线图

二、CAN 系统的基本知识

随着汽车电子技术的发展，汽车上采用控制单元的数量不断上升，从开始的几个发展到现在的几十个甚至上百个。随着控制单元数量的增加，它们之间的信息交换越来越密集，为此，德国博世公司开发了一种设计先进的解决方案——CAN 数据总线，提供一种特殊的局域网来为汽车控制器之间进行数据交换。

（一）CAN 的定义

控制器局域网络（controller area network，CAN）是国际上应用得最广泛的现场总线之一，是德国博世公司为解决现代汽车中众多的控制与测试仪器之间的数据交换而开发的一种串行通信协议。最初，CAN 设计作为汽车环境中的微控制器通信，在车载各电子控制装置 ECU 之间交换信息，形成汽车电子控制网络，比如发动机管理系统、变速器控制器、仪表装备、电子主干系统中，均嵌入了 CAN 控制装置。

（二）CAN 系统的传输介质

CAN 总线是一种多主总线，是一种双线串行数据通信总线，通信介质可以是双绞线、同轴电缆或光纤，通信速率可达 1 Mb/s。

1. 双绞线

双绞线的结构如图 2-7 所示。在进行数据传输时，两根数据线上的电压信号波形是相反的，若一根数据线上的电压约为 0 V，则另一根数据线上的电压就约为 5 V，如图 2-8 所示。

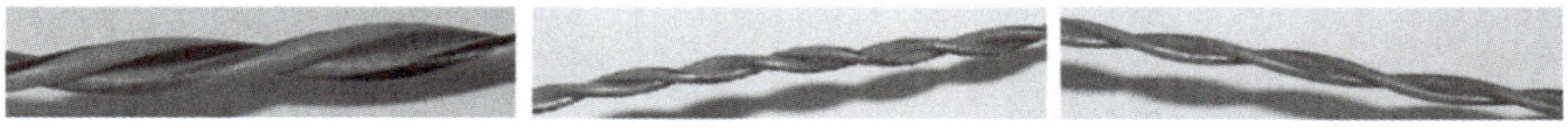

(a) 驱动用总线 CAN　(b) 舒适用 CAN 总线　(c) 通信用 CAN 总线

图 2-7　双绞线的结构

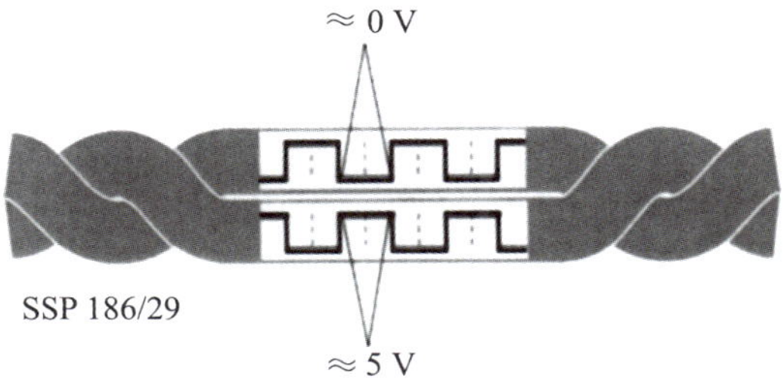

图 2-8　双绞线的信号波形

双绞线的特点为：技术上容易实现、造价低廉；理论上节点数无限制、对环境电磁辐射有一定的抑制能力；随着频率的增加，双绞线线对的衰减迅速增大；适合传输速率为 5～1 000 kb/s的网络。

目前，采用双绞线的 CAN 总线分布式系统已经得到了广泛的应用，如汽车、电力系统以及远程传输等。

2. 同轴电缆

同轴电缆的结构如图 2-9 所示，由于其不容易弯曲而且造价较高，目前在 CAN 系统中已经几乎不采用它作为传输介质。

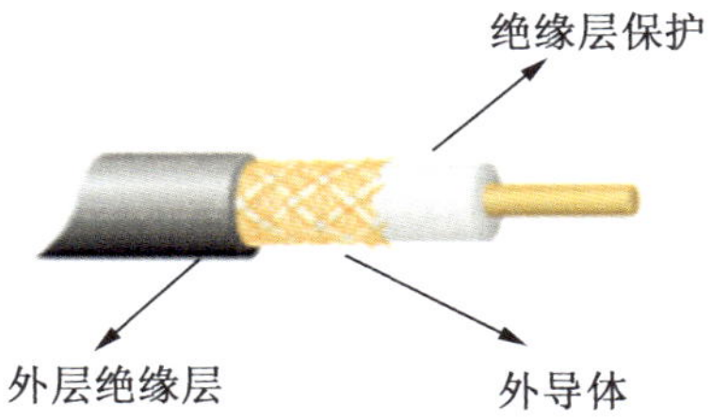

图 2-9　同轴电缆的结构

3. 光纤

光纤的实物图如图 2-10 所示，光纤的工作特性如图 2-11 所示。光纤的工作半径较大，不容易弯曲，而且成本非常高，目前在 CAN 系统中很少采用光纤作为传输介质。

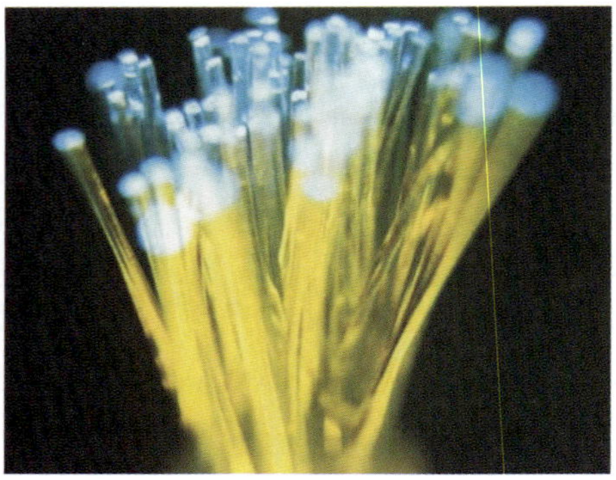

图 2-10　光纤的实物图

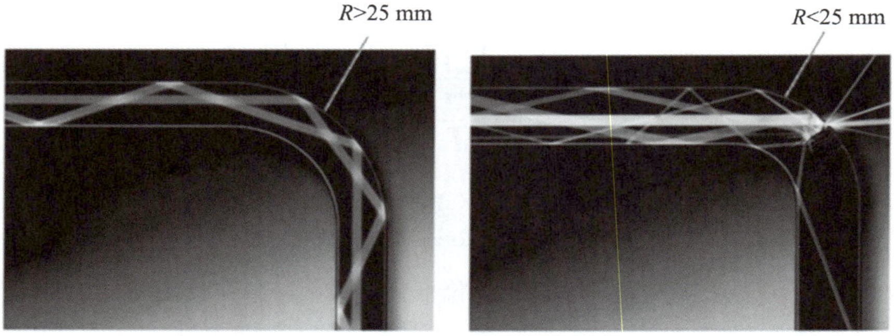

(a) R>25 mm　　(b) R<25 mm

图 2-11　光纤的工作特性

(三)CAN 数据总线

如果系统可以发送和接收数据，这样的数据总线称为双向数据总线。数据总线实际上是一条或两条导线。形象地说，CAN 数据总线就好比公共汽车，公共汽车可以同时运输大量乘客，CAN 数据总线中包含大量的数据信息，如图 2-12 所示。

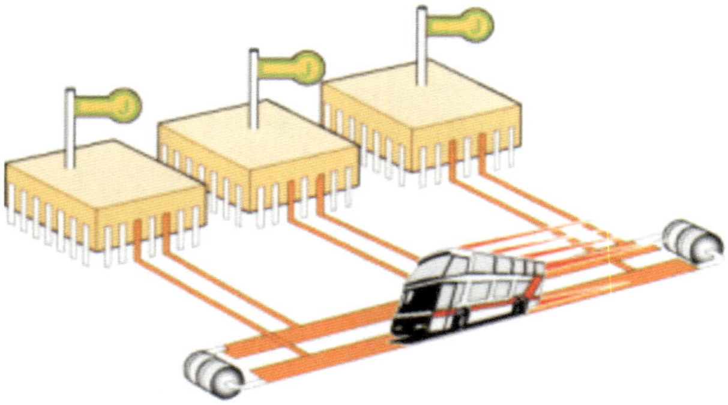

图 2-12　CAN 数据总线

为了抗电子干扰，双线制数据总线的两条线是绞在一起的，如图 2-13 所示。

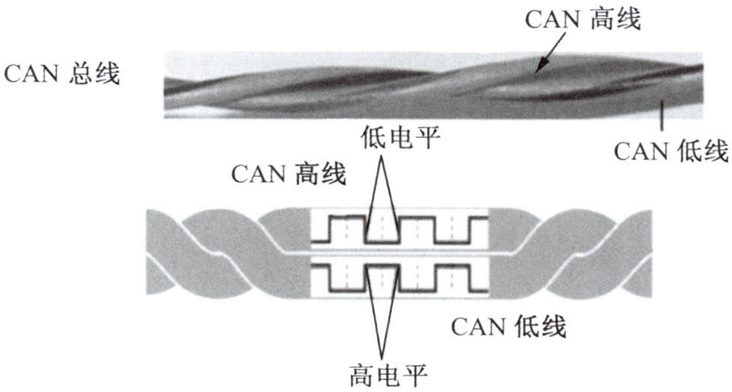

图 2-13　双绞线结构及电平

各汽车制造商一直在设计各自的数据总线，如果不兼容，就称为专用数据总线；如果按照某种国际标准设计和制造，就是非专用数据总线。为使不同厂家生产的零部件能在同一辆汽车上协调工作，必须制定相应的标准。按照 ISO 有关标准，CAN 的拓扑结构为总线式，因此也称为 CAN 总线。

（四）CAN 数据总线系统的分类

CAN 总线目前的 ISO 标准有两种，分别是 ISO 11898 与 ISO 11519-2。ISO 11898 是通信速率为 125 kb/s～1 Mb/s 的 CAN 高速通信标准，ISO 11519-2 是通信速率最高可达 125 kb/s 的 CAN 低速通信标准。这两种标准的通信数据格式一样，不同之处在于通信速率和故障保护：高速 CAN 的两条网线中只要有一条网线出现断路或短路，则整个网络失效；而低速 CAN 的两条网线出现同样的问题时，还可用剩下的另一条完好网线进行数据传递（即单线功能）。

高速 CAN 总线主要应用在一些要求高实时性的系统中，如驱动系统、电子制动系统等；低速 CAN 总线主要应用在一些对实时性要求不高的系统中，如舒适系统、灯光系统等。

任务二　动力 CAN 总线系统的组成及工作原理

车载网络大致可以分为四个系统：动力传动系统、车身系统、安全系统、信息（媒体娱乐）系统。奥迪 A6L 轿车的车载网络结构如图 2-14 所示。

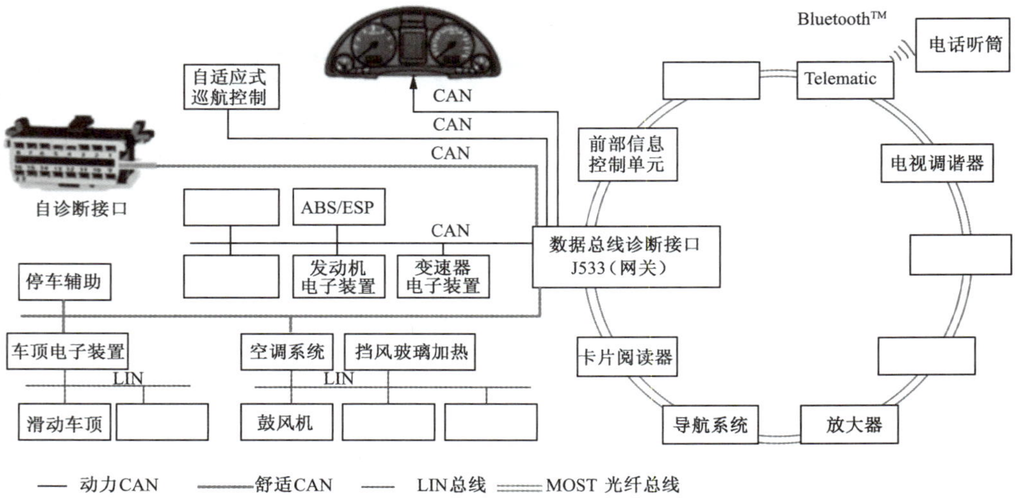

图 2-14　奥迪 A6L 轿车的车载网络结构

一、动力 CAN 数据总线的组成

对于大多数汽车来说，动力 CAN 数据总线主要连接发动机、ABS 及自动变速器电脑，还可以连接安全气囊、四轮驱动与组合仪表电脑等。奥迪 A6L 的动力 CAN 总线组成如图 2-15 所示。CAN 总线可以同时传递 10 组数据：发动机电脑 5 组数据、ABS 电脑 3 组数据和自动变速器电脑 2 组数据。数据总线的传输速率为 500 kb/s，每一数据组传输的时间大约为 0.25 ms，每一个电控单元每 7～20 ms 发送一次数据。发送数据的优先权顺序为 ABS 电控单元→发动机电控单元→自动变速器电控单元。

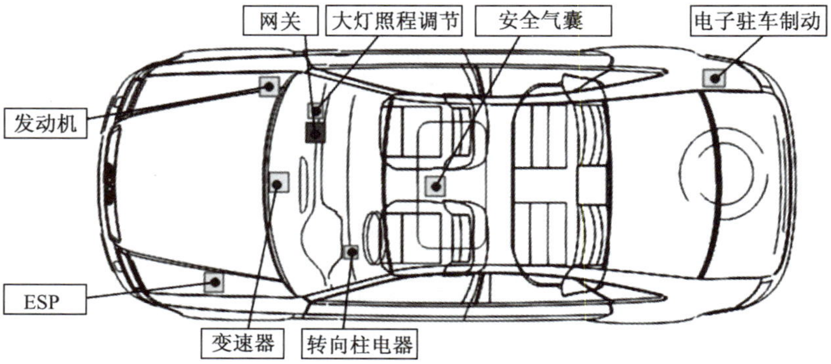

图 2-15　奥迪 A6L 轿车的动力 CAN 总线组成

奇瑞 A5 轿车的 CAN 数据传输系统构成如图 2-16 所示。

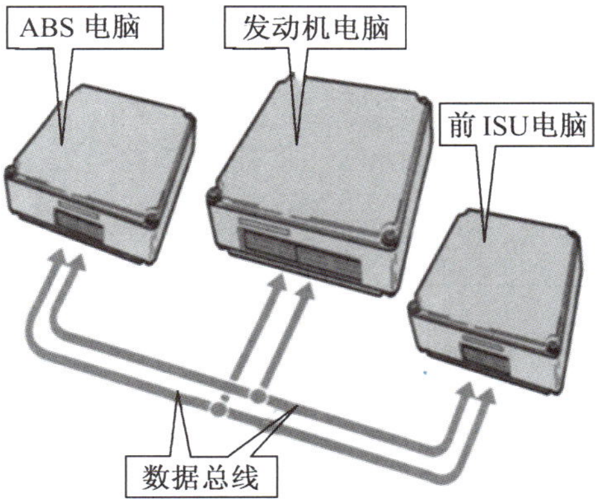

图 2-16　奇瑞 A5 轿车的 CAN 数据传输系统构成

二、动力 CAN 数据总线的结构与工作原理

动力 CAN 数据总线中，每个连接在 CAN 总线上的节点内部都安装了一个 CAN 控制器、一个 CAN 收发器、两条数据传输线和数据总线终端，其组成结构如图 2-17 所示。

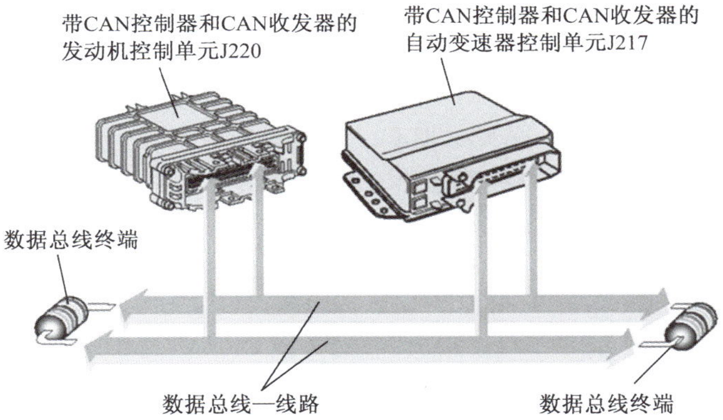

图 2-17　动力 CAN 总线的组成结构

(一)CAN 控制器

CAN 控制器的作用是：接收来自控制单元微处理器的数据、处理数据并传送给 CAN 发送器；同时也接收 CAN 接收器的数据、处理数据并传送给微处理器。控制功能包括数据发送时间控制、数据接收控制、数据格式转换等。CAN 控制器的结构如图 2-18 所示。

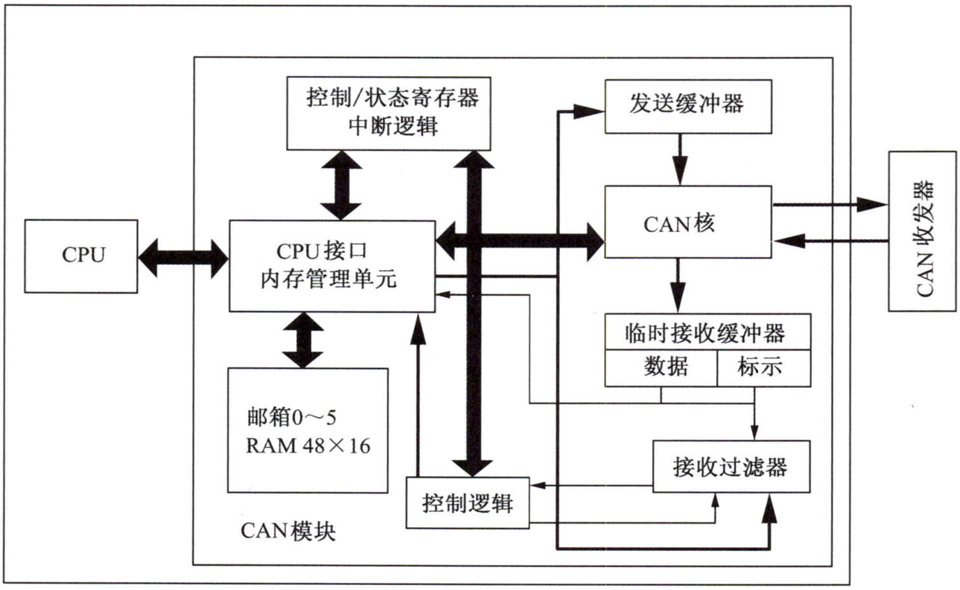

图 2-18　CAN 控制器的结构

(二)CAN 收发器

CAN 总线每个节点内都有两个 CAN 收发器，分别负责 CAN 高位线和 CAN 低位线的数据传送。CAN 收发器是一个发送器和一个接收器的组合，它将 CAN 控制器提供的数据转化成电信号并通过数据总线发送出去；同时，也接收总线上的电信号，并转化成数据传给 CAN 控制器。收发器的结构如图 2-19 所示。

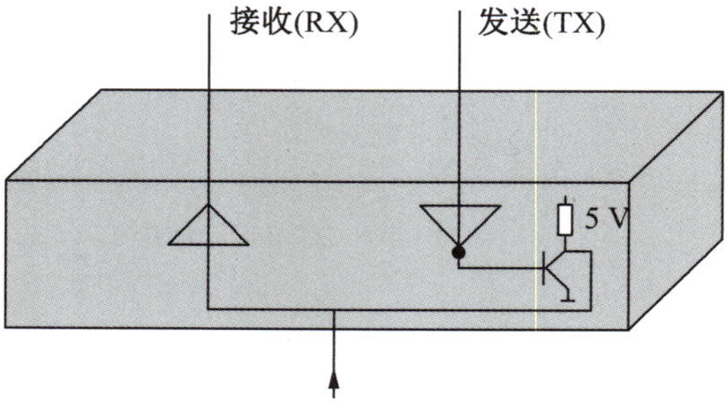

图 2-19　发送器和接收器结构示意图

TJA1054A 是汽车上比较常用的 CAN 收发器，其内部结构如图 2-20 所示，管脚分布如图 2-21 所示。

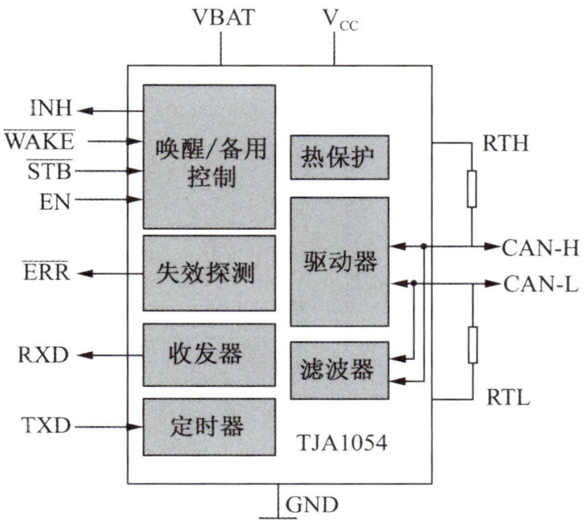

图 2-20　TJA1054A 的内部结构

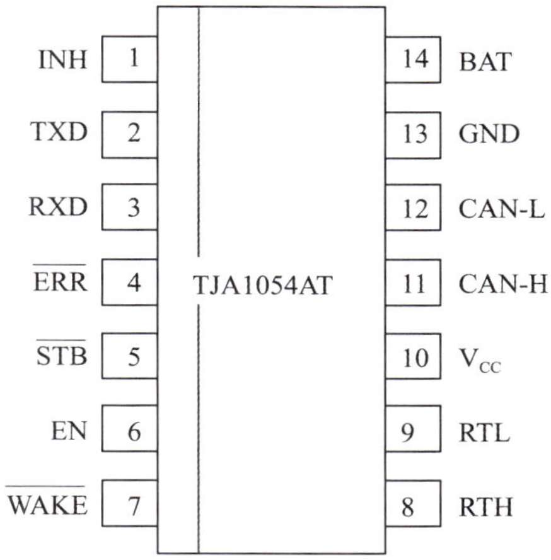

图 2-21　TJA1054A 管脚配置

(三)数据总线终端

数据总线终端实际上是一个电阻器,其作用是避免数据传输终了反射回来,产生反射波使数据遭到破坏。在高速 CAN 总线中,只有两个数据传递终端装在 CAN 高位(CAN-H)和低位(CAN-L)数据线之间。将点火开关断开后,可以用万用表测量 CAN-H 线和 CAN-L 线之间的电阻。高速 CAN 总线数据传递终端如图 2-22 所示,其中每一个终端电阻的阻值均为 120 Ω。

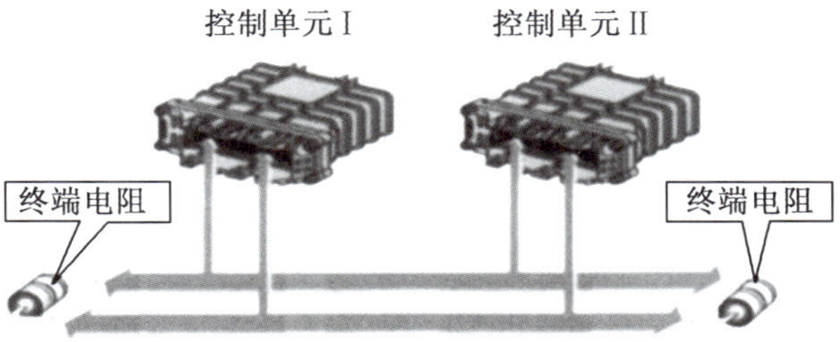

图 2-22　数据总线终端布置图

(四)CAN 数据总线

CAN 数据总线是用以传输数据的双向数据线,分为 CAN 高位(CAN-H)和 CAN 低位(CAN-L)数据线。数据没有指定接收器,通过数据总线发送给各控制单元,各控制单元接收后进行计算。CAN-H 线和 CAN-L 线正常传输信号时的波形图如图 2-23 所示。

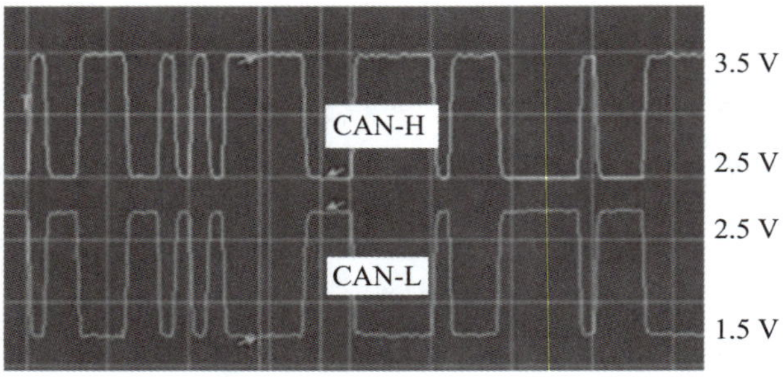

图 2-23　CAN-H 线和 CAN-L 线正常传输信号时的波形图

对 CAN-H 线的信号波形，数据通信时的波形是上升沿，如图 2-24 所示。

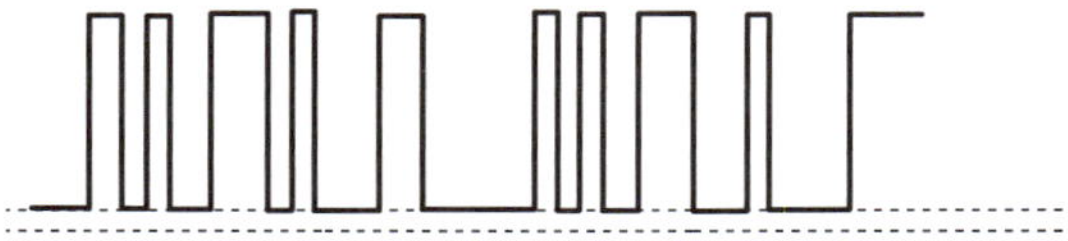

图 2-24　CAN-H 线的信号波形

对 CAN-L 线的信号波形，数据通信时的波形是下降沿，如图 2-25 所示。

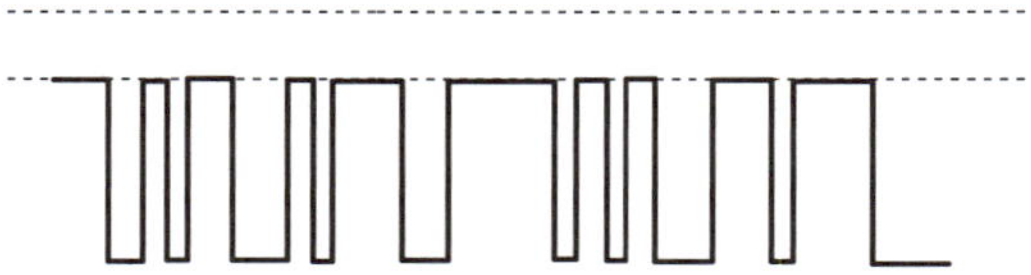

图 2-25　CAN-L 线的信号波形

为了防止外界电磁波干扰和向外辐射，CAN 总线采用两条线缠绕在一起的方式，如图 2-26 所示。采用这种方式之后，CAN-H 与 CAN-L 两条线上的电位是相反的，两条线的电压和等于常值。

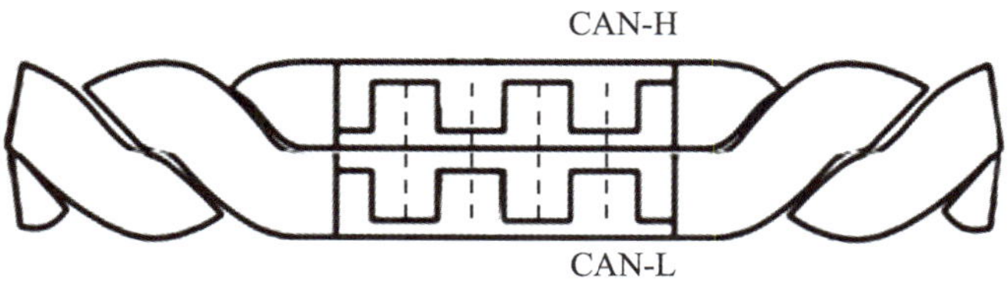

图 2-26　CAN 数据传输系统差分原理图

采用双绞线结构之后，当存在电磁干扰时，两条线上的干扰相互抵消，CAN 总线得到保护，同时 CAN 总线向外辐射保持中性，即无辐射。奥迪 A6 车型的抗电磁干扰的工作特性如图 2-27 所示，可以看出，采用双绞线结构后，作用在两条线上的电磁干扰相互抵消，大大提高了 CAN 系统的工作稳定性。

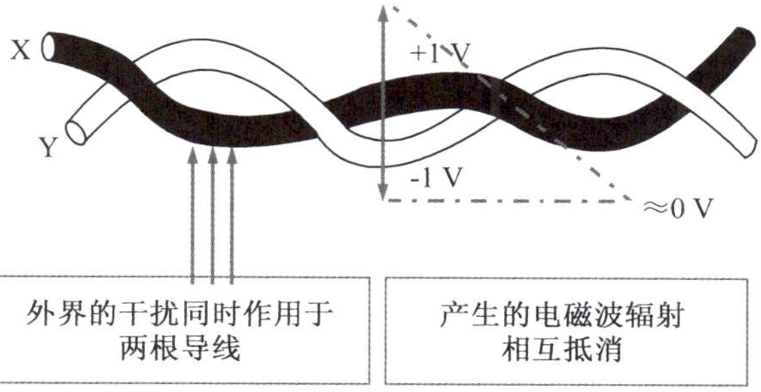

图 2-27　奥迪 A6 车型的抗电磁干扰的工作特性

三、动力 CAN 总线系统的数据传输

(一)CAN 的特点

CAN 总线为多主方式工作,总线上任一个节点均可以在网络空闲的任意时刻主动向网络上的其他节点发送信息,所有节点不分主次,通信方式灵活。CAN 总线网络上的各个节点信息分成不同的优先级,可以满足不同的实时要求,高优先级的信息优先传递。CAN 总线采用非破坏性的仲裁机制,当出现两个节点同时向总线发送数据时,优先级低的节点会主动退出发送转为接收,优先级高的节点会继续发送数据不受影响,有效避免了总线冲突,提高了信息传输效率,如安全方面的信息比舒适方面的信息优先。

CAN 总线信息传输采用广播模式,即一个节点发送,所有连接在总线上的节点都可以接收。当某一个 CAN 总线节点出现严重错误时,其具有自动关闭功能,使其他节点不受影响。

(二)CAN 的数据传递过程

CAN 的数据传递过程如图 2-28 所示,主要包括如下过程:(1)数据准备。控制单元向 CAN 控制器提供需要发送的数据。(2)数据发送。CAN 收发器接收由 CAN 控制器传来的数据,转为电信号并发送。(3)数据接收。CAN 系统中,所有控制单元转为接收器。(4)数据检验。控制单元检查判断所接收的数据是否为所需要的数据。(5)数据接受。待接收的数据如为需要的数据,则数据被接受并进行处理,否则忽略。

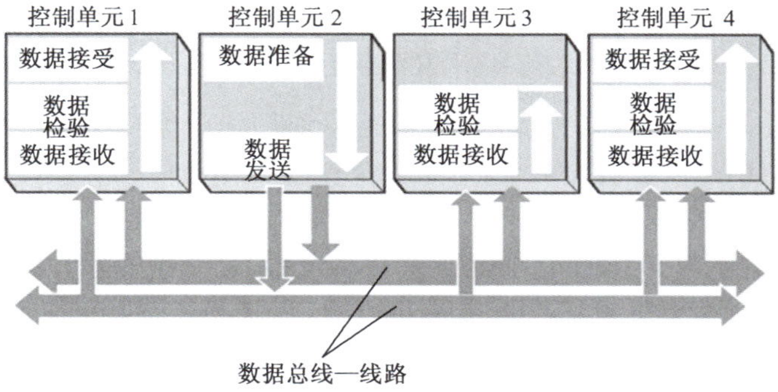

图 2-28　CAN 的数据传递过程

（三）CAN 的数据传输原理

在 CAN 总线中的每个节点内部进行运算的二进制信号（又叫逻辑信号）的电平都很小，不足以通过双绞线进行长距离的传送（铜线上有电阻，距离越长电阻越大，电压不够的信号无法传输）。要实现数据的顺利传递，必须将电平进行升压，即将二进制逻辑信号转化为电信号。

1. 电信号的传送

如图 2-29 所示，CAN 收发器收到 CAN 控制器送来的信号后控制三极管导通或截止，CAN 收发器就像一个开关，根据 CAN 控制器送来的数据不断在导通和截止之间变化，使总线上的电平不断跟随变化。

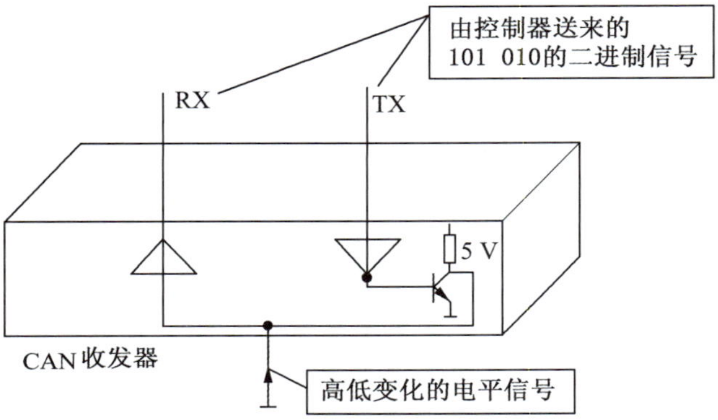

图 2-29 CAN 收发器示意图

因此总线导线上就会出现两种状态：高电位表示逻辑“1”，低电位表示逻辑“0”。如果总线上的电平信号处于静止位置，就称为隐性电平（或叫无源）；如果总线上的电平信号处于传递位置，则称为显性电平（或叫有源）。总线上的电平信号如图 2-30 所示。

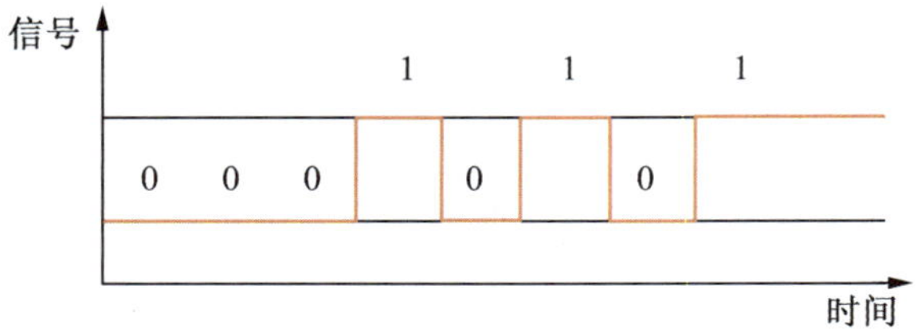

图 2-30 总线上的电平信号

如图 2-31 所示，当把两个或两个以上的节点连接到一条总线上时，如果某一节点内的开关已接合，电阻上就有电流流过，于是总线导线上的电压就为 0 V，此时总线处于有源状态，为显性电平；如果所有的开关均未接合，就没有电流通过，电阻上就没有压降，于是总线导线上的电压为 5 V，此时总线处于无源状态，为隐性电平。从上面的分析可知，如果总线处于状态 1（无源），那么此状态可以由某一个控制单元使用状态 0（有源）来改写。

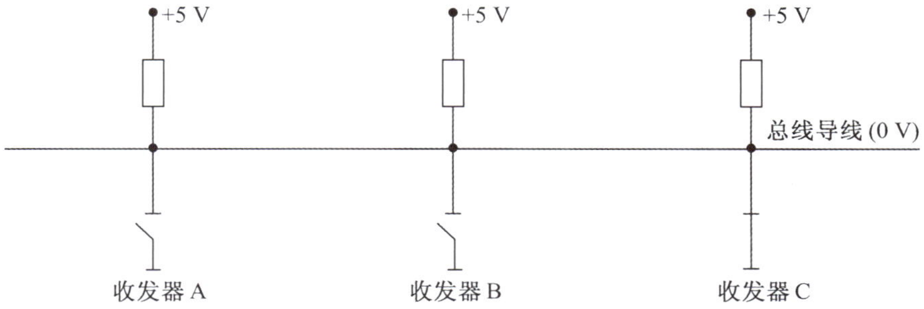

图 2-31　有两个以上节点的总线状态转换

2. CAN 总线电平

CAN 总线分为 CAN 高位(CAN-H)和 CAN 低位(CAN-L)数据线,对地电压分别用 V_{CAN-H} 和 V_{CAN-L} 表示,它们之间的差值称为差分电压(V_{diff}),即 $V_{diff}=V_{CAN-H}-V_{CAN-L}$。满足条件 0.9 V<$V_{diff}$<5.0 V 时,代表逻辑数字“0”,当前传送的数据位被称为“显性”位;当−0.1 V<V_{diff}<0.5 V 时,代表逻辑数字“1”,当前传送的数据位被称为“隐性”位。CAN 总线电压波形与逻辑电平如图 2-32 所示。

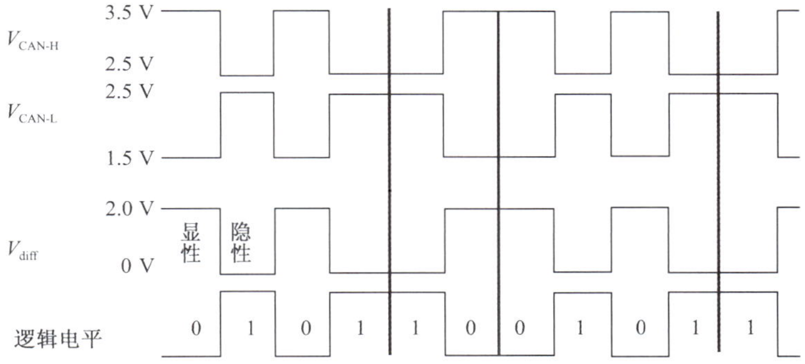

图 2-32　CAN 总线电压波形与逻辑电平定义

控制单元在某一时间段只能发送或接收一项功能:逻辑“1”,所有控制器的开关断开,总线电压为 5 V 或 3.5 V,CAN 总线未通信;逻辑“0”,某一控制器闭合,总线电压为 0 V,CAN 总线进行通信。

3. 高速 CAN 总线的数据传输

一个真实的高速 CAN 总线的数据波形图如图 2-33 所示。在高速 CAN 总线中,只要一条总线线路出现断路、短路或两线之间相互短路等故障,整个总线都失效,所有节点无法通信。

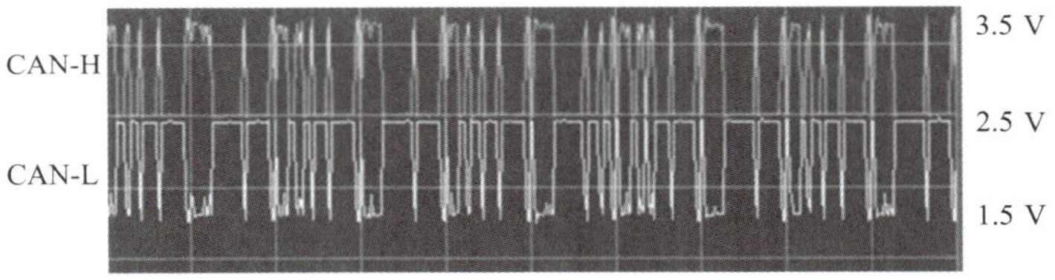

图 2-33　高速 CAN 总线的实际波形图

如图 2-34 所示，在 CAN 系统的每个收发器内均有一个接收器，该接收器就是安装在接收一侧的差动信号放大器。差动信号放大器用于处理来自 CAN-H 线和 CAN-L 线的电平信号，除此之外，还将转换后的信号传至控制单元的 CAN 接收区。转换后的信号称为差动信号放大器的输出电压。

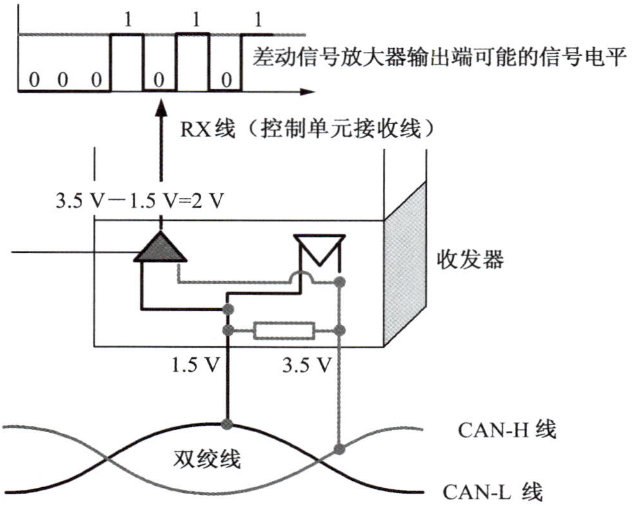

图 2-34　高速 CAN 接收器结构简图

4. 优先级确认

因为 CAN 总线采用多主串行数据传递方式，如果有多个控制器同时需要发出信号，那么在总线上一定会发生数据冲突。为了避免出现数据冲突，当多个控制器同时发送信号时，系统必须决定哪个控制单元先进行发送，哪个控制单元等待发送。CAN 总线采取的措施是：每个控制单元发送信号时，通过数据帧前列的状态域识别数据优先权，首先发送具有最高优先权的数据。

在信息数据列中有 11 位的状态区，其中前 7 位既是发送信息的控制器标识符，又表示了优先级。仲裁规则如下：标识符中的号码越小，即从前往后数，前面的 0 越多，优先级越高。后 4 位是这个控制器发送不同信息的编号，如发动机控制单元发送转速信号和发送水温信号时，则后 4 位不同。

如表 2-1 所示，3 个控制单元同时发送数据，此时需要在数据传输线上一位一位地进行比较，如果 1 个控制单元发送了隐形电平而检测到 1 个显性电平，那么该控制单元就自动停止发送改为接收状态。其工作过程如图 2-35 所示。

表 2-1　3 组不同数据帧的优先权

优先级	数据包	状态区
1	制动消息	001 1010 0000
2	发动机消息	010 1000 0000
3	变速器消息	100 0100 0000

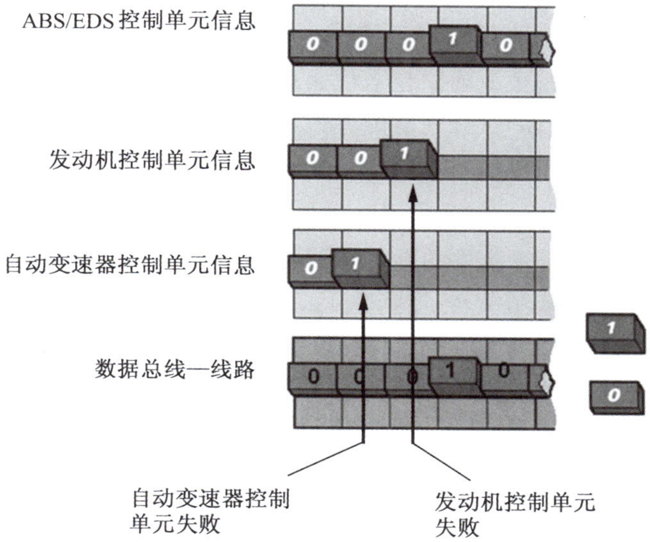

图 2-35 优先级确认

任务三 动力 CAN 总线系统的检修

装有动力 CAN 总线系统的车辆如果出现故障，维修人员应该首先检测汽车车载网络系统是否正常。如果车载网络系统有故障，则整个汽车车载网络系统中的有些信息将无法传输，接收这些信息的电控模块将无法正常工作，从而会出现故障灯亮起、废气排放超标、怠速不稳、动力不足等故障现象。对于汽车车载网络系统故障的检修，应根据车载网络系统的具体结构和控制回路进行具体分析。

一、CAN 总线的故障特点

当 CAN 总线出现故障时一般有三种表现：一是没有外在故障现象，只是在自诊断系统中储存故障码，总线进入应急工作状态，出现这种故障时，车主无法察觉车辆有故障；二是出现某一个模块与其他模块无法通信的现象，相关的控制功能会受到影响，会出现外在故障现象；三是整个网络失效，各节点都无法通信，此时会出现大范围的故障表现。

二、车载网络系统的故障类型

一般说来，引起汽车车载网络系统故障的原因有三种：一是汽车电源系统引起的故障；二是汽车车载网络系统的链路故障；三是汽车车载网络系统的节点故障。

(一)汽车电源系统故障引起的网络故障

汽车车载网络系统的核心部分是含有通信芯片或集成电路的控制单元，控制单元的正常工作电压为10.5～14.5 V。如果汽车电源系统提供的工作电压低于该值，就会造成一些对工作电压要求高的控制单元短暂地停止工作，从而使整个汽车车载网络系统出现短暂的无法通信。这种现象就如同发动机未启动时故障诊断仪就已经设定好要检测的传感器界面，当发动机启动时，往往故障诊断仪又回到初始界面。这类故障产生的原因主要是蓄电池、发电机、供电线路、熔断丝等元器件有故障。

（二）节点故障

节点是汽车车载网络系统中的电控模块，节点故障就是控制单元的故障。这类故障产生的原因主要是各类控制单元、传感器等元器件有故障。

软件故障即传输协议或软件程序有缺陷或冲突，从而使汽车车载网络系统通信出现混乱或无法工作。这种故障一般成批出现，且无法维修。

硬件故障一般是由于通信芯片或集成电路故障，造成汽车车载网络系统无法正常工作。采用低版本点到点信息传输协议的汽车车载网络系统，如果有节点故障，将使整个汽车车载网络系统无法工作。

（三）链路故障

当汽车车载网络系统的链路（通信线路）出现故障时，如通信线路的短路、断路以及线路物理性质引起的通信信号衰减或失真，都会引起多个电控单元无法工作或电控系统错误动作。判断是否为链路故障时，一般采用示波器或汽车专用诊断仪来观察通信数据信号是否与标准通信数据信号相符。

三、动力 CAN 总线的仪器检测

当车辆出现故障时，首先通过故障诊断仪读取相关系统的故障码，如有以 U 开头的故障码说明车载自诊断系统检测出车载网络系统通信有故障，这时可用万用表、示波器等检测仪器进行测量，然后再对测量结果进行分析判断。

（一）车载网络系统的诊断步骤

(1)了解该车型的汽车多路传输系统特点，包括传输介质、几种子网及汽车多路信息传输系统的结构形式等。

(2)了解汽车多路信息传输系统的功能，如有无唤醒功能和休眠功能等。

(3)检查汽车电源系统是否存在故障，如交流发电机的输出波形是否正常（若不正常，将导致信号干扰等故障）等。

(4)检查汽车多路信息传输系统的链路是否存在故障，采用替换法或跨线法进行检测。

(5)如果是节点故障，只能采用替换法进行检测。

如图 2-36 所示为由 3 个控制单元组成的动力 CAN 总线系统，其出现的故障为 CAN 总线中有一条数据线断路。

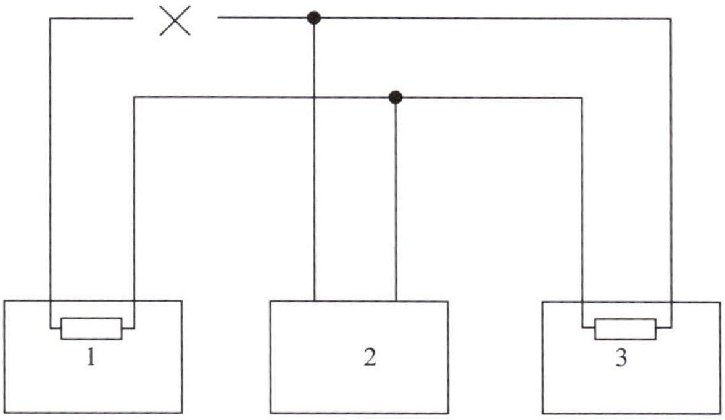

图 2-36　由 3 个控制单元组成的 CAN 总线系统

对于图 2-36 所示的 CAN 总线系统，可采用如下的检测步骤：(1)先接入故障诊断仪，读取故障代码，会出现以 U 开头的故障代码，如出现模块 1 与模块 2 无法通信或数据通信线短路等故障码，说明系统已诊断出总线通信出现了故障；(2)用万用表测量模块供电搭铁是否正常和数据线导通性、有无对地短路、有无对正极短路以及终端电阻等是否正常；(3)用示波器测量数据线运行的数据信号是否正常；(4)如果信号波形不正常，又没有发现数据短路或断路等故障时，可用排除法或代换法进行节点故障诊断。

(二)OBD-Ⅱ标准诊断接口

对于动力 CAN 总线系统故障，可通过 OBD-Ⅱ进行故障自诊断，通过故障码进行逻辑判断。OBD-Ⅱ诊断座线路如图 2-37 所示。

针脚号	对应的线束
1	15号线
4	接地
5	接地
6	CAN-Bus（高）
7	K线
14	CAN-Bus（低）
15	L线
16	30号线

注：未标明的针脚号暂未使用

图 2-37　OBD-Ⅱ标准诊断接口及各接口定义

OBD-Ⅱ代表目前大部分诊断仪的技术水平，是一个实际的标准，因而得到了汽车制造商的支持。其主要特点是：(1)诊断插座统一为 16 针插座，并统一安装于驾驶室仪表板下方。(2)串行数据通信协议采用 ISO 9141 和 SAE 两个标准。(3)具有统一的 5 位故障代码，其中第一个英文字母代表被测控制器，如 P 代表发动机计算机控制器(power)，B 代表车身计算机控制器，C 代表底盘计算机控制器(chassis)；第二个英文字母代表制造厂；第三个英文字母代表 SAE 定义的故障范围码；最后两个英文字母代表原厂故障码。(4)具有用诊断仪直接读取并消除故障码的功能。(5)具有行车记录功能，能记录车辆行驶过程中的有关数据资料。(6)具有记忆并重新显示故障信息的功能。

OBD-Ⅱ接口及各接口的定义如图 2-37 所示，可以看出，要想测量动力 CAN 总线系统的信号波形，可以测量其 6 号和 14 号端子的信号波形。

(三)动力 CAN 总线系统的万用表检测

汽车万用表是检测电子电路时最常用的仪表之一，具有携带及使用方便、可测参数多等显著特点。在检测汽车电控系统、网络系统时通常使用汽车万用表。万用表可检测各模块的供电电压及搭铁是否完好，可测量数据线的导通性，可测量终端电阻等。在用万用表测量导通性能和电阻时，一定要先断开蓄电池负极，再进行测量。通过汽车万用表，可以判别系统故障的具体部位和检测系统元件的状态。

1. 终端电阻的检测

在高速 CAN 总线上的终端电阻可以用万用表进行测量并作出判断，但是在低速 CAN 总线上的终端电阻则不能用万用表来测量。

终端电阻安装在高速 CAN 系统的两个控制单元内，阻止 CAN 总线信号在 CAN 总线上产生变化电压的反射。若终端电阻出现故障，则可能因为线路的反射影响导致控制单元的信号无效。用示波器进行 CAN 总线信号的测量时，若该信号与标准信号不相符，则可能为终端电阻发生损坏。终端电阻的检测电路如图 2-38 所示。

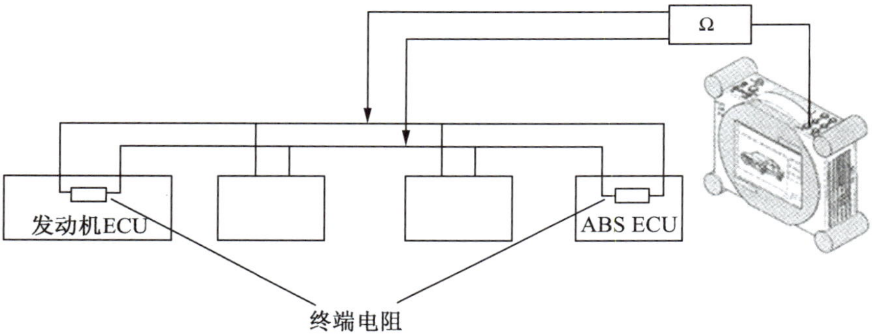

图 2-38　终端电阻的检测电路

终端电阻的测量步骤如下：①拔除蓄电池的电极线；②等待大约 5 min，直到所有的电容器都充分放电；③连接测量仪器并测量总电阻；④将一个带有终端电阻控制单元的插头拔下；⑤检测总电阻是否发生变化；⑥将第一个控制单元(带有终端电阻)的插头连接好，再将第二个控制单元的插头拔下；⑦检测总电阻是否发生变化；⑧分析测量结果。

如图 2-38 所示，动力 CAN 总线中带有终端电阻的两个控制单元是接通的。测量的结果是每一个终端电阻大约为 120 Ω，总的电阻为 60 Ω。通过该测量值可以判断连接电阻是正常。

特别要注意的是：终端电阻不一定为 120 Ω，相应的电阻依赖于总线结构。在总电阻测量完成后，将一个带有终端电阻控制单元的插头拔下，显示的电阻会发生变化，这里测量的是一个控制单元的终端电阻。当拔下一个带有终端电阻控制单元的插头后，若测量的电阻没有发生变化，说明系统中存在问题，即被拔取的控制单元的终端电阻可能损坏或者是 CAN 总线出现断路。如果拔取控制单元后，显示的电阻为无穷大，可判定为连接中的控制单元终端电阻损坏，或者该控制单元的 CAN 总线出现故障。

最初，部分车型采用两个终端电阻(每一个均以 120 Ω 作为标准值或者试验值)。但现在，终端电阻不再是一个固定阻值的电阻，而是由很多个被测量的电阻组合在一起的。总的电阻依赖于车辆的总线结构，因此终端电阻是根据车型设计的。

2. 动力 CAN 总线的电压测量

数字万用表还可以对 CAN 数据总线进行电压信号测试，大致判断数据总线的信号传输是否存在故障。用数字万用表测量频率信号时，万用表具有分段采集和有效值运算的工作特性，因此，数字万用表的显示值只能反映被测信号的主体电压，不能显示被测信号的每个细节。其检测方法如图 2-39 所示。

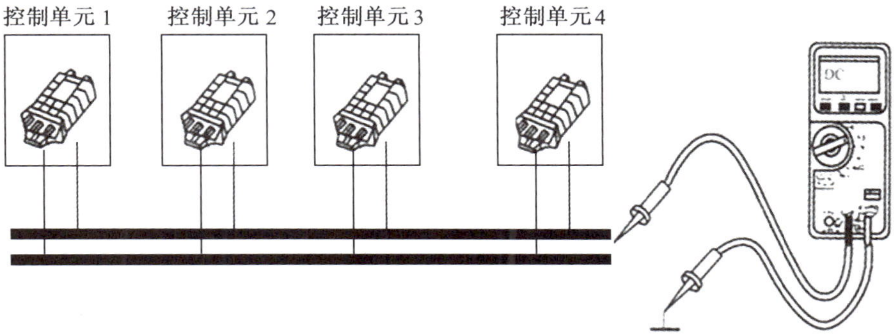

图 2-39　用万用表检测动力 CAN 总线的电压

动力 CAN 总线的信号波形如图 2-40 所示。CAN-H 线上有信号传输时，总线上的电压在 2.5～3.5 V 之间高频波动，CAN-H 线的主体电压应是 2.5 V，万用表的测量值为 2.5～3.5 V，大于 2.5 V 但接近 2.5 V。同理，CAN-L 线信号在总线空闲时的电压约为 2.5 V，总线上有信号传输时，总线上的电压在 1.5～2.5 V 之间高频波动，CAN-L 线的主体电压应是 2.5 V，万用表的测量值为 1.5～2.5 V，小于 2.5 V 但接近 2.5 V。

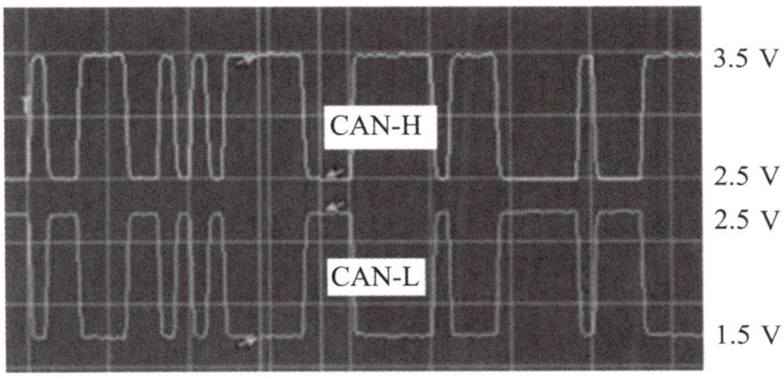

图 2-40　动力 CAN 总线的信号波形

(四)动力 CAN 总线的示波器检测

现代汽车已进入电子控制时代，电子控制已涉及汽车的动力性、经济性、安全性、可靠性、净化性和舒适性等诸多方面，且各种控制系统电控单元之间相互联系紧密，可随时进行实时数据通信。电子设备占整车的比例逐步上升，电子设备的故障越来越多，也越来越具有挑战性。汽车示波器为综合判断汽车电子设备(包括网络)故障提供了有力保证。示波器检测波形有以下5种判断依据，定义分别为：

(1)幅值：电子信号在一定点上的即时电压。

(2)频率：电子信号每秒在两个事件或循环之间循环的次数。

(3)脉冲宽度：电子信号所占的时间或占空比。

(4)形状：电子信号的外形特征，包括其曲线、轮廓和上升沿、下降沿等。

(5)阵列：组成专门信息信号的重复方式，如1号缸传送给发动机控制计算机的上止点同步脉冲信号、传给解码器的有关冷却水温度信号的串行数据流等。

数字存储式示波器(DSO)用双通道对CAN总线进行测量，通过对示波器波形的分析可以很容易地发现故障。为了利用数字存储式示波器分析CAN总线的波形，要求采用无干扰功能下的示波器显示。在测量CAN总线时应注意准确调整示波器的时间、电压和触发信号。

动力CAN总线的信息传递通过“0”(显性)和“1”(隐性)两个逻辑状态实现。每一个逻辑状态对应一个相应的电阻，控制单元应用其电压差来获得数据，如图2-41所示。

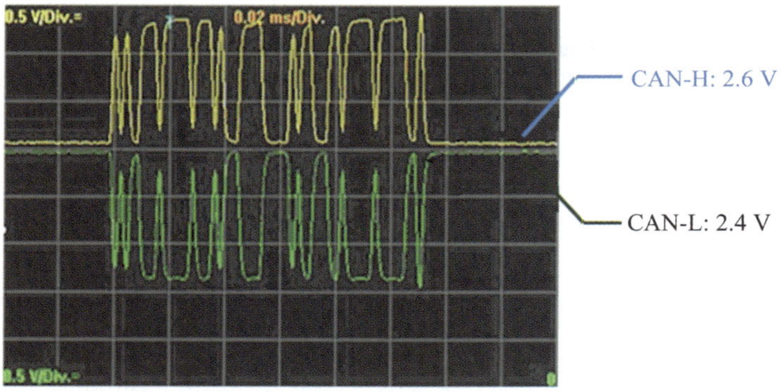

图2-41　动力CAN总线示波器的设置

任务四　动力CAN总线系统的波形分析

本部分将逐一对动力CAN总线的各种故障波形进行分析。

一、CAN-H线与CAN-L线之间短路

故障波形如图2-42所示。

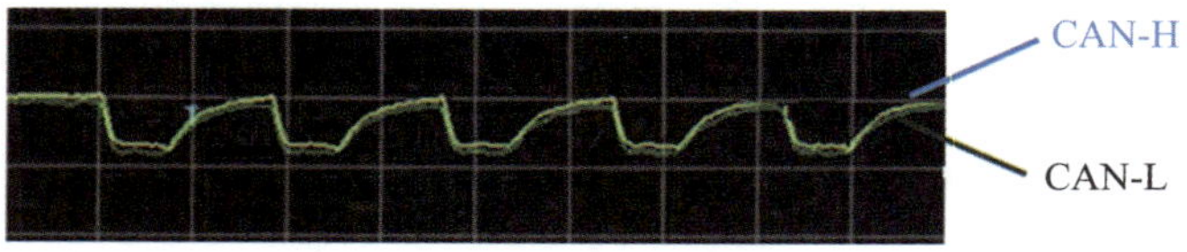

图2-42　CAN-H线与CAN-L线之间短路波形

两条数据线短路会造成整个总线失效，可以通过拔插高速CAN总线上的控制单元来判断是由控制单元引起的短路还是由CAN-H线与CAN-L线连接引起的短路。在拔下连接控制单元的两条CAN总线的过程中，注意观察示波器的波形，如果波形由相互短路波形恢复为正常波形，即可判定是CAN-H线与CAN-L线之间短路。

二、CAN-H线对搭铁短接

故障波形如图2-43所示。

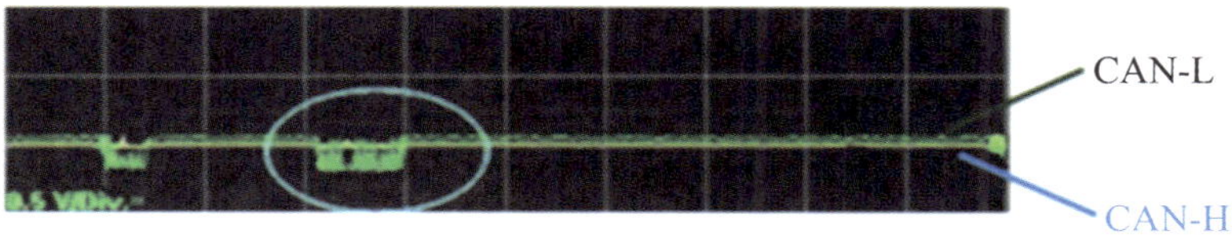

图2-43　CAN-H线对搭铁短接波形

CAN-H线、CAN-L线的电位均近似为0 V，可以通过拔插高速CAN总线上的控制单元来判断是由控制单元引起的短路还是由数据线引起的短路。在拔下连接控制单元的两条CAN总线的过程中，注意观察示波器的波形，如果波形由故障波形恢复为正常波形，即可判定是CAN-H线对搭铁短接。

三、CAN-H线对正极短接

故障波形如图2-44所示。

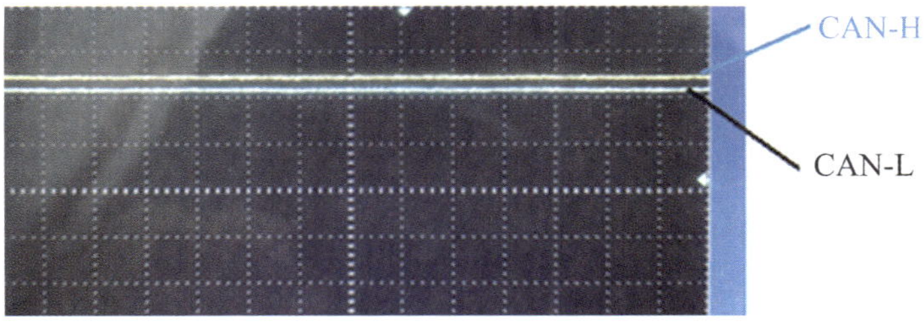

图2-44　CAN-H线对正极短接波形

CAN-H线的电位为12 V，这是由在控制单元的收发器内CAN-H线和CAN-L线内部错接引起的。该故障的判断方法与故障1相同。

四、CAN-L线对搭铁短接

故障波形如图2-45所示。

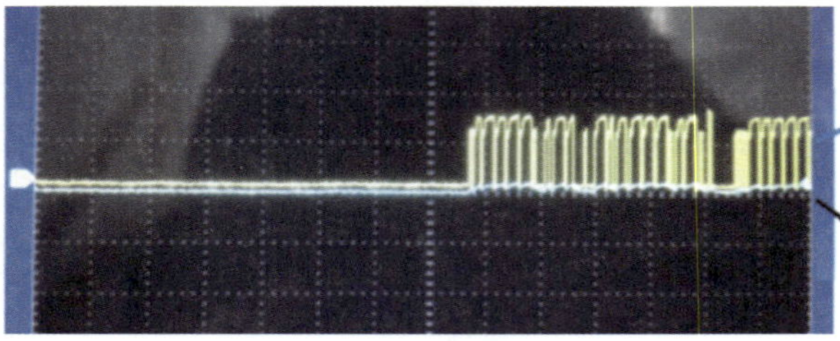

图 2-45　CAN-L 线对搭铁短接波形

CAN-L 线的电位为 0 V,可以通过拔插高速 CAN 总线上的控制单元来判断是由控制单元引起的短路还是由数据线引起的短路。在拔下连接控制单元的两条 CAN 总线的过程中,注意观察示波器的波形,如果波形由故障波形恢复为正常波形,即可判定是 CAN-L 线对搭铁短接。

五、CAN-L 线对正极短接

故障波形如图 2-46 所示。

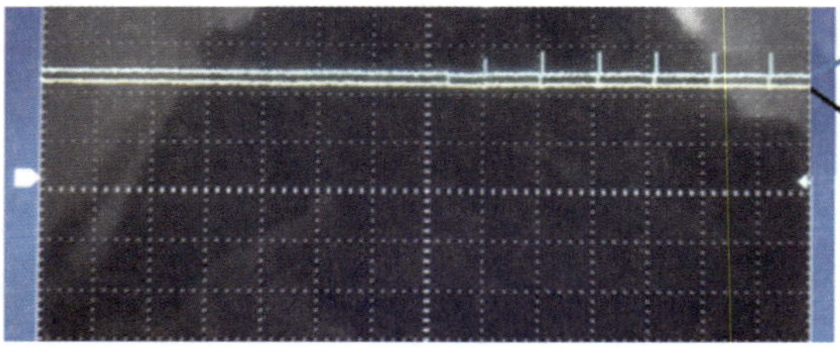

图 2-46　CAN-L 线对正极短接波形

CAN-H 线、CAN-L 线的电位都为 12 V,这是由在控制单元的收发器内 CAN-H 线和 CAN-L 线的内部错接引起的。该故障的判断方法与故障 1 相同。

六、CAN-H 线断路

故障波形如图 2-47 所示。

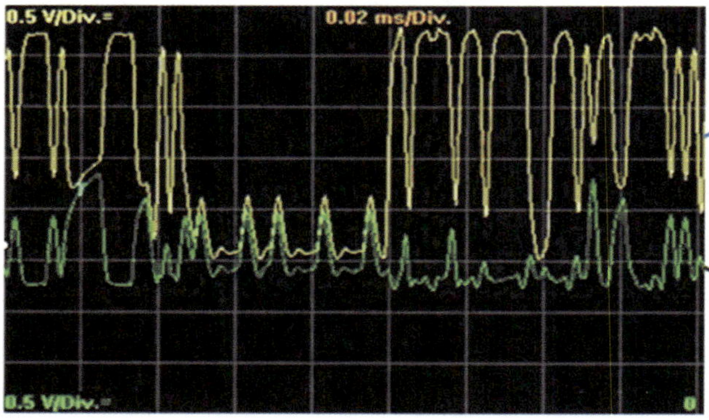

图 2-47　CAN-H 线断路波形

当 CAN-H 线断路时，系统无法正常工作。

七、CAN-L 线断路

故障波形如图 2-48 所示。

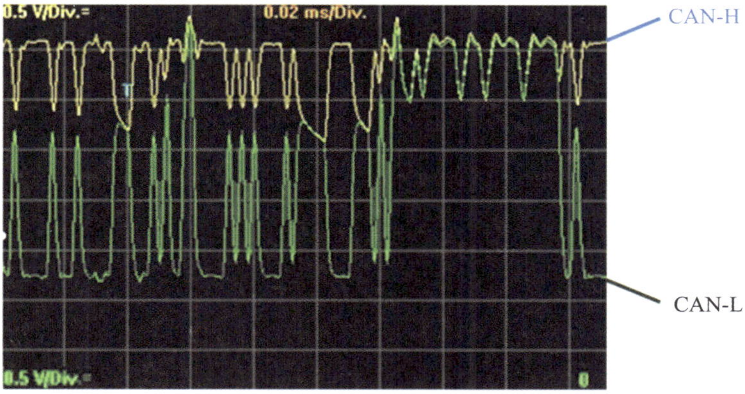

图 2-48　CAN-L 线断路波形

当 CAN-L 线断路时，系统无法正常工作。

★案例拓展

案例一　奇瑞 A5 轿车动力 CAN 总线系统故障的检测

对于奇瑞 A5 轿车的动力 CAN 总线系统故障，可通过 OBD-Ⅱ进行故障自诊断，通过故障码进行逻辑判断。奇瑞 A5 轿车 OBD-Ⅱ诊断座线路如图 2-49 所示。

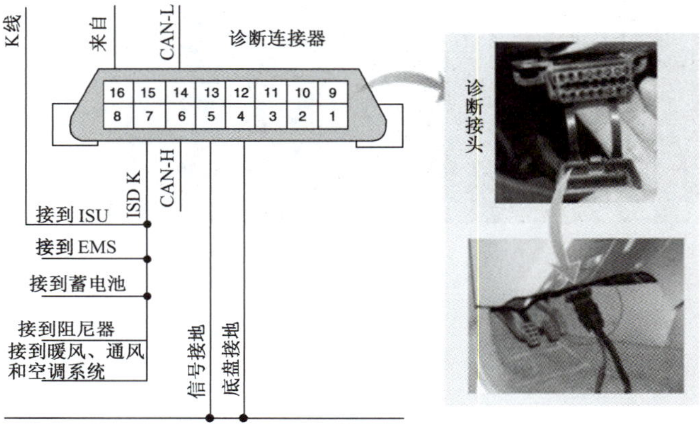

图 2-49　奇瑞 A5 轿车 OBD-Ⅱ诊断座线路

奇瑞 A5 轿车的动力 CAN 总线系统故障也可通过测量总线系统终端电阻的方法进行检测。关闭点火开关，拔下控制单元插头，此时不要连接线束插头。使用万用表测量发动机控制单元 62 针与 81 针之间的电阻，电路如图 2-50 所示，这是数据传递终端的电阻，规定为 123 Ω，如不符合规定应更换发动机控制单元。

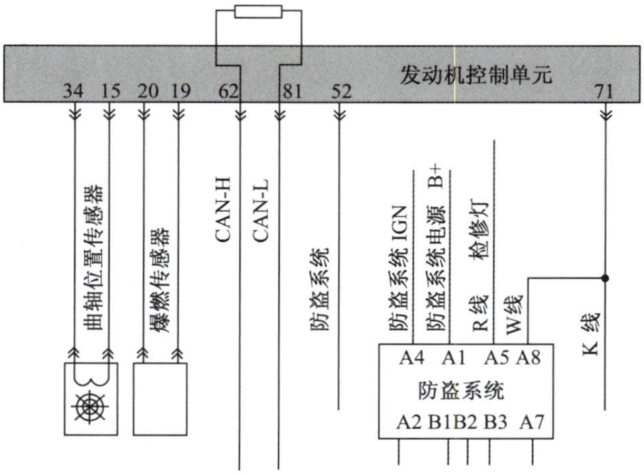

图 2-50　用万用表测量终端电阻

案例二　一汽大众宝来轿车动力CAN总线系统故障的检测

1. 动力 CAN 总线终端电阻的检测

关闭点火开关，拔下发动机控制单元插头，使用万用表测量 58 针与 60 针之间的电阻，这是数据传输终端的电阻，规定为 60 ~ 72 Ω，如不符合规定应更换发动机控制单元，如符合规定应按照电路图测量数据总线的故障点。发动机管理系统终端电阻的检测原理图如图 2-51 所示。

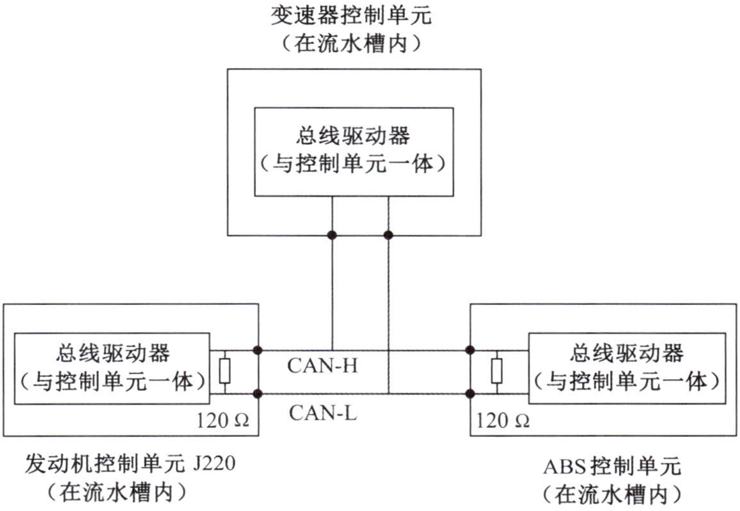

图 2-51　发动机管理系统终端电阻的检测

2. 总线的故障检测

在动力传动系统中，应尽可能地快速传递数据，以便及时利用数据，所以需要高性能的发送器。高速发送器会加快点火系统间的数据传递，使接收到的数据立即应用到下一个点火脉冲中。CAN 总线连接点通常置于控制单元外部的线束中，在特殊情况下，连接点也可能设在发动机控制单元内部。

动力总线中 3 个单元传送的信号如图 2-52 所示，如果总线出现故障，则会造成行驶性能不良（自动变速器换挡冲击）等故障。

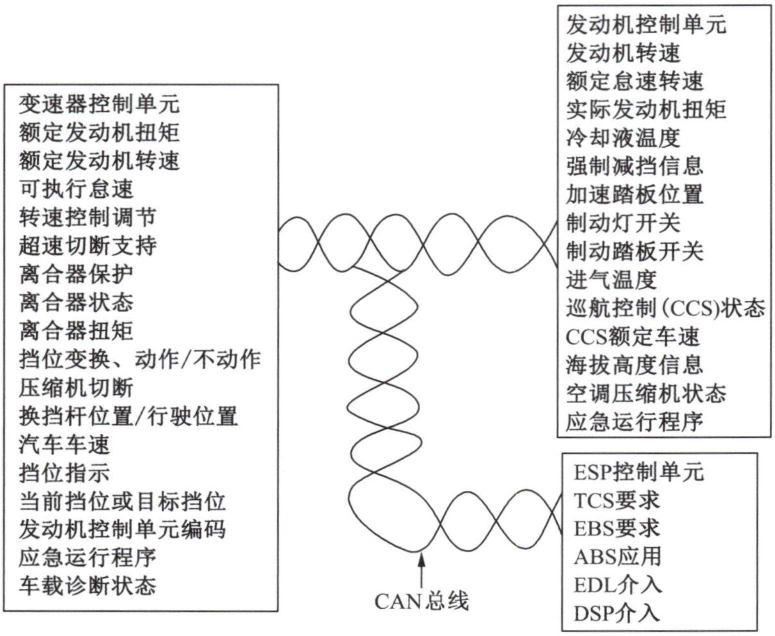

ESP—车身电子稳定系统；TCS—牵引力控制系统；EBS—电子控制制动系统；
ABS—制动防抱死系统；EDL—电子差速锁；DSP—数字音频处理器。

图 2-52　动力 CAN 总线传输的信息

案例三　吉利帝豪 EV450 通信系统故障检测

1. 使用故障诊断仪读取故障代码

(1)操作启动开关，使电源模式至 ON 状态，如图 2-53 所示。

图 2-53　使启动开关处于 ON 挡

(2)连接故障诊断仪,读取系统故障代码,如图 2-54 所示。

图 2-54　读取系统故障代码

(3)确认系统是否存在其他故障代码。如果存在其他故障,优先排除;如果不存在其他故障,进行第(2)步。

2. 检查 BMS 的通信线路

(1)操作启动开关使电源模式至 OFF 状态。

(2)断开蓄电池负极电缆。

(3)断开 BMS 线束连接器 CA69,如图 2-55 所示。

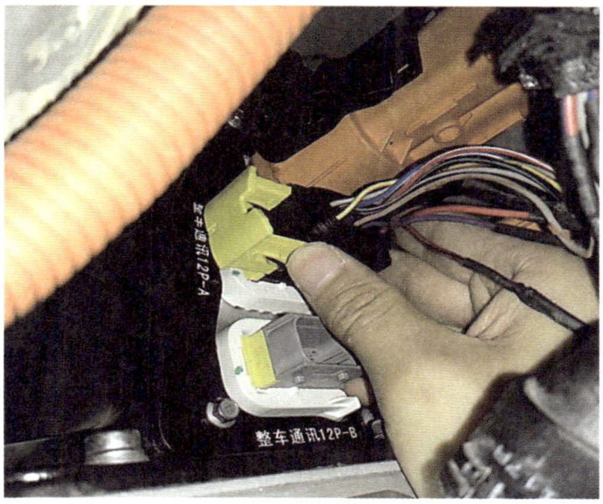

图 2-55　断开 BMS 线束连接器 CA69

(4)用万用表测量 BMS 线束连接器 CA69 端子 4 和诊断接口 CA66 端子 8 之间的电阻,如图 2-56 所示。电阻标准值应小于 1 Ω。

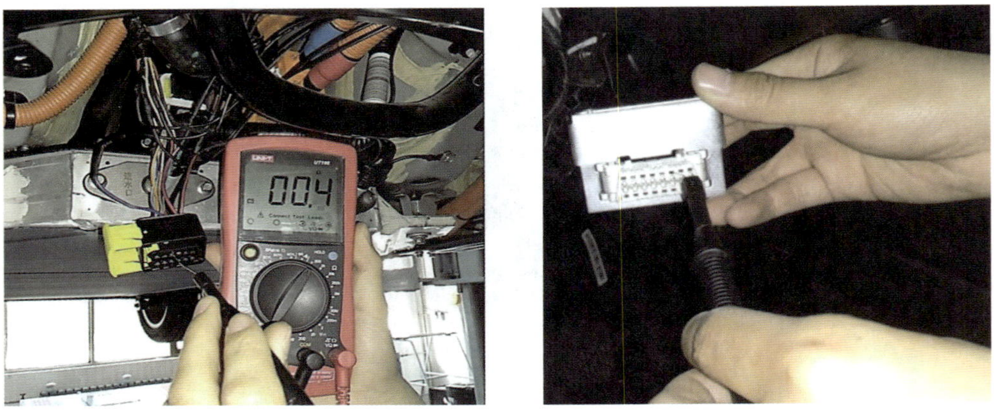

(a)连接器 CA69　　　　(b)诊断接口 CA66

图 2-56　测量 CA69 端子 4 和诊断接口 CA66 端子 8 之间的电阻

(5)用万用表测量 BMS 线束连接器 CA69 端子 3 和诊断接口 CA66 端子 7 之间的电阻,如图 2-57 所示。电阻标准值应小于 1 Ω。

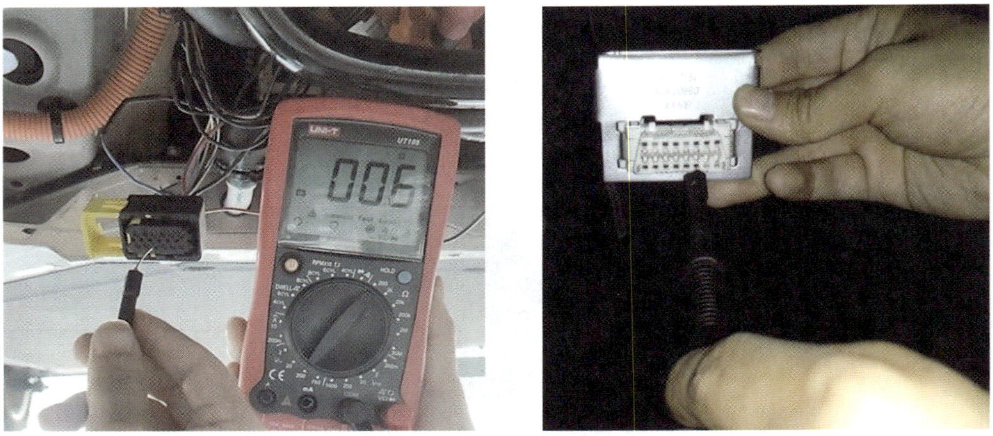

(a)连接器 CA69　　　　(b)诊断接口 CA66

图 2-57　测量 CA69 端子 3 和诊断接口 CA66 端子 7 之间的电阻

(6)确认测量值是否符合标准。如果上述线路不符合标准,则修理或更换线束;如果上述线路符合标准,进行第(3)步。

3. 进行 P-CAN 完整性检查

(1)操作启动开关,使电源模式至 OFF 状态。

(2)用万用表测量终端接口 IP19 端子 3 和端子 11 之间的电阻值,如图 2-58 所示。标准电阻应为 55～67.5 Ω。

(3)确认测量值是否符合标准。如果测量电阻不符合标准,优先排除 CAN 不完整故障;如果测量电阻符合标准,进行下一步。

图 2-58 测量终端接口 IP19 端子 3 和端子 11 之间的电阻值

4.更换 BMS

(1)操作启动开关,使电源模式至 OFF 状态。

(2)断开蓄电池负极电缆。

(3)断开直流高压母线连接器 BV17。

(4)拆卸电池包,更换电池包。

(5)确认故障排除。

5.诊断结束。

★任务实施

大众轿车动力CAN总线系统的实车测量

学　　院		专　　业	
姓　　名		学　　号	
小组成员		组长姓名	

实训目标：

1. 能够依据接待要求，结合客户的需求，独立完成接待准备工作。
2. 能够结合客户车辆的故障现象，根据维修手册初步判断动力CAN总线系统是否存在故障。
3. 能够根据故障现象及客户的咨询信息，依据维修手册及操作规范和标准，制定车辆的初步维修方案。
4. 能够根据动力CAN总线系统的检测要求，结合客户车辆配置情况，使用专用设备工具及维修软件完成系统的检测工作。
5. 能够依据检测数据的分析结果，结合动力CAN总线的工作原理，独立准确地检测实车动力CAN总线系统。
6. 养成与他人协作的习惯，培养良好的人际交往能力。

一、接受工作任务	**成绩：**

汽车服务站新接收了一辆大众途安待维修车辆，根据车主反映的故障现象，维修技师王强首先对该车的动力CAN总线系统进行了检测。要求对检测过程及检测结果等情况进行记录。

二、信息收集	**成绩：**

1. 客户信息登记：进店时间：____月____日____时，客户姓名：____________，电话：__________。
2. 客户车辆登记：车型：__________，车牌号码：__________，车辆的VIN：__________。
3. 车辆进店时里程数：__________，油量/电量：__________，车上故障灯：□无　□有（说明并备注一下）____。
4. 车辆外观检查情况：剐蹭痕迹：□无　□有（有的话标注在车辆登记表格中加以说明）____。
5. 车辆进店维修内容：____。
6. 查找本车的维修手册____册，版本是____________。
7. 本车维修是：□单人进行　□双人进行　□需要技术支持协助完成。
8. 本车动力CAN总线系统的应用情况是：____。
9. 本次维修所用仪器设备准备情况：□齐全　□不齐全（若不齐全，原因是：________________________________）。

10. 本次维修需要的时长为____________。

11. 本次维修后需要提供给客户的资料有：____
____。

12. 本次维修后车辆清洗情况：□需要清洗　□不需要清洗。

三、制订计划	成绩：

1. 请根据动力 CAN 总线系统的检测规范及要求，制订实车动力 CAN 总线系统的测量实训计划。

2. 请根据维修作业计划，完成小组成员任务分工。

操作人		记录员	
监护人		展示员	

作业注意事项

(1)实训开始前应摘掉各类饰品，换上实训服，长头发应挽起固定于脑后。
(2)整车实训时应确保点火开关处于 Lock 位置，操作另有要求的除外。
(3)就车工作时，应施加驻车制动，除非特定操作要求置于其他挡位。
(4)举升车辆时应按照规范进行，避免发生意外事故。
(5)工具使用后，应清洁并归还原处。

检测设备/工具/材料

序号	名称	数量	清点
			□已清点
			□已清点
			□已清点
			□已清点
			□已清点
			□已清点
			□已清点
			□已清点
			□已清点

<table>
<tr><th colspan="3">四、计划实施</th><th colspan="2">成绩：</th></tr>
<tr><td colspan="5">1. 请完成动力 CAN 总线系统检测作业前的检查及车辆防护，并记录信息。
(1)维修作业前车辆的检查。</td></tr>
<tr><td colspan="2">
</td><td colspan="3">作业内容：

作业结果：</td></tr>
<tr><td colspan="5">(2)维修作业前维修手册的检查。</td></tr>
<tr><td colspan="2">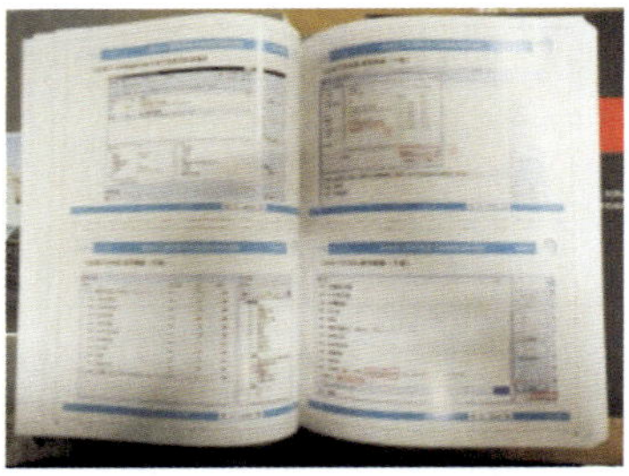</td><td colspan="3">作业内容：

作业结果：</td></tr>
<tr><td colspan="5">(3)维修作业前检测工具的检查。</td></tr>
<tr><td colspan="2">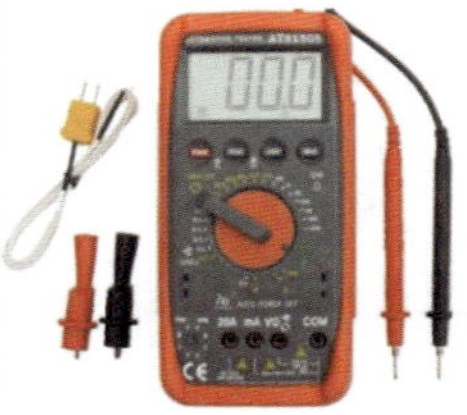 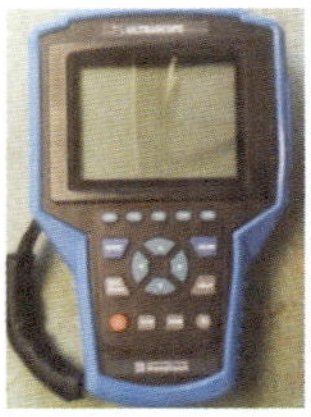</td><td colspan="3">作业内容：

作业结果：</td></tr>
<tr><td colspan="5">2. 请检查动力 CAN 总线系统模块的组成部件。
(1)动力 CAN 总线系统的组成。</td></tr>
<tr><td rowspan="4">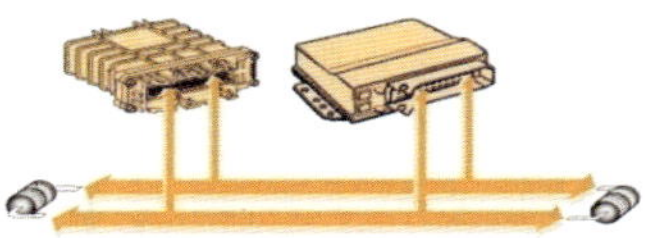</td><td rowspan="4">动力 CAN 总线系统的组成</td><td></td><td colspan="2">是否找到：□是　□否</td></tr>
<tr><td></td><td colspan="2">是否找到：□是　□否</td></tr>
<tr><td></td><td colspan="2">是否找到：□是　□否</td></tr>
<tr><td></td><td colspan="2">是否找到：□是　□否</td></tr>
</table>

(2)动力 CAN 总线在汽车上的应用。

应用系统	控制器名称	动力 CAN 线结构	动力 CAN 线颜色

(3)汽车上动力 CAN 总线系统之间的连接(画出框图)。

3. 请检查动力 CAN 总线系统的工作电压。

<table>
<tr><td rowspan="6">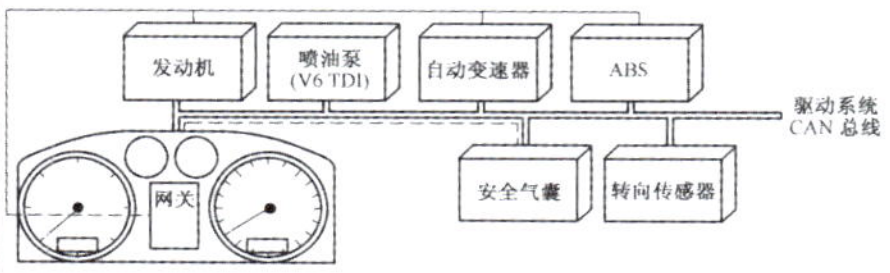
</td><td rowspan="3">发动机
控制系统</td><td>控制单元电压</td><td></td></tr>
<tr><td>CAN-H 线电压</td><td></td></tr>
<tr><td>CAN-L 线电压</td><td></td></tr>
<tr><td rowspan="3">变速器
控制系统</td><td>控制单元电压</td><td></td></tr>
<tr><td>CAN-H 线电压</td><td></td></tr>
<tr><td>CAN-L 线电压</td><td></td></tr>
</table>

4. 请检查动力 CAN 总线系统的信号波形。

(1)检测连接发动机控制系统的动力 CAN 总线系统的信号波形。

<table>
<tr><td>理论信号波形</td><td colspan="2">实测信号波形</td></tr>
<tr><td rowspan="2">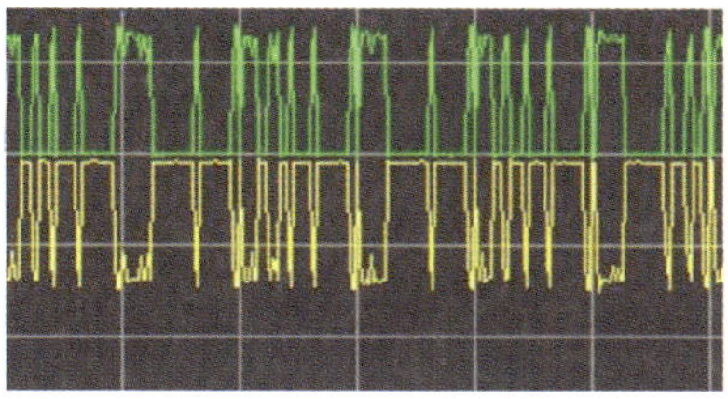</td><td>CAN-H 线波形</td><td></td></tr>
<tr><td>CAN-L 线波形</td><td></td></tr>
</table>

(2)检测连接变速器控制系统的动力 CAN 总线系统的信号波形。

<table>
<tr><td>理论信号波形</td><td colspan="2">实测信号波形</td></tr>
<tr><td rowspan="2">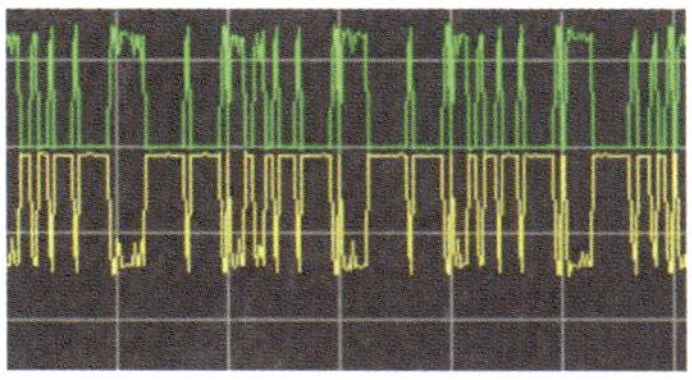</td><td>CAN-H 线波形</td><td></td></tr>
<tr><td>CAN-L 线波形</td><td></td></tr>
</table>

五、质量检查		成绩：
请实训指导教师检查本实训作业结果，并针对实训过程中出现的问题提出改进措施及建议。		
序号	评价标准	评价结果
1	维修作业前检查及车辆防护	
2	动力 CAN 总线系统部件检查	
3	动力 CAN 总线系统信号检查	
综合评价	☆☆☆☆☆	
综合评语（作业问题及改进建议）		

六、评价反馈	成绩：

1. 请根据自己在课堂中的实际表现进行自我反思和自我评价。

自我反思：

自我评价：

2. 实训成绩单。

项目	评分标准	分值	得分
接受工作任务	明确工作任务，理解任务在企业工作中的重要程度	5	
信息收集	完整、准确地收集信息	10	
制订计划	按照动力 CAN 总线系统的检测规范及要求，制订合适的行动计划	10	
	能协同小组人员安排任务分工	5	
	能在实施前准备好所需要的工具器材	5	
计划实施	规范地进行场地布置及工具检查	5	
	识别动力 CAN 总路线在实车上的应用	10	
	检查动力 CAN 总线系统模块的组成部件	10	
	检查动力 CAN 总线系统的工作电压	10	
	检查动力 CAN 总线系统的信号波形	10	
质量检查	学生任务完成，操作过程规范	10	
评价反馈	学生能对自身表现情况进行客观评价	5	
	学生在任务实施过程中发现自身问题	5	
得分（满分 100）			

宝马轿车动力CAN总线系统实车故障检修

学　　院		专　　业	
姓　　名		学　　号	
小组成员		组长姓名	

实训目标：

1. 能够依据接待要求，结合客户的需求，独立完成接待准备工作。
2. 能够结合客户车辆的故障现象，根据维修手册初步判断动力 CAN 总线系统的可能故障原因。
3. 能够根据故障现象及客户的咨询信息，依据维修手册及操作规范和标准，制定车辆的初步维修方案。
4. 能够根据动力 CAN 总线系统的检测要求，结合客户车辆配置情况，使用专用设备工具完成系统检测工作。
5. 能够依据检测数据的分析结果，结合动力 CAN 总线系统的工作原理，独立准确地判断动力 CAN 总线系统的具体故障部位。
6. 养成与他人协作的习惯，培养良好的人际交往能力。

一、接受工作任务	**成绩：**

汽车服务站新接收了一辆宝马 5 系待维修车辆，根据车主反映，该车出现了行驶性能不良等故障现象。维修技师小张判定出现此类故障的可能原因是该车的动力 CAN 总线系统出现了故障，对该车的动力 CAN 总线系统进行了检修，并根据要求对检测过程及检修结果等情况进行记录。

二、信息收集	**成绩：**

1. 客户信息登记：进店时间：____月____日____时，客户姓名：____________，电话：__________。
2. 客户车辆登记：车型：____________，车牌号码：____________，车辆的 VIN：__________。
3. 车辆进店时里程数：__________，油量/电量：__________，车上故障灯：□无　□有(说明并备注一下)____________________________________。
4. 车辆外观检查情况：剐蹭痕迹：□无　□有(有的话标注在车辆登记表格中加以说明)____。
5. 车辆进店维修内容：____。
6. 查找本车的维修手册________册，版本是________________。
7. 本车维修是：□单人进行　□双人进行　□需要技术支持协助完成。
8. 本车故障现象：____。
9. 本次维修所用仪器设备准备情况：□齐全　□不齐全(若不齐全，原因是：____________________________________)。
10. 本次维修需要的时长为____________________。
11. 本次维修后需要提供给客户的资料有：____。
12. 本次维修后车辆清洗情况：□需要清洗　□不需要清洗。

三、制订计划		成绩：	
1. 请根据动力 CAN 总线系统的检修规范及要求，制订该车动力 CAN 总线系统的故障检修实训计划。 2. 请根据维修作业计划，完成小组成员任务分工。			
操作人		记录员	
监护人		展示员	
作业注意事项			
(1)实训开始前应摘掉各类饰品，换上实训服，长头发应挽起固定于脑后。 (2)整车实训时应确保点火开关处于 Lock 位置，操作另有要求的除外。 (3)就车工作时，应施加驻车制动，除非特定操作要求置于其他挡位。 (4)举升车辆时应按照规范进行，避免发生意外事故。 (5)工具使用后，应清洁并归还原处。			
检测设备/工具/材料			
序号	名称	数量	清点
			□已清点
			□已清点
			□已清点
			□已清点
			□已清点
			□已清点
			□已清点
			□已清点
			□已清点

四、计划实施	成绩：

1. 请完成动力 CAN 总线系统检测作业前的检查及车辆防护，并记录信息。

(1)维修作业前车辆的检查。

	作业内容： 作业结果：

(2)维修作业前维修手册的检查。

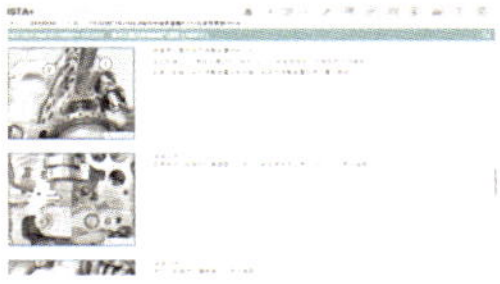	作业内容： 作业结果：

(3)维修作业前检测工具的检查。

 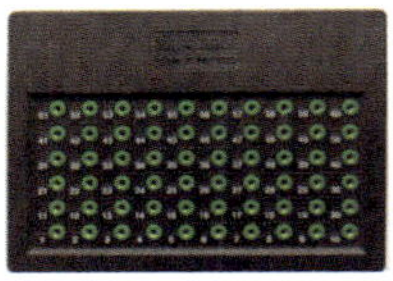	作业内容： 作业结果：

2. 请检查实车故障现象并记录。

____

____

3. 请根据故障现象分析可能的故障原因。

____

4. 请在实车上找到动力 CAN 总线系统的主线测量端子并进行检测。

(1)动力 CAN 总线系统的主线测量端子的含义。

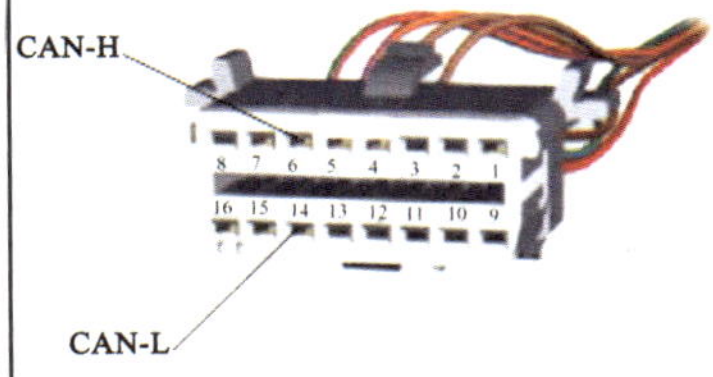

端子号	端子号代表的含义
1	
4	
6	
14	
16	

(2)用万用表测量动力 CAN 总线系统的主线测量端子。

	闭合点火开关	1 号端子电压	
		4 号端子电压	
		6 号端子电压	
		14 号端子电压	
		16 号端子电压	
	断开点火开关	6 号与 14 号端子之间电阻	

(3)用示波器测量动力 CAN 总线系统的主线测量端子。

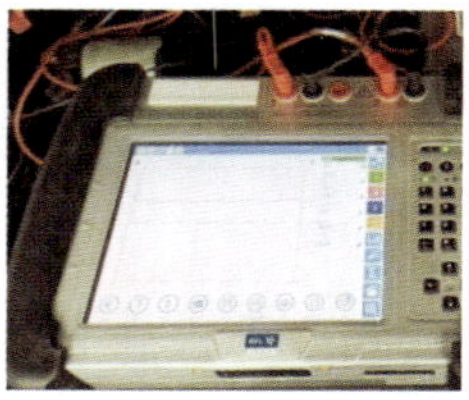	6 号端子波形	
	14 号端子波形	

(4)故障原因初步判定：____

____。

5. 请在实车上找到动力 CAN 总线在发动机系统中的应用并进行检测。

(1)发动机电脑控制系统部件查询。

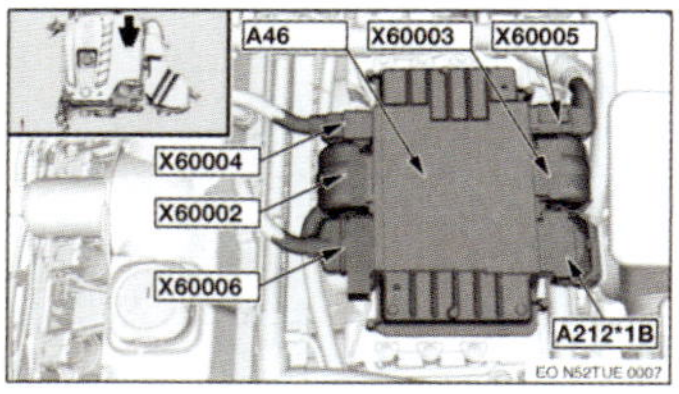	发动机电脑	是否找到：□是 □否
	发动机电脑线束	是否找到：□是 □否
	线束连接端子	是否找到：□是 □否
	动力 CAN-H 线	是否找到：□是 □否
	动力 CAN-L 线	是否找到：□是 □否

(2)用万用表测量连接发动机电脑的动力 CAN 总线。

	闭合点火开关	电脑供电电压	
		CAN-H 线电压	
		CAN-L 线电压	
	断开点火开关	CAN-H 线、CAN-L 线之间电阻	

<table>
<tr><td colspan="3">(3)用示波器测量连接发动机电脑的动力 CAN 总线。</td></tr>
<tr><td rowspan="2"></td><td>CAN-H 线波形</td><td></td></tr>
<tr><td>CAN-L 线波形</td><td></td></tr>
<tr><td colspan="3">(4)故障原因判定结果：____________________
____________________。
6. 根据故障诊断结果对该车进行故障排除并记录。
____
____________________。</td></tr>
</table>

五、质量检查		**成绩：**
请实训指导教师检查本实训作业结果，并针对实训过程中出现的问题提出改进措施及建议。		
序号	评价标准	评价结果
1	维修作业前检查及车辆防护	
2	动力 CAN 总线系统万用表检测	
3	动力 CAN 总线系统示波器检测	
4	动力 CAN 总线系统实车故障排除	
综合评价	☆ ☆ ☆ ☆ ☆	
综合评语（作业问题及改进建议）		

六、评价反馈	成绩：		
1. 请根据自己在课堂中的实际表现进行自我反思和自我评价。 自我反思： 自我评价： 2. 实训成绩单。			
项目	评分标准	分值	得分
接受工作任务	明确工作任务，理解任务在企业工作中的重要程度	5	
信息收集	完整、准确地收集信息	10	
制订计划	按照动力 CAN 总线系统的检修规范及要求，制订合适的行动计划	10	
	能协同小组人员安排任务分工	5	
	能在实施前准备好所需要的工具器材	5	
计划实施	规范地进行场地布置及工具检查	5	
	通过实车验证故障现象，分析故障原因	10	
	在实车上找到动力 CAN 总线系统的主线测量端子并进行检测	10	
	在实车上找到动力 CAN 总线在发动机系统中的应用并进行检测	10	
	根据故障诊断结果对该车进行故障排除	10	
质量检查	学生任务完成，操作过程规范	10	
评价反馈	学生能对自身表现情况进行客观评价	5	
	学生在任务实施过程中发现自身问题	5	
得分（满分 100）			

吉利帝豪 EV450 动力蓄电池通信故障检修

学　　院		专　　业	
姓　　名		学　　号	
小组成员		组长姓名	

实训目标：

1. 能够依据接待要求，结合客户的需求，独立完成接待准备工作。
2. 能够结合客户的故障现象，根据维修手册初步判断吉利帝豪 EV450 动力蓄电池通信故障的可能原因。
3. 能够根据故障现象及客户的咨询信息，依据维修手册及操作规范和标准，制定车辆的初步维修方案。
4. 能够根据检测要求，结合客户车辆配置情况，使用专用设备工具完成系统检测工作。
5. 能够依据检测数据分析结果，结合通信系统的工作原理，独立准确地判断 BMS 通信线路的具体故障部位。
6. 养成与他人协作的习惯，培养良好的人际交往能力。

一、接受工作任务	**成绩：**

汽车服务站新接收了一辆吉利帝豪 EV450 车辆，根据车主反映，该车出现了连接故障诊断仪，动力电池系统无法进入，整车控制系统故障代码为 U011287，与 BMS 通信丢失的故障。请根据要求对检测过程及检修结果等情况进行记录。

二、信息收集	**成绩：**

1. 客户信息登记：进店时间：____月____日____时，客户姓名：__________，电话：__________。
2. 客户车辆登记：车型：__________，车牌号码：__________，车辆的 VIN：__________。
3. 车辆进店时里程数：__________，油量/电量：__________，车上故障灯：□无　□有（说明并备注一下）____________________。
4. 车辆外观检查情况：剐蹭痕迹：□无　□有（有的话标注在车辆登记表格中加以说明）____________________。
5. 车辆进店维修内容：____________________。
6. 查找本车的维修手册______册，版本是__________。
7. 本车维修是：□单人进行　□双人进行　□需要技术支持协助完成。
8. 本车故障现象：____________________。
9. 本次维修所用仪器设备准备情况：□齐全　□不齐全（若不齐全，原因是：__________）。
10. 本次维修需要的时长为__________。
11. 本次维修后需要提供给客户的资料有：____________________。
12. 本次维修后车辆清洗情况：□需要清洗　□不需要清洗。

三、制订计划			成绩：
1. 请根据检测规范及要求，制订吉利帝豪 EV450 动力蓄电池通信故障检修实训计划。			
2. 请根据维修作业计划，完成小组成员任务分工。			
操作人		记录员	
监护人		展示员	
作业注意事项			
①实训开始前应摘掉各类饰品，换上实训服，长头发应挽起固定于脑后。 ②整车实训时确保点火开关处于 Lock 位置，操作另有要求的除外。 ③就车工作时，应施加驻车制动，除非特定操作要求置于其他挡位。 ④举升车辆时按照规范进行，避免发生意外事故。 ⑤工具使用后，应清洁并归还原处。			
检测设备/工具/材料			
序号	名称	数量	清点
			□已清点
			□已清点
			□已清点
			□已清点
			□已清点
			□已清点
			□已清点
			□已清点
			□已清点

四、计划实施	成绩：

1. 请使用故障诊断仪查询 BMS 通信线路相关故障代码（故障代码如下所示）。

故障码	说明
U3472-87	动力 CAN 总线数据丢失
U0064-88	动力 CAN 总线关闭
U111487	与整车控制器丢失通信
U111587	与车载充电机丢失通信
U011087	与电机控制器丢失通信
U2472-81	VCU_BMS_Ctrl 报文 Checksum 错误
U2475-81	IPUMOT_General 报文 Checksum 错误
P15D967	预充后未收到 IPU 预充完成标志
P15D4-94	VCU 在 BMS 发生 3 级故障后 90 s 没发 shutdown
P15D6-94	VCU 在 BMS 发生 4 级故障后 5 s 没发 shutdown

本次故障代码为：________________，说明故障原因可能为：________________________________。

2. 动力蓄电池通信电路图。

通过维修手册，查询 BMS 通信电路（见下图）。

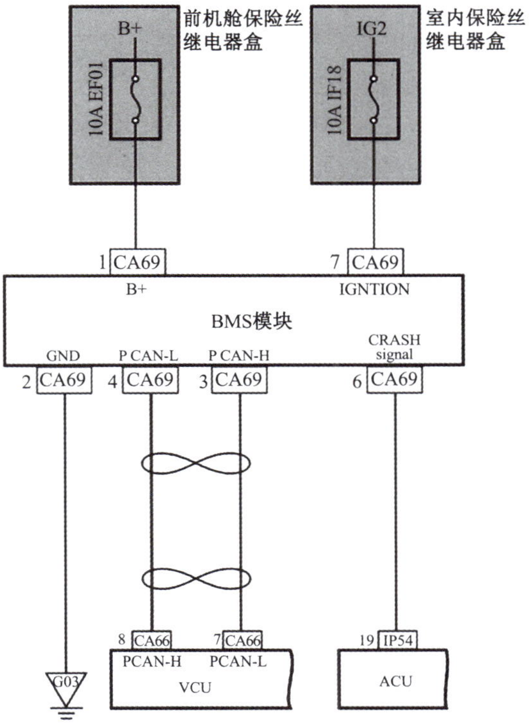

3. 请写出通信故障检修过程。

4. 确认故障点并记录。

5. 根据故障诊断结果对该车进行故障排除并记录。

五、质量检查		成绩：
请实训指导教师检查本实训作业结果，并针对实训过程中出现的问题提出改进措施及建议。		
序号	评价标准	评价结果
1	维修作业前检查及车辆防护	
2	通信系统信号检查	
3	通信系统实车故障排除	
综合评价	☆☆☆☆☆	
综合评语（作业问题及改进建议）		

六、评价反馈	成绩：

1. 请根据自己在课堂中的实际表现进行自我反思和自我评价。

自我反思：

自我评价：

2. 实训成绩单。

项目	评分标准	分值	得分
接受工作任务	明确工作任务，理解任务在企业工作中的重要程度	5	
信息收集	完整、准确地收集信息	10	
制订计划	按照动力 CAN 总线系统的检测规范及要求，制订合适的行动计划	10	
	能协同小组人员安排任务分工	5	
	能在实施前准备好所需要的工具器材	5	
计划实施	规范地进行场地布置及工具检查	5	
	识别通信系统在实车上的应用	10	
	检查通信系统模块组成部件	10	
	检查通信系统的工作电压	10	
	检查通信系统的波形信号	10	
质量检查	学生任务完成，操作过程规范	10	
评价反馈	学生能对自身表现情况进行客观评价	5	
	学生在任务实施过程中发现自身问题	5	
得分（满分 100）			

★学习评价

1. 填空题

(1)目前,在汽车上应用的数据传输形式有两种:________和____________。

(2)在CAN总线系统中,各控制单元之间的所有信息都通过______根数据线进行交换,分别为________和________,二者之间的输出波形有什么关系?________。

(3)多路传输是指____。

(4)CAN总线的全称为______________________________,是一种双线______行数据通信总线,通信介质可以是___________、___________或___________,目前最常用的为__________。

(5)动力CAN数据总线传输系统主要由四部分组成,分别为__________________、__________________、____________________、____________________。

(6)在车载网络系统中,CAN总线的信息传递通过______和______两个逻辑状态来实现,控制单元利用两条线上的______________来确认数据。

2. 判断题

(1)数据总线的速度通常用比特率来表示。(　　)

(2)高速数据总线及网络容易产生电磁干扰,这种干扰会导致数据传输出错。(　　)

(3)终端电阻的作用是避免数据在高速传输终了时产生反射波使数据遭到破坏。(　　)

(4)为了防止外界电磁干扰和数据传输时对外辐射,CAN总线采用了两条数据总线绕在一起的方式。(　　)

(5)CAN总线的两条线在数据传输时的电位是相反的。(　　)

(6)CAN总线在各电控单元间传递的数据的构成形式在两条数据传输线上是相反的。(　　)

(7)在CAN总线中,如果两个电控单元要同时发送各自的数据,那么具有较高优先权的电控单元优先发送。(　　)

(8)用万用表电阻挡测量CAN-H线和CAN-L线之间的电阻,正常情况下应该有一个规定的电阻,应该直接导通。(　　)

(9)用万用表电阻挡分别测量CAN-H线和CAN-L线与搭铁和蓄电池正极之间的导通性,正常情况下应该不通。(　　)

(10)如果汽车电源系统提供的工作电压低于规定值,不会对整个汽车的CAN总线造成影响。(　　)

3. 简答题

(1)动力 CAN 数据总线传输系统中主要包括哪几大部分，每一部分的作用分别是什么？

(2)如图 2-53 所示为丰田卡罗拉车型的诊断总线及针脚，试写出其针脚功能。

针脚号	对应的线束
4	
6	
14	

图 2-53　丰田卡罗拉车型的诊断总线及针脚

(3)如何对汽车的 CAN 总线系统进行检测？

★知识拓展

在 CAN 总线检测中，示波器具有不可替代的作用，通过它可以看到总线上传输的信号，可分析其运行的数据是否正常。

1. 动力 CAN 总线的故障现象

(1)断路：总线上电压波形不正常。

(2)对正极短接：总线上无电压变化，总线电压为蓄电池电压。

(3)对搭铁短接：总线上无电压变化，总线电压为 0。

(4)双线之间短路：两线的电压波形相同且均不正常。

2. 动力 CAN 总线故障的可能原因

(1)导线断路。

(2)导线局部磨损。

(3)插头连接损坏/触头损坏/污垢、锈蚀。

(4)控制单元损坏。

(5)控制单元供电故障。

(6)导线烧毁。

项目三
舒适 CAN 总线系统的检测与修复

★工作情景描述

有一客户开来一辆 2012 款迈腾轿车，该车的故障现象为右前车门电动后视镜不工作，右前、右后车门电动车窗和中控门锁均不工作，要求给予维修。

要完成这个工作任务，首先需要知道汽车舒适 CAN 总线的结构与原理、检修舒适 CAN 总线的各种方法。下面就分步来完成本项目的学习。

★学习目标

通过学习，应达到以下目标：①掌握舒适 CAN 总线系统的组成及结构；②掌握舒适 CAN 总线系统的基本工作原理及其在汽车上的具体应用；③能用示波器测量舒适 CAN 总线系统的波形并对波形进行分析；④能对舒适 CAN 总线系统的各种常见故障进行诊断。

★知识准备

任务一　舒适 CAN 总线系统的工作原理

一、CAN 总线简介

（一）CAN 的定义

CAN 是德国博世公司发明的一种标准化的串行通信协议。目前，CAN 总线是汽车网络系统中应用得最多，也最普遍的一种总线技术。

（二）CAN 总线的优点

（1）CAN 系统连接的控制单元间的所有数据交换都在同一平台上进行，这个平台称为 CAN 通信协议，CAN 总线起到了数据交换"高速公路"的作用，如图 3-1、图 3-2 所示。

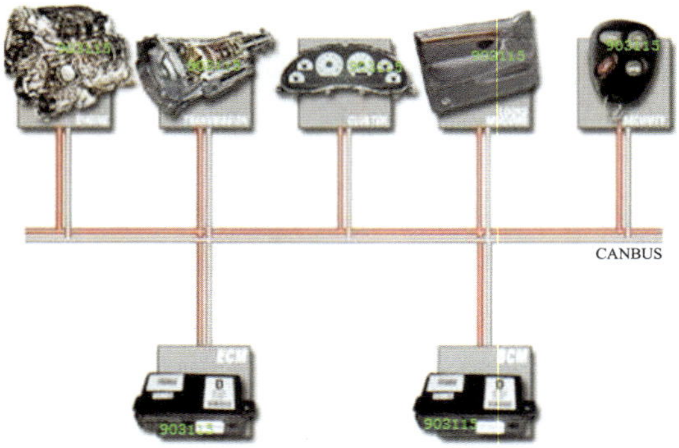

图 3-1　控制单元间的数据交换平台

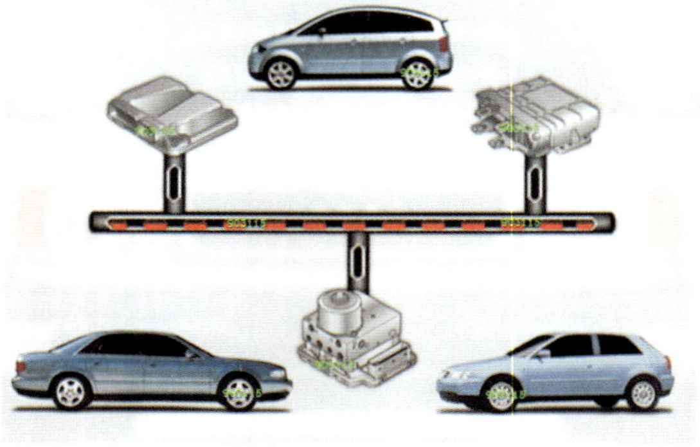

图 3-2　CAN 总线相当于数据交换的"高速公路"

(2)CAN 系统可以很方便地实现用控制单元来对系统进行控制，如发动机控制，变速器控制，ABS、ASR 控制等。

(3)CAN 系统可以随意加装新的功能而不需要改变其他的设置，为技术进步创造了条件，为新装备的使用埋下了伏笔。

(4)CAN 总线采用双绞线进行数据传输，可以完全屏蔽电磁干扰。

(5)CAN 系统可同时通过多个控制单元进行系统诊断。

(三)CAN 总线的结构特点

(1)可靠性非常高。

(2)使用非常方便。

(3)数据传输密度大。

(4)数据传输的速度非常快。

(5)采用双线传输，抗干扰能力强。

二、舒适 CAN 总线系统的工作原理

舒适 CAN 总线用于将其所控制的控制单元(如全自动空调/空调控制单元、车门控制单元、舒适控制单元、收音机控制单元等)连成网络。控制单元之间通过舒适 CAN 总线的 CAN-H 线和 CAN-L 线来进行数据交换。

舒适 CAN 总线系统的组成框图如图 3-3 所示。

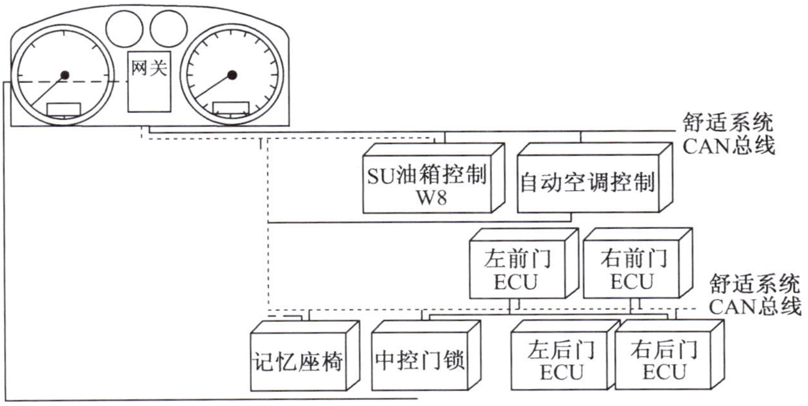

图 3-3　舒适 CAN 总线系统的组成框图

(一)电压波形

舒适 CAN 总线系统的电压波形与动力 CAN 总线系统不同。舒适 CAN-H 线信号在隐性状态(静电平)时，电压约为 0 V，在显性状态时电压约为 3.6 V；舒适 CAN-L 线信号的隐性电压约为 5 V，显性电压约为 1.4 V，如图 3-4 所示。

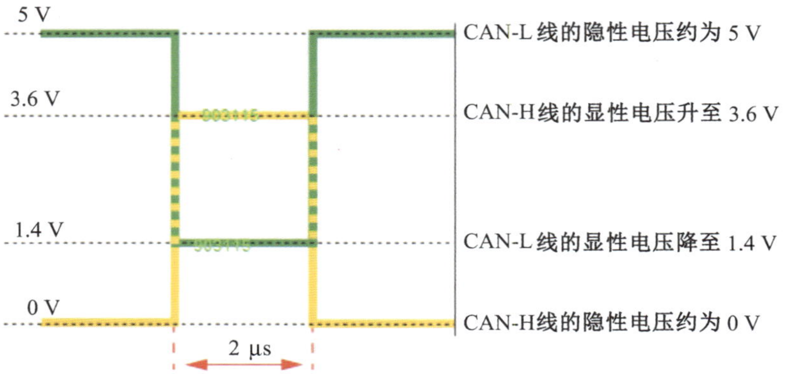

图 3-4　舒适系统的信号波形

在示波器上显示的舒适 CAN 总线波形(双通道)如图 3-5 所示,与动力 CAN 总线相比,电压提高了,显性电平和隐性电平交替转换,在显性状态时,CAN-H 线的信号电压为 3.6 V,CAN-L 线的信号电压为 1.4 V;在隐性状态时,CAN-H 线的信号电压为 0 V,CAN-L 线的信号电压为 5 V。在波形中,CAN-H 线与 CAN-L 线信号采用不同的零点将两个信号彼此分开。

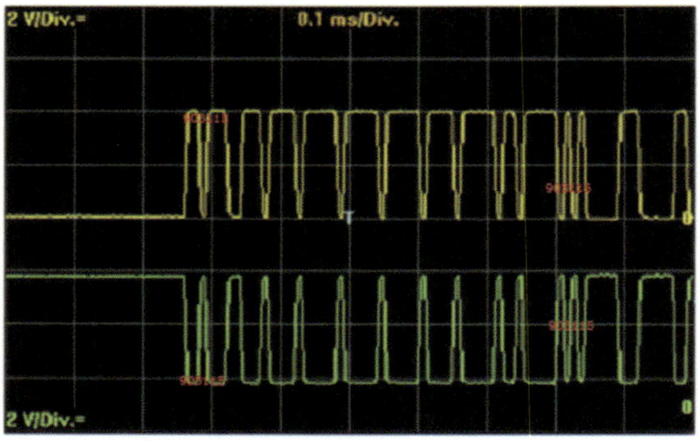

图 3-5　示波器上显示的舒适 CAN 总线波形

在差动信号放大器内相减后,隐性电压为−5 V,显性电压为 2.2 V,隐性电压和显性电压之间的压差提高到大于或等于 7.2 V。

(二)舒适 CAN 总线的数据传递

舒适 CAN 总线(低速)的标准传输速率为 100 kb/s,主要用于空调系统、中央门锁(车门)系统、座椅调节系统的数据传输。舒适 CAN 总线的通信数据格式与动力 CAN 总线一样,不同之处在通信速率和外在故障保护上。动力 CAN 总线中的一条网线出现断路或短路时,则整个网络失效;而舒适 CAN 总线中的一条网线出现断路或短路时,还可用剩下的另一条完好网线进行数据传递(即单线功能)。

舒适 CAN 总线系统收发器的组成框图如图 3-6 所示。

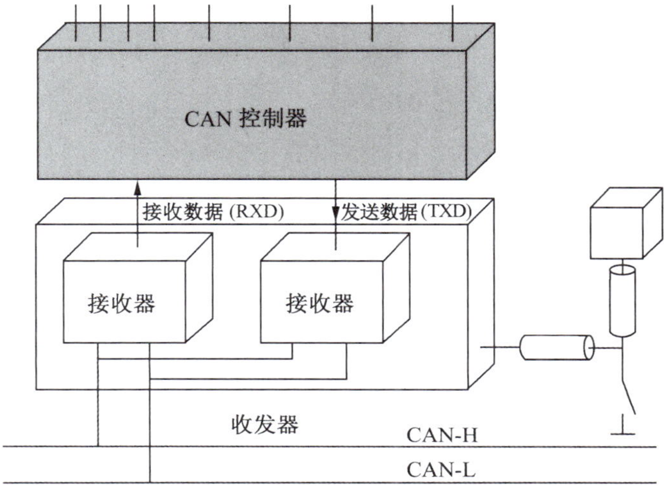

图 3-6　收发器组成框图

1. 数据发送

CAN 数据总线在发送信息时，每个控制单元均可接收其他控制单元发送出的信息。在通信技术领域，也把该原理称为广播，如图 3-7 所示。

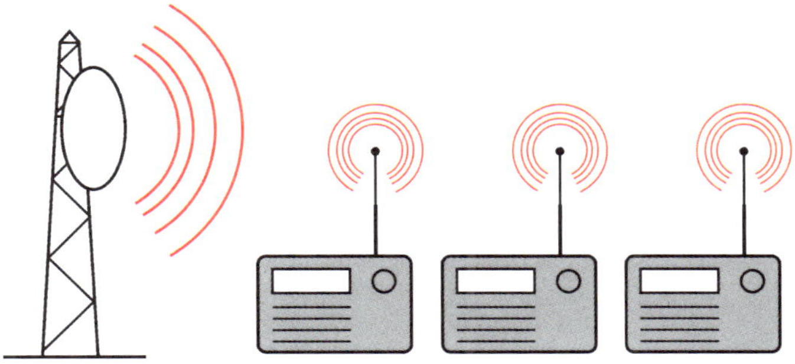

图 3-7　数据的发送

舒适 CAN 总线发射器的电路简图如图 3-8 所示。与动力 CAN 总线相比，舒适 CAN 总线系统做了一些改进。首先，舒适 CAN 总线使用单独的驱动器（功率放大器），使得 CAN-H、CAN-L 这两个信号之间不再有彼此依赖的关系。其次，与动力 CAN 数据总线不同，舒适 CAN 数据总线的 CAN-H 线和 CAN-L 线之间没有终端电阻相连。也就是说，CAN-H 线和 CAN-L 线不再彼此相互影响，而是作为独立的电压源工作，当某一条总线出现断路、短路或者相互短路时，还可以继续传递数据（单线模式）。

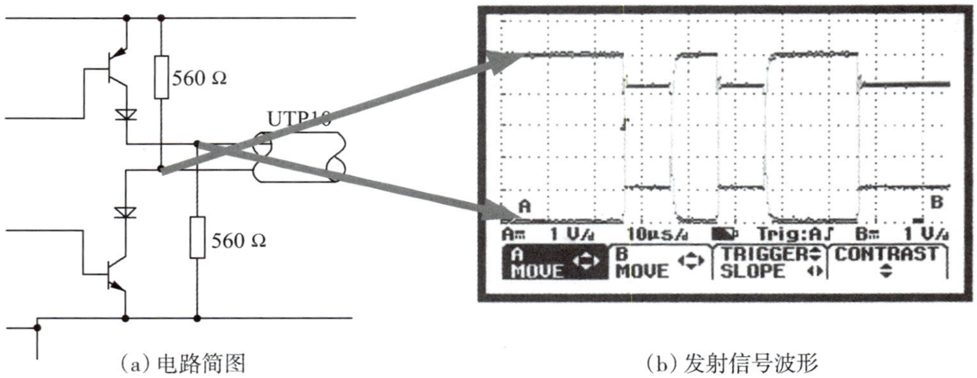

(a) 电路简图　　　　(b) 发射信号波形

图 3-8　低速 CAN 发射器

2. 数据的接收

舒适 CAN 总线的接收器如图 3-9 所示，其工作原理与动力 CAN 总线的收发器基本一样，在正常的工作模式下，使用的是差动数据传递原理。

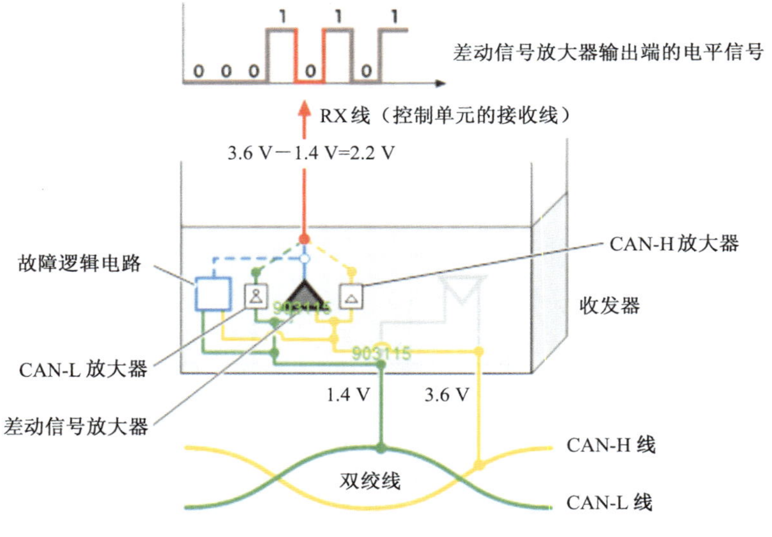

图 3-9　舒适 CAN 总线的接收器

低速 CAN 和高速 CAN 数据总线的收发器输出的电压不一样，而且低速 CAN 还可以在出现故障时切换到 CAN-H 线或 CAN-L 线(单线工作模式)进行单线数据传输。另外，CAN-H 线和 CAN-L 线之间的短路会被识别出来，并且在出现故障时会关闭 CAN-L 驱动器。此时，CAN-H 线和 CAN-L 线的信号是相同的。

低速 CAN 数据总线 CAN-H 线和 CAN-L 线上的数据传递由安装在收发器内的故障逻辑电路监控，故障逻辑电路检验两条 CAN 导线上的信号，如果出现故障(如某条 CAN 导线断路)，那么故障逻辑电路会识别出该故障，从而使用另一条完好的导线(单线工作模式)，可将故障的影响降至最低。

(三)单线工作模式下的舒适 CAN 总线

如果出现了诸如断路、短路或与蓄电池电压相连导致舒适 CAN 总线中的任何一条线不工作的故障时，舒适 CAN 系统就会切换到单线工作模式。在单线工作模式下，舒适 CAN 总线仍可工作。控制单元使用 CAN 不受单线工作模式影响，专用的故障输出用于通知控制单元，收发器工作在单线模式下。在单线工作模式下，舒适 CAN 总线在示波器上显示的波形(静态)如图 3-10 所示。

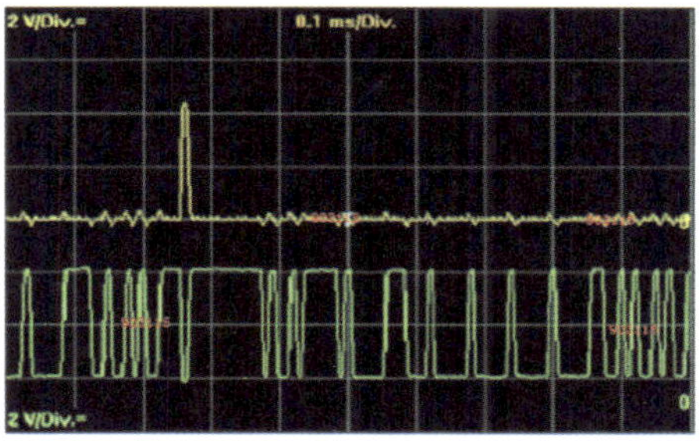

图 3-10　在单线工作模式下，舒适 CAN 总线在示波器上显示的波形(静态)

任务二　舒适 CAN 总线系统的波形分析

一、舒适 CAN 总线的正常波形

舒适 CAN 总线的信号波形如图 3-11 所示。在总线空闲时，CAN-H 线的信号电压约为 0 V；总线上有信号传输时，电压在 0～5 V 之间高频波动。同理，在总线空闲时，CAN-L 线的信号电压约为 5 V；总线上有信号传输时，电压在 0～5 V 之间高频波动。

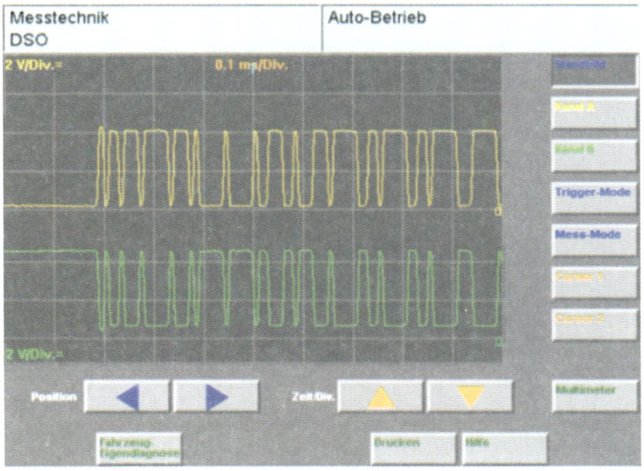

图 3-11　舒适 CAN 总线的正常波形

二、舒适 CAN 总线系统的故障波形分析

对于舒适 CAN 总线系统故障，通过分析示波器的波形，可以判断故障部位。在下列各种故障波形中，用示波器的通道 A 测量 CAN-H 线的电压波形，用示波器的通道 B 测量 CAN-L 线的电压波形。

（一）舒适 CAN-L 线与 CAN-H 线短接

舒适 CAN-L 线与 CAN-H 线短接的故障波形如图 3-12 所示，CAN-H 线和 CAN-L 线的电压相同。CAN-H 线与 CAN-L 线之间短路影响所有的低速 CAN 总线通信，低速 CAN 总线单线工作，仅一条线路的电位起通信作用。控制单元利用该对地电压确定传输数据。

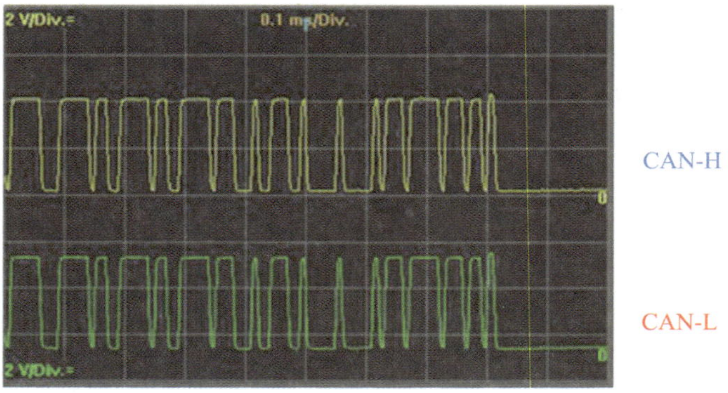

图 3-12　舒适 CAN-L 线与 CAN-H 线短接的故障波形

（二）舒适 CAN-L 线与 CAN-H 线交叉连接

舒适 CAN-L 线与 CAN-H 线交叉连接的故障波形如图 3-13 所示。

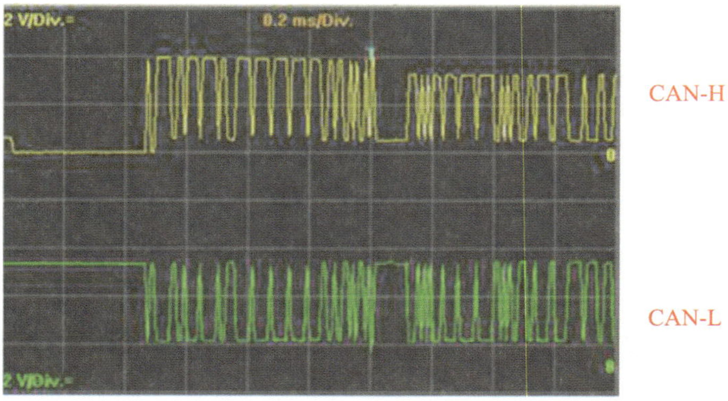

图 3-13　舒适 CAN-L 线与 CAN-H 线交叉连接的故障波形

（三）舒适 CAN-H 线与 CAN-L 线之间通过连接电阻短接

舒适 CAN-L 线与 CAN-H 线之间通过连接电阻短接的故障波形如图 3-14 所示。

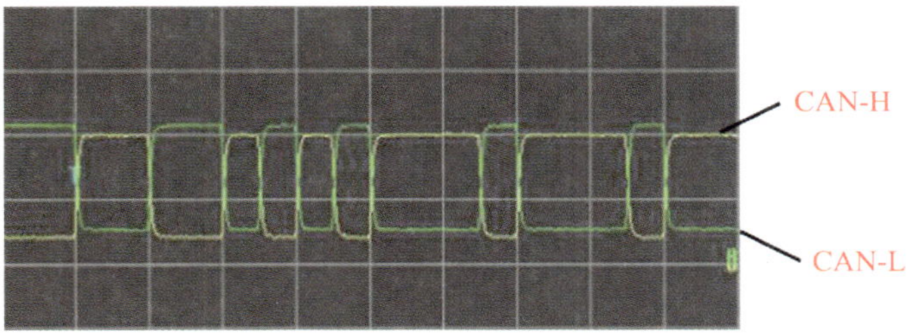

图 3-14　舒适 CAN-L 线与 CAN-H 线通过电阻短接的故障波形

(四)舒适 CAN-H 线与蓄电池正极短接

舒适 CAN-H 线与蓄电池正极短接的故障波形如图 3-15 所示,CAN-H 线的电压约为 12 V 或蓄电池电压,CAN-L 线的电压正常。CAN-H 线与蓄电池正极短接时,舒适系统 CAN 总线变为单线工作。

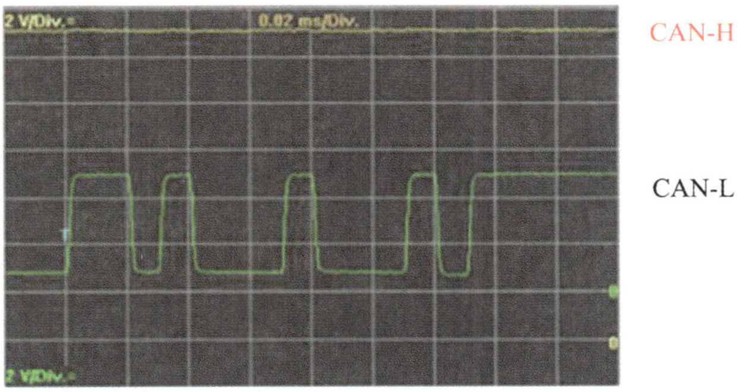

图 3-15　舒适 CAN-H 线与蓄电池正极短接的故障波形

(五)舒适 CAN-L 线对蓄电池正极短路

舒适 CAN-L 线与蓄电池正极短接的故障波形如图 3-16 所示,CAN-L 线的电压约为 12 V 或蓄电池电压,CAN-H 线的电压正常。

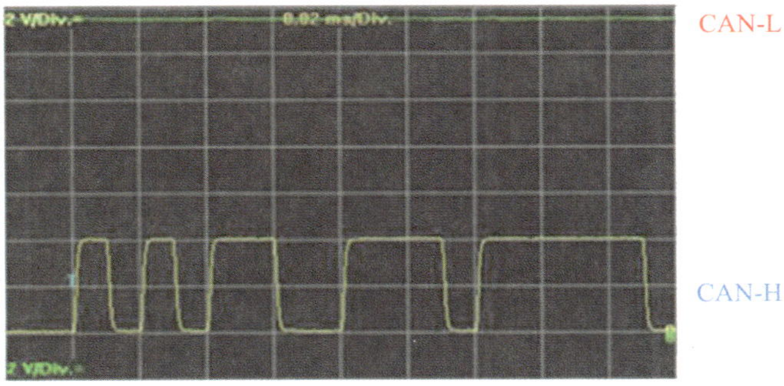

图 3-16　舒适 CAN-L 线与蓄电池正极短接的故障波形

(六)舒适 CAN-L 线断路

舒适 CAN-L 线断路的故障波形如图 3-17 所示,CAN-H 线的电压正常,CAN-L 线的隐性电压为 5 V,显性电压为 1 V。当一个信息内容被正确地接受时,则控制单元发送显性电压。CAN-L 线断路时，舒适系统 CAN 总线变为单线工作。

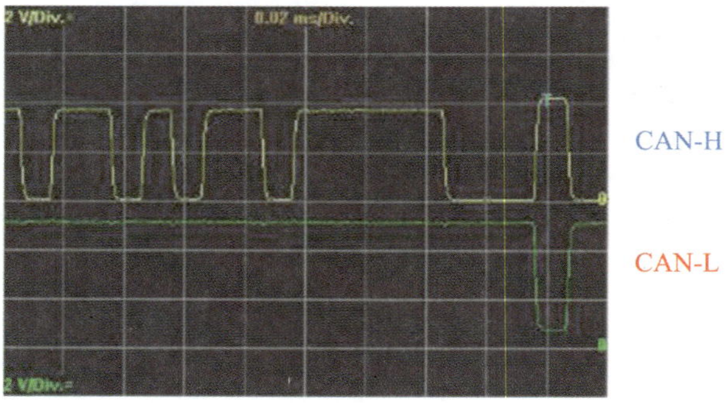

图 3-17　舒适 CAN-L 线断路的故障波形

(七)舒适 CAN-H 线断路

舒适 CAN-H 线断路的故障波形如图 3-18 所示，CAN-L 线的电压正常，CAN-H 线的隐性电压为 0 V，显性电压为 5 V。CAN-H 线断路时，舒适系统 CAN 总线变为单线工作。

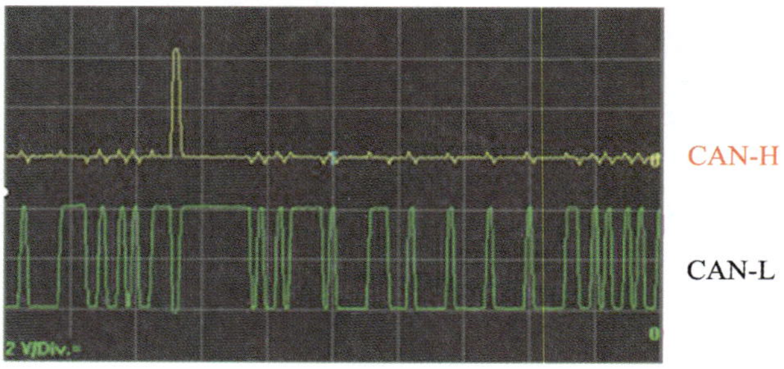

图 3-18　舒适 CAN-H 线断路的故障波形

(八)舒适 CAN-L 线与地短接

舒适 CAN-L 线与地短接的故障波形如图 3-19 所示，CAN-L 线的电压为 0 V，CAN-H 线的电压正常。CAN-L 线与地短接时，舒适系统 CAN 总线变为单线工作。

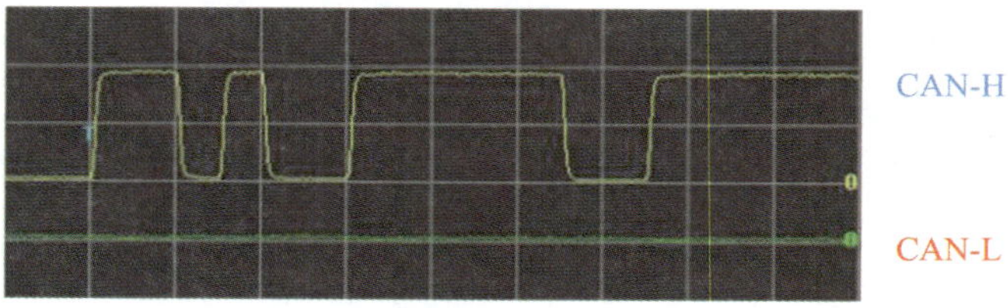

图 3-19　舒适 CAN-L 线与地短接的故障波形

(九)舒适 CAN-L 线与蓄电池正极短接

舒适 CAN-L 线与蓄电池正极短接的故障波形如图 3-20 所示，CAN-L 线的电压约为 12 V 或蓄电池电压，CAN-H 线的电压正常。CAN-L 线与蓄电池正极短接时，舒适 CAN 总线变为单线工作。

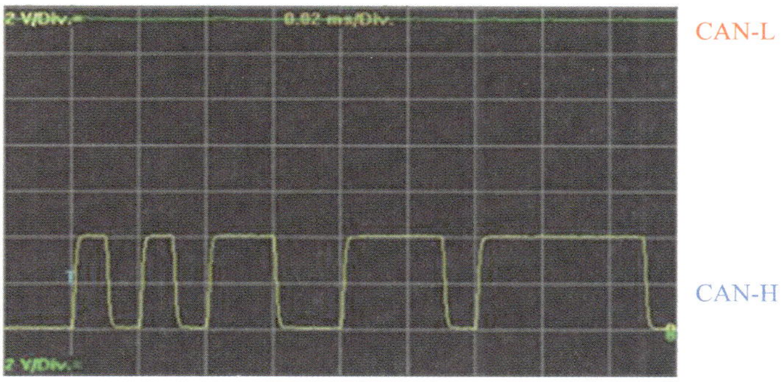

图 3-20　舒适 CAN-L 线与蓄电池正极短接的故障波形

(十)舒适 CAN-H 线与地短接

舒适 CAN-H 线与地短接的故障波形如图 3-21 所示，CAN-H 线的电压为 0 V，CAN-L 线的电压正常。CAN-H 线与地短接时，舒适系统 CAN 总线变为单线工作。

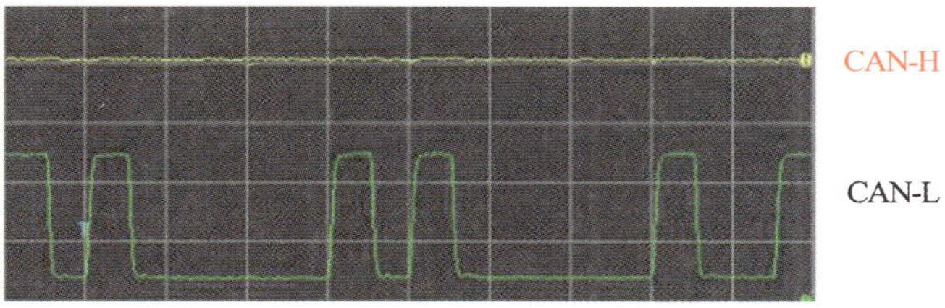

图 3-21　舒适 CAN-H 线与地短接的故障波形

(十一)舒适 CAN-H 线与地通过电阻短接

舒适 CAN-H 线与地通过电阻短接的故障波形如图 3-22 所示，CAN-H 线的显性电压移向接地方向。从图 3-22 中可以看出，CAN-H 线的显性电压比正常值要小，这是由于连接电阻的影响，电阻越小，显性电压越小，在电阻为 0 Ω 时，则该电压为 0 V。

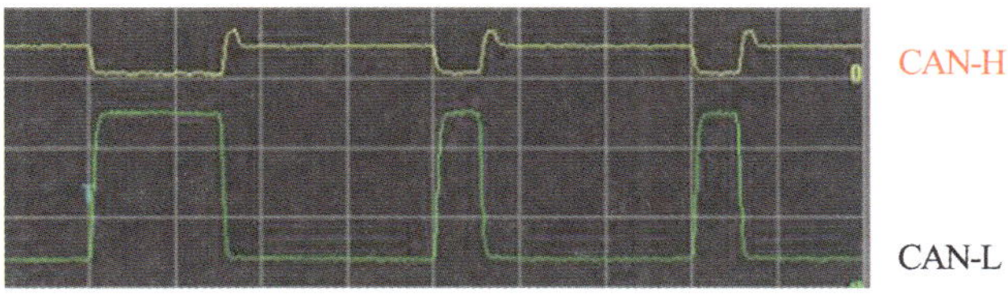

图 3-22　舒适 CAN-H 线与地通过电阻短接的故障波形

(十二)舒适 CAN-L 线与正极通过电阻短接

舒适 CAN-L 线与正极通过电阻短接的故障波形如图 3-23 所示，CAN-L 线的隐性电压移向正极方向。从图 3-23 中可以看出，CAN-L 线的隐性电压比正常值要大，这是由于连接电阻的影响，电阻越小，则隐性电压越大，在电阻为 0 Ω 时，则该电压为 12 V。

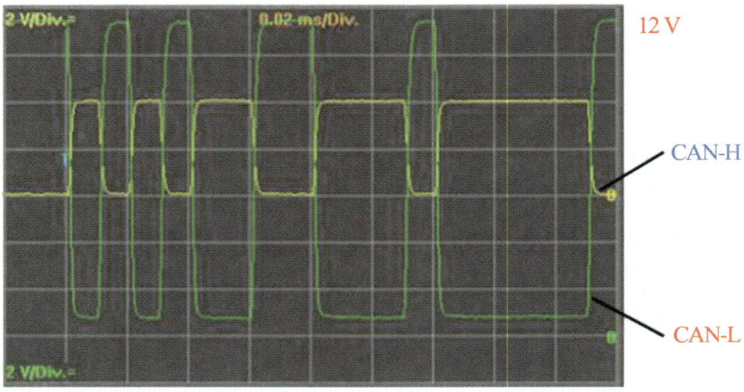

图 3-23　舒适 CAN-L 线与正极通过电阻短接的故障波形

(十三)舒适 CAN-L 线与地通过电阻短接

舒适 CAN-L 线与地通过电阻短接的故障波形如图 3-24 所示,CAN-L 线的隐性电压移向接地方向。从图 3-24 中可以看出,CAN-L 线的隐性电压比正常值要小,这是由于连接电阻的影响,电阻越小,则隐性电压越小,在电阻为 0 Ω 时,该电压为 0 V。

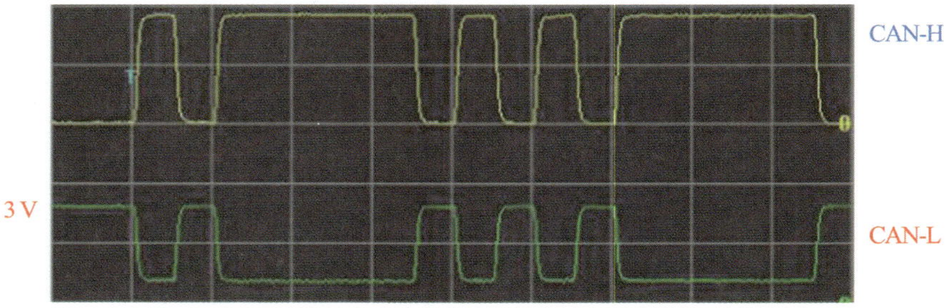

图 3-24　舒适 CAN-L 线与地通过电阻短接的故障波形

任务三　舒适 CAN 总线在汽车上的典型应用

一、舒适 CAN 总线在帕萨特轿车上的应用

舒适 CAN 总线系统在帕萨特轿车上的应用如图 3-25 所示。4 个车门之间通过舒适 CAN 系统连接,其中,4 个车门控制单元分别为 J386、J387、J388、J389,舒适系统的中央电器控制单元为 J393。J393 通过舒适 CAN 系统与 J386、J387、J388、J389 进行通信,如图 3-26 所示。

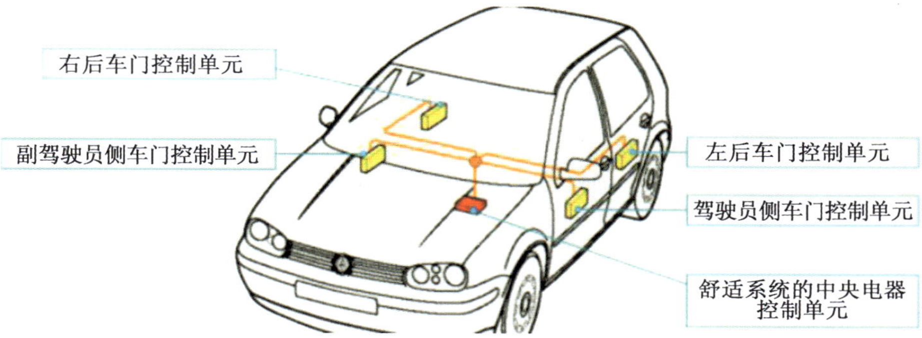

图 3-25 帕萨特轿车舒适 CAN 总线系统

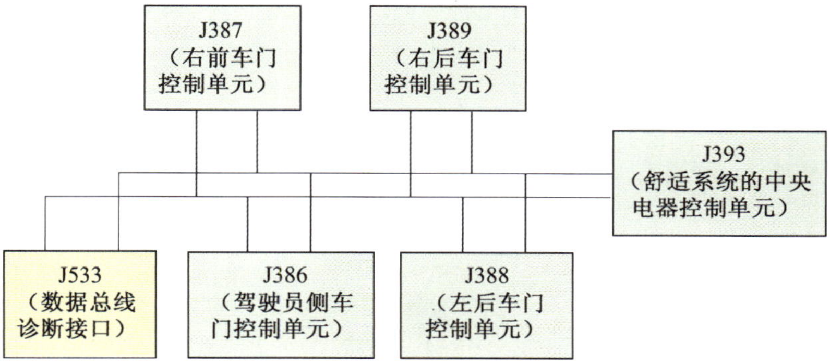

图 3-26 帕萨特轿车舒适 CAN 总线系统相关电路图

舒适 CAN 数据总线连接中央电器控制单元及 4 个车门控制单元，共 5 个控制单元。舒适 CAN 数据总线传递 5 个功能：中央门锁、电动车窗、照明开关、后视镜加热及自诊断功能。控制单元的各条传输线以星形汇聚成一点，一个控制单元发生故障，其他控制单元仍可发送各自的数据。

CAN 数据总线使经过车门的导线数量减少，线路变得简单。如果线路中某处出现对地短路、对正极短路或线路间短路，CAN 系统将立即转为应急模式运行或单线模式运行。4 个车门控制单元都是由中央电器控制单元控制的，只需较少的自诊断线。数据总线传输的优先权顺序为中央电器控制单元、驾驶员侧车门控制单元、前排乘客侧车门控制单元、左后车门控制单元、右后车门控制单元。由于舒适系统中的数据可以用较低的速率传递，所以发送器性能比动力传动系统发送器的性能低。

帕萨特轿车舒适 CAN 数据总线系统的测量波形如图 3-27 所示。

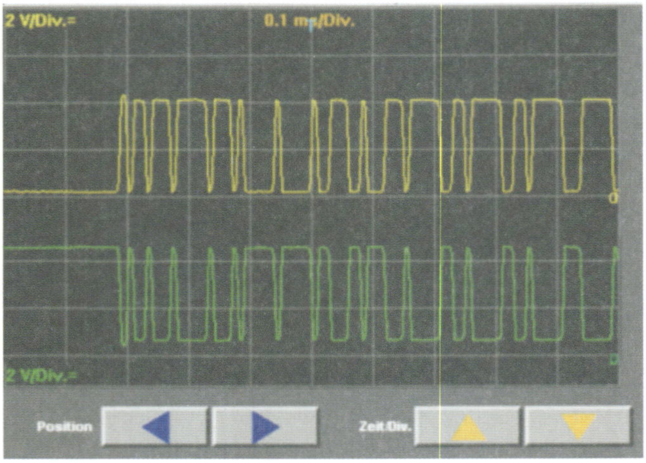

图 3-27　帕萨特轿车舒适 CAN 总线系统的测量波形

二、舒适 CAN 总线在波罗汽车上的运用

在波罗轿车上，舒适 CAN 总线以 100 kb/s 的传输速率工作，其组成如图 3-28 所示。

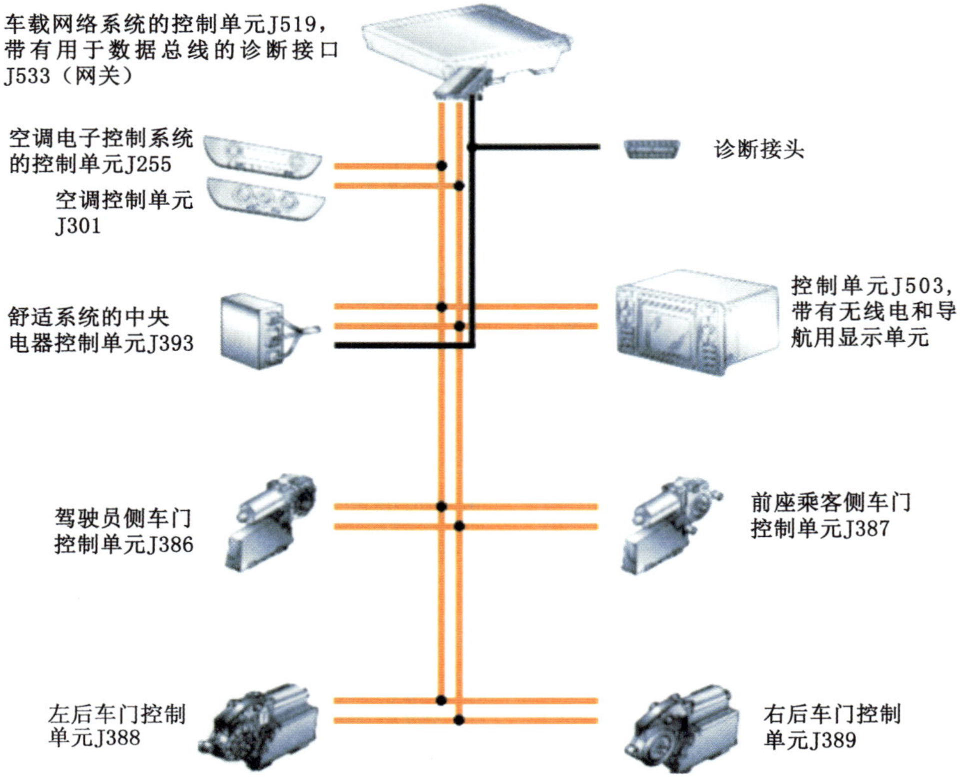

图 3-28　波罗轿车舒适 CAN 总线系统的组成

(一)舒适 CAN 总线系统的组成

舒适 CAN 总线系统由 1 个中央电器控制单元和至少 2 个车门控制单元组成，电路框图如图 3-29 所示。

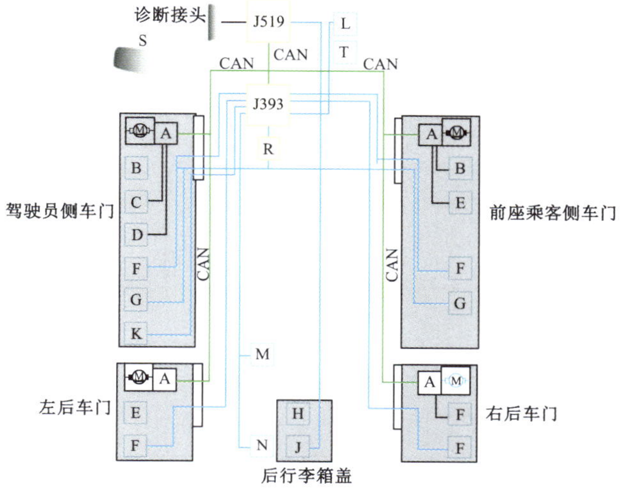

J393	舒适系统的中央电器控制单元
J519	车载网络系统控制单元
A	车门控制单元
B	电动可调后视镜
C	后视镜及加热装置调节开关
D	驾驶员侧车门控制面板
E	车窗升降机开关
F	车门集控门锁
G	登车报警灯

H	后行李箱盖旋转锁销开关
J	后行李箱盖把手按钮
K	集控门锁“安全”指示灯
L	车内监控传感器单元
M	车内监控按钮
N	警笛
R	车门报警灯继电器
S	无线电遥控器
T	活动天窗调节控制单元

图 3-29　波罗轿车舒适 CAN 总线系统的电路框图

中央电器控制单元的功能包括：行李箱使用中控门锁，舒适关闭功能（车窗升降机、活动天窗），驾驶员侧车门单独打开，车门使用中控门锁，整辆车通过内部按钮联锁和解锁，通过遥控器使防盗报警装置退出工作，可关闭的超声波车内监控、自诊断、中控门锁“安全”指示控制。车门控制单元的功能包括：控制电动可调外后视镜（折叠功能）、电动车窗升降机的有限制过度用力和降噪平缓升起功能。

(二)车内灯控制

波罗轿车的前、后车门装备了登车报警灯，位置如图 3-30 所示。登车报警灯通过车门锁单元内的车门触点开关接通。

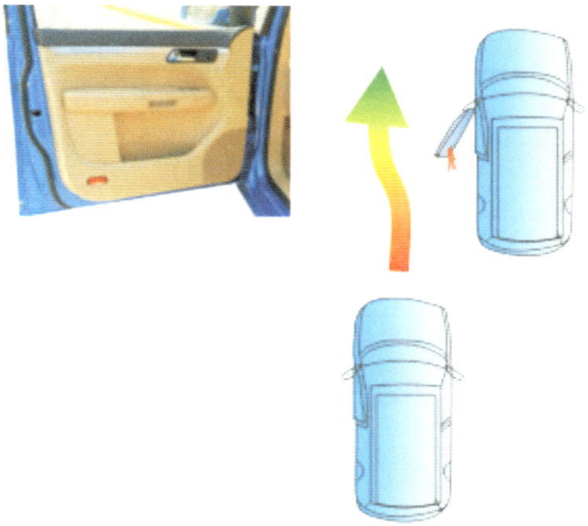

图 3-30　波罗轿车登车报警灯的位置

波罗轿车车内灯控制电路如图 3-31 所示。如果前部和后部车内灯开关都处于车门触点位置，在车辆停止而车门未关闭情况下，车载网络控制单元会控制车内灯仅亮 10 min，既可以给驾驶员提供信息，还可以避免电池放电。在解除车辆联锁或拔出点火钥匙时，30 s 后车内灯会自动接通；在车辆锁住或打开点火开关时，车内灯会立即关闭。车内灯在撞车时会自动接通。

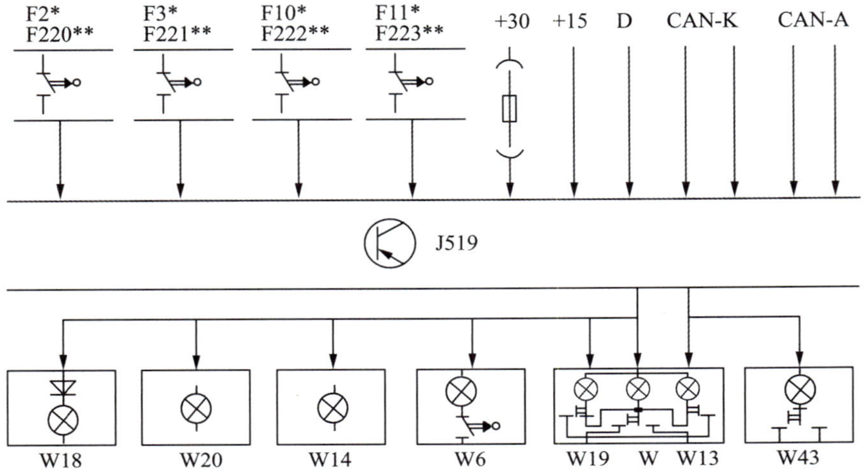

图 3-31 波罗轿车车内灯控制电路

波罗轿车车内灯电路控制原理如图 3-32 所示。

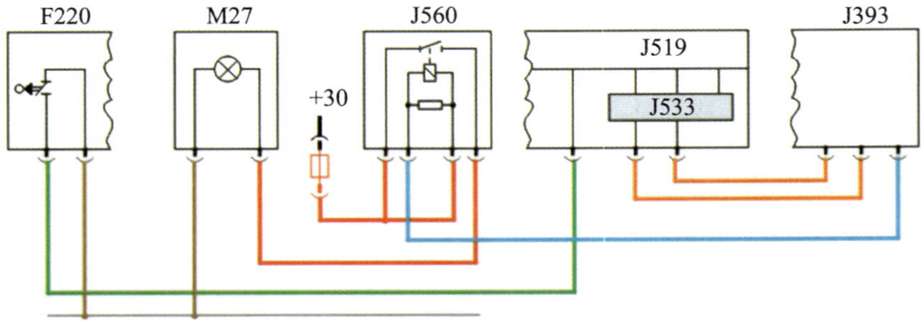

		颜色编码/说明
F220	集控门锁关闭单元，驾驶员侧	
J393	舒适系统的中央电器控制单元	= 输入信号
J519	车载网络系统控制单元	= 输出信号
J535	数据总线的诊断接口	= 正极
J560	车门报警灯继电器	= 接地极
M27	左侧车门登车报警灯	= CAN数据总线

图 3-32 波罗轿车车内灯电路控制原理

三、舒适 CAN 总线在速腾汽车上的运用

速腾汽车舒适 CAN 总线系统的组成如图 3-33 所示，舒适 CAN 总线系统的位置如图 3-34 所示。

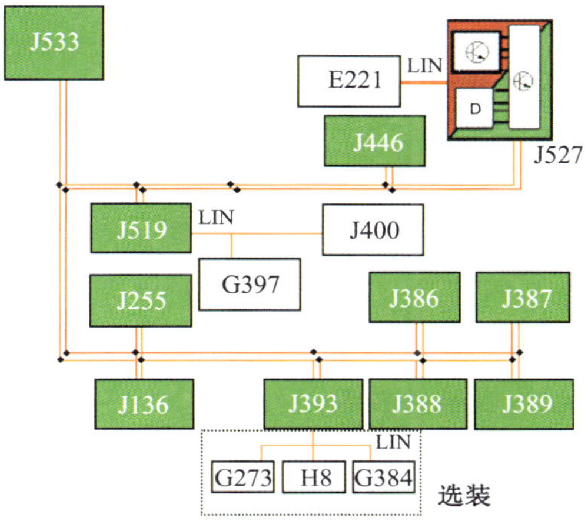

D—启动控制-钥匙；E221—多功能方向盘；G273—内部监控传感器；G384—车身倾斜传感器；G397—雨滴＋光强传感器；H8—防盗报警喇叭；J136—座椅位置记忆控制单元；J255—空调控制单元；J386、J387、J388、J389—车门控制单元；J393—舒适系统控制单元；J400—雨刷电机控制单元；J446—停车辅助控制单元；J519—中央电器控制单元；J527—转向柱开关模块；J533—网关。

图 3-33　速腾汽车舒适 CAN 总线系统的组成

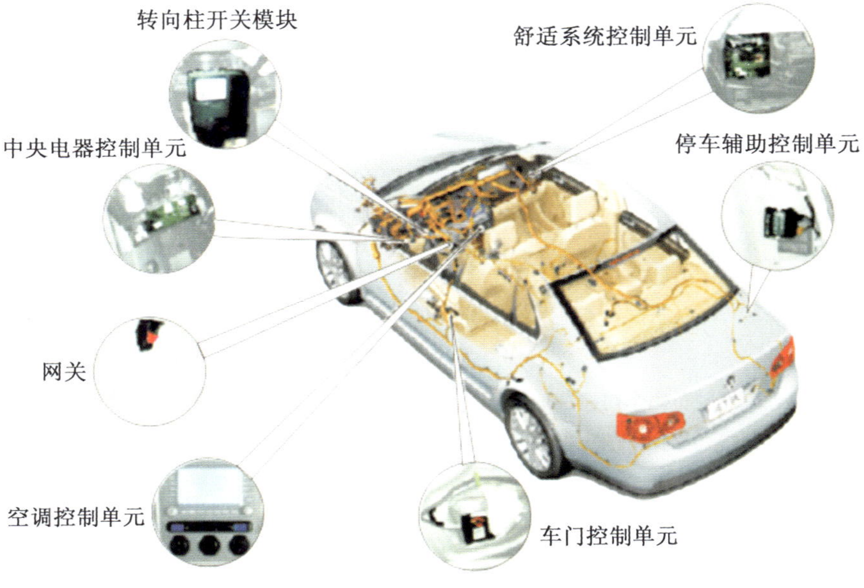

图 3-34　速腾汽车舒适 CAN 总线系统的位置

(一)车门控制

车门控制单元通过 CAN 总线与舒适系统控制单元相连。防盗报警喇叭 H8、内部监控传感器 G273 和车身倾斜传感器 G384 通过 LIN 总线与舒适系统控制单元相连，如图 3-35 所示。

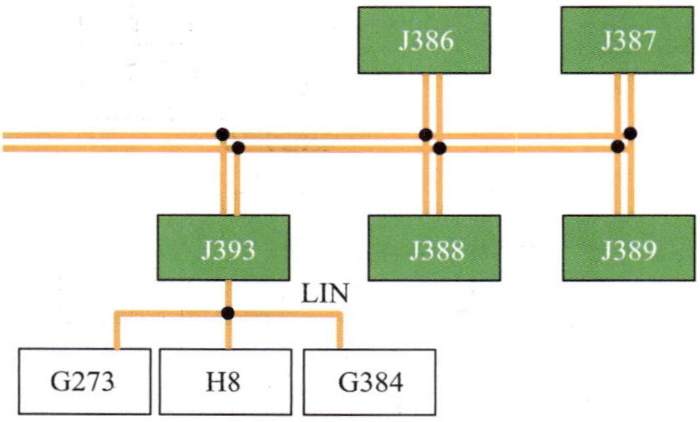

J386、J387、J388、J389—车门控制单元；J393—舒适系统的中央电器控制单元。

图 3-35　速腾汽车车门控制系统

与宝来 A4 不同，速腾汽车的 4 个车门有单独的地址码，功能更加强大，控制本区域内的所有功能，减少了整车线束。

(二)油箱开启功能

速腾汽车具有油箱开启功能，系统组成示意图如图 3-36 所示，电路如图 3-37 所示。

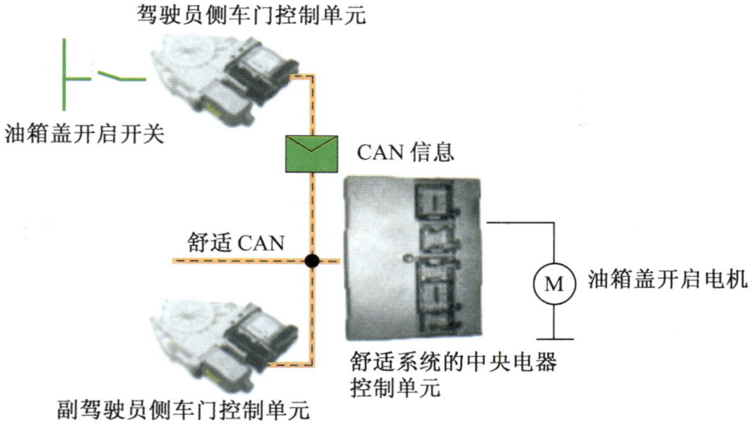

图 3-36　速腾汽车油箱开启系统组成示意图

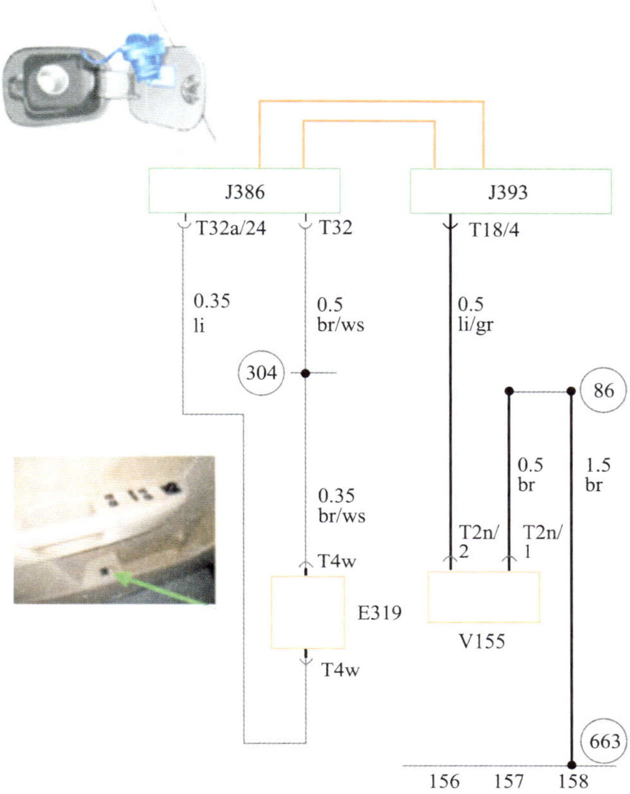

图 3-37　速腾汽车油箱开启电路

四、舒适 CAN 总线的万用表检测

舒适 CAN 总线的信号波形如图 3-38 所示。在总线空闲时，CAN-H 线的信号电压约为 0 V；有信号传输时，电压在 0～5 V 之间高频波动。因此 CAN-H 线的主体电压为 0 V，但是由于 CAN-H 线属于上升沿，万用表的测量值应在 0.35 V 左右。

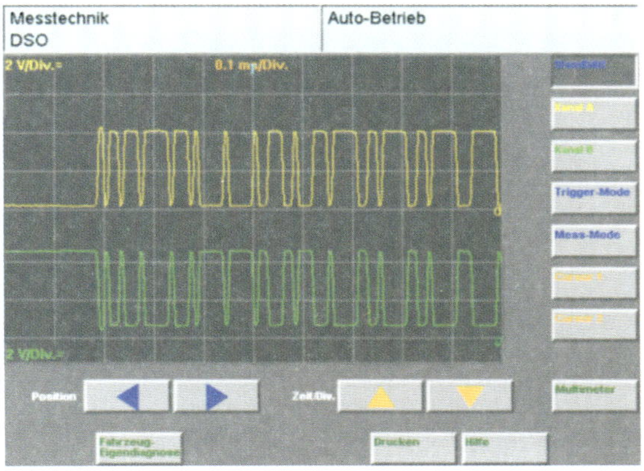

图 3-38　舒适 CAN 总线的信号波形

同理，在总线空闲时，CAN-L 线的信号电压约为 5 V；有信号传输时，电压在 0～5 V 之间高频波动。因此 CAN-L 线的主体电压为 5 V，但是由于 CAN-L 线属于下降沿，万用表的测量值应在 4.65 V 左右。

★案例拓展

案例一　宝马轿车舒适 CAN 总线系统故障的检测

1. 案例描述

一辆 2011 年出厂的宝马 3 系轿车 318i，行驶了 5×10^4 km。客户反映车辆在运行中开空调时，鼓风机有时出现停顿现象，几秒后又恢复正常。技师与客户一起试车，确定故障现象存在。因总线有自诊断功能，故读取故障码，显示为 CID（中央信息显示器）、PDC（驻车距离报警系统）、SMFA（驾驶员座椅模块）控制单元通信故障。因为所有故障码均与舒适 CAN 系统相关，所以初步诊断应该为舒适 CAN 系统故障。

2. 故障查修

导致该故障的原因可能有很多，主要有空调鼓风机输出级（作用类似于可变电阻，调节鼓风机转速）偶发故障、空调鼓风机偶发故障、空调控制模块故障、JB（带分电器的接线盒电子装置）控制单元故障、线束插脚故障、舒适 CAN 系统故障。诊断设备将故障指向舒适 CAN 系统，所以先读取舒适 CAN 系统的波形。舒适 CAN 系统的正常波形如图3-39所示。

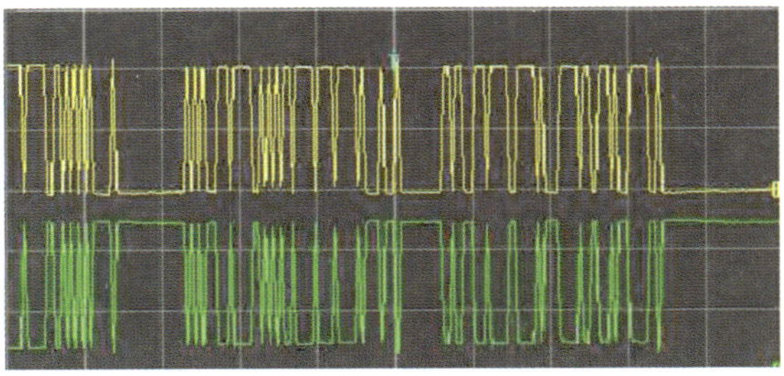

图 3-39　舒适 CAN 系统的正常波形

通过对实车进行故障波形测量，舒适 CAN 系统的波形如图 3-40 所示。其中CAN-H线的电压为 0 V，CAN-L 线的波形正常，显性电压小于 1.4 V，隐性电压大于 3.6 V。根据波形判断，该故障应该为 CAN-H 线对地短路。CAN 总线采用双绞线结构，即使出现故障，CAN 总线仍可单线运行，所以空调鼓风机可继续工作，但为故障运行模式。

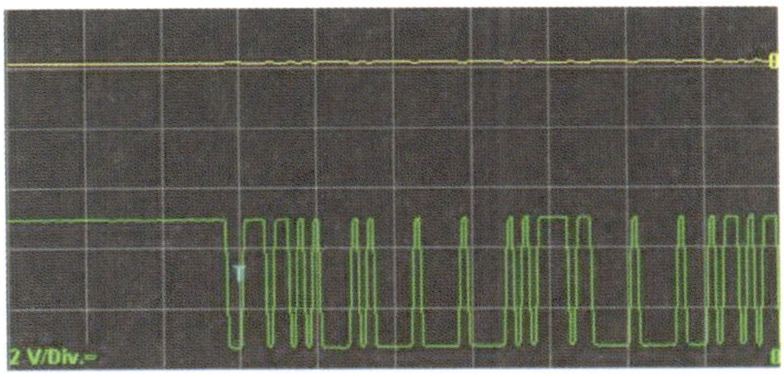

图 3-40　故障车实际测量舒适 CAN 系统的波形

3. 故障点查寻

总线故障点一般在总线线路的某个连接点、导线本身或模块上。由于 CAN 总线上所安装的模块众多,因此不方便一一拔取来判断故障点。舒适 CAN 总线的连接点如图 3-41 所示,可以从连接点位置断开总线,分段判断故障。首先需要断开电源,将连接点处的插头逐一取下,再连接电源测量波形。

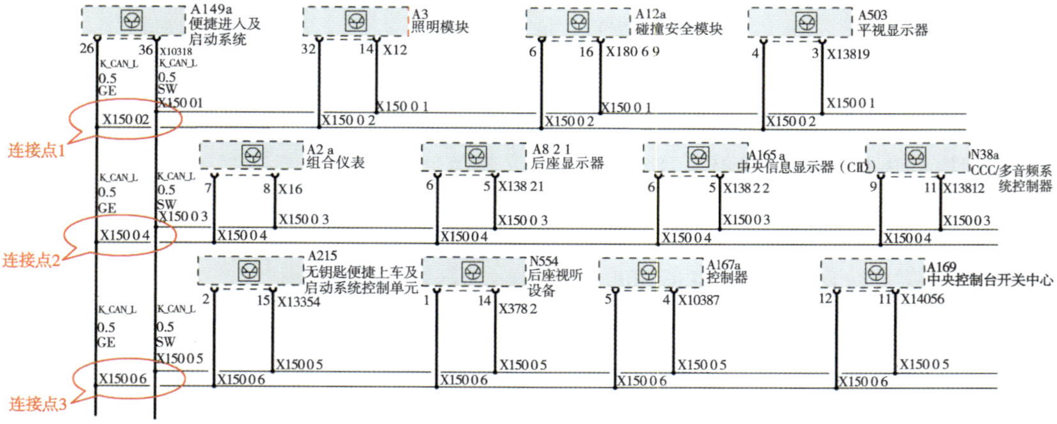

图 3-41　舒适 CAN 总线的连接点

舒适 CAN 总线的实车节点电路如图 3-42 所示。由图 3-42 可知,该车型舒适 CAN 总线的 3 个连接点分别对应仪表台左侧、仪表台右侧和后备箱右侧。当断开仪表台右侧节点插头 X15002 时,波形恢复正常,说明故障点在该插头之后。根据电路图得知连接 X15002 插头的控制单元有 FZD(车顶功能中心)、CID、KOMBI(组合仪表)、IHKA(自动恒温空调)、MRS(多功能乘员保护系统)、RAD(车用收音机)、CON(控制器)、CCC(汽车电脑)。然后再断开电源,将上述控制单元逐一取下,对照各控制单元的引脚图,采用电阻测量法测量各控制单元 CAN-H 线的对地电阻,对短路故障点进行排查,当检测到电阻为 0 Ω 时,说明故障点就在这里。

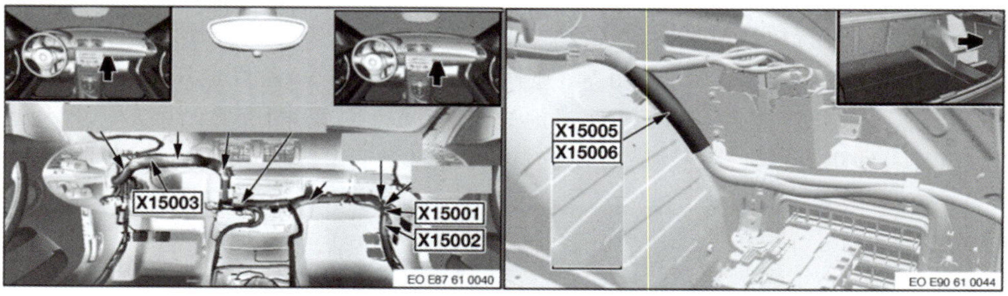

X15003—仪表台左侧;X15001、X15002—仪表台右侧;

X15005、X15006—后备箱右侧。

图 3-42　舒适 CAN 总线的实车连接点

4. 故障确认

确认故障为 CAN-H 线对地短路。

案例二　帕萨特轿车舒适 CAN 总线系统故障的检测

1. 案例故障现象描述

帕萨特 B5 1.8T 轿车中控门锁和电动玻璃升降器不能正常工作。点火开关无论开闭，都只有左前门的中控门锁和电动玻璃升降器可以正常工作，其他车窗的电动玻璃升降器都不工作；但是如果按动其他车窗上控制该车窗的开关，各个车窗的电动玻璃升降器均能正常工作。将车门关闭后，将车钥匙插入左前门的锁孔内，进行开锁和闭锁操作，也只有左前门的门锁能开闭；如果将钥匙保持在开锁或闭锁位置，也只有左前门的电动玻璃升降器可以正常工作。

2. 故障分析

该轿车的 4 个车门控制单元和中央舒适系统控制单元之间的信号是通过 CAN 总线传递的，舒适系统 CAN 总线通过 2 根相互绞合的信号线同时传递数据：一根为 CAN-H 线（橙/绿色），一根为 CAN-L 线（橙/黄色）。舒适系统所有的控制单元均挂接在 2 条线路上进行数据交换和信号传递，如图 3-43 所示。

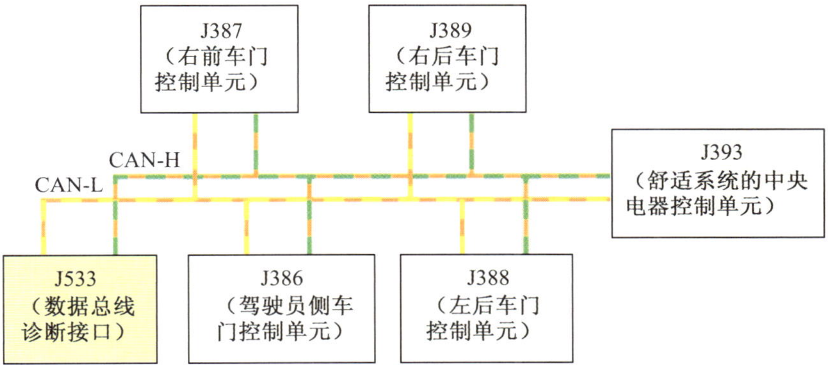

图 3-43　舒适系统相关电路图

位于组合仪表中的数据总线诊断接口也和数据总线随时保持通信，检测总线的工作状态。为了使信号正确有效地传递，2 根线是拧绞在一起的，并且 2 条线路上传递的脉冲信号相同，但是电位相反。

如果各个车门控制单元与舒适系统中央电器控制单元之间 CAN 无法正常通信，会导致左前车门控制单元至中控开关的信号无法正常传递到其他 3 个车门控制单元，并且所有的车门控制单元只能接收直接输入到该控制单元的电动玻璃升降器开关信号。

通过以上分析，初步认定该车的舒适系统有故障。

3. 故障原因查找

用车辆诊断仪对舒适系统进行检查，连接好仪器并打开点火开关，进入舒适系统中央电器控制单元查询故障，仪器屏幕显示故障：与驾驶员侧车门控制单元 J386 没有通信，与右前车门控制单元J387没有通信，与左后车门控制单元J388没有通信，与右后车门控制单元J389没有通信，与CAN总线诊断接口J533没有通信，舒适系统数据总线单线运行模式，该控制单元不正确编码。

为查看舒适系统编码，重新进入舒适系统控制单元，查看该控制单元的版本信息，编码为00017，确实不正确。用诊断仪对舒适系统进行正确的00259编码，并清除所有故障记录，此时控制单元的不正确编码和CAN总线单线运行模式的故障记录已经清除，但是其他故障仍然无法清除。

检查中央电器控制单元、各个车门控制单元与数据总线的连接情况，通过车辆故障诊断仪V. A. S5052进入地址46-08-012，观察数据组测量结果，4组数据用“1”或“0”分别代表驾驶员车门、右前车门、左后车门及右后车门控制单元与舒适系统中央电器控制单元CAN总线的连接状态，此时4组数据均为“0”，说明各个车门控制单元均与总线通信有故障。

对地板下舒适系统和有关舒适系统线束进行检查，重点对双绞的CAN总线进行整理。经过检查，没有发现故障点。估计是中央电器控制单元存在故障。

4. 故障排除

拆下舒适系统中央电器控制单元（位于驾驶员侧座位地板下），更换新的控制单元。当连接好新的中央电器控制单元后，打开点火开关，操作中控门锁开关和电动玻璃升降器开关一切正常，故障排除。

★任务实施

宝马轿车舒适 CAN 总线系统的实车测量

学　　院		专　　业	
姓　　名		学　　号	
小组成员		组长姓名	

实训目标：

1. 能够依据接待要求，结合客户的需求，独立完成接待准备工作。
2. 能够结合客户车辆的故障现象，根据维修手册初步判断舒适 CAN 总线系统是否存在故障。
3. 能够根据故障现象及客户的咨询信息，依据维修手册及操作规范和标准，制定车辆的初步维修方案。
4. 能够根据舒适 CAN 总线系统的检测要求，结合客户车辆配置情况，使用专用设备工具及维修软件完成系统的检测工作。
5. 能够依据检测数据的分析结果，结合舒适 CAN 总线系统的工作原理，独立准确地检测实车舒适 CAN 总线系统。
6. 养成与他人协作的习惯，培养良好的人际交往能力。

一、接受工作任务	**成绩：**

汽车服务站新接收了一辆宝马轿车，根据车主反映的故障现象，维修技师小王在维修过程中对该车的舒适 CAN 总线系统进行了检测。要求对检测过程及检测结果等情况进行记录。

二、信息收集	**成绩：**

1. 客户信息登记：进店时间：____月____日____时，客户姓名：______________，电话：____________。
2. 客户车辆登记：车型：______________，车牌号码：______________，车辆的 VIN：______________。
3. 车辆进店时里程数：____________，油量/电量：____________，车上故障灯：□无　□有（说明并备注一下）____。
4. 车辆外观检查情况：剐蹭痕迹：□无　□有（有的话标注在车辆登记表格中加以说明）____。
5. 车辆进店维修内容：____。
6. 查找本车的维修手册____册，版本是____________。
7. 本车维修是：□单人进行　□双人进行　□需要技术支持协助完成。
8. 本车舒适 CAN 总线系统应用情况：____。
9. 本次维修所用仪器设备准备情况：□齐全　□不齐全（若不齐全，原因是：____）。

10. 本次维修需要的时长为________________。

11. 本次维修后需要提供给客户的资料有：____。

12. 本次维修后车辆清洗情况：☐需要清洗　☐不需要清洗。

三、制订计划	成绩：

1. 请根据舒适 CAN 总线系统的检测规范及要求，制订舒适 CAN 总线系统的测量实训计划。

2. 请根据维修作业计划，完成小组成员任务分工。

操作人		记录员	
监护人		展示员	

作业注意事项

(1)实训开始前应摘掉各类饰品，换上实训服，长头发应挽起固定于脑后。

(2)整车实训时应确保点火开关处于 Lock 位置，操作另有要求的除外。

(3)就车工作时，应施加驻车制动，除非特定操作要求置于其他挡位。

(4)举升车辆时应按照规范进行，避免发生意外事故。

(5)工具使用后，应清洁并归还原处。

检测设备/工具/材料

序号	名称	数量	清点
			☐已清点
			☐已清点
			☐已清点
			☐已清点
			☐已清点
			☐已清点
			☐已清点
			☐已清点
			☐已清点

四、计划实施	**成绩：**

1. 请完成舒适 CAN 总线系统检测作业前检查及车辆防护，并记录信息。

(1)维修作业前车辆的检查。

作业内容：

作业结果：

(2)维修作业前维修手册的检查。

作业内容：

作业结果：

(3)维修作业前检测工具的检查。

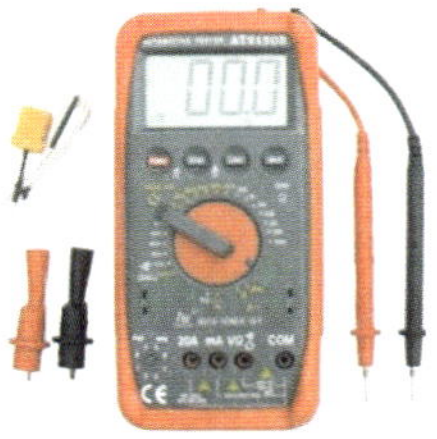

作业内容：

作业结果：

2. 请检查舒适 CAN 总线系统模块组成部件。

(1)舒适 CAN 总线在汽车上的应用。

应用系统	控制器名称	舒适 CAN 总线结构	舒适 CAN 总线颜色

(2)汽车上舒适 CAN 总线系统之间的连接(画出框图)。

3. 请检查舒适 CAN 总线系统的工作电压。

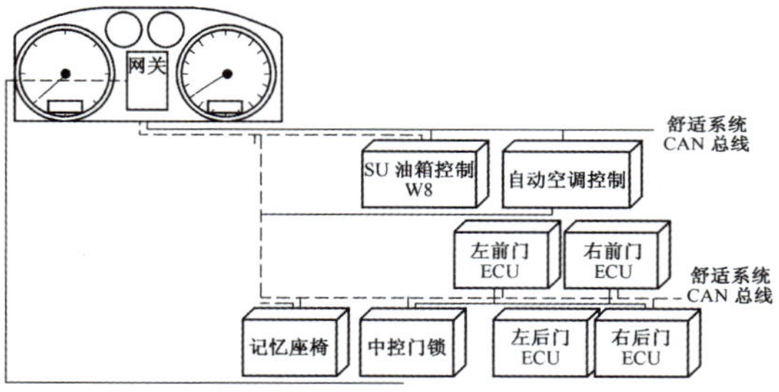

座椅控制系统	控制单元电压	
	CAN-H 线电压	
	CAN-L 线电压	
左前门控制系统	控制单元电压	
	CAN-H 线电压	
	CAN-L 线电压	

4. 请检查舒适 CAN 总线系统的信号波形。

(1)检测连接记忆座椅控制系统的舒适 CAN 总线系统的信号波形。

理论信号波形	实测信号波形	
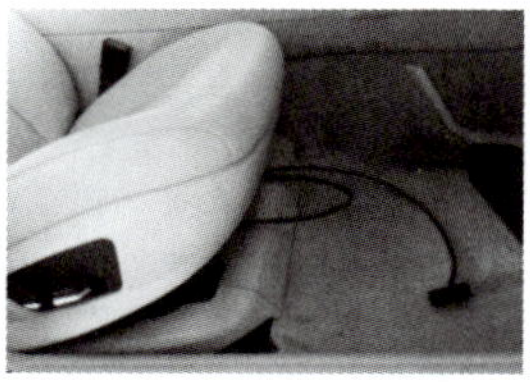 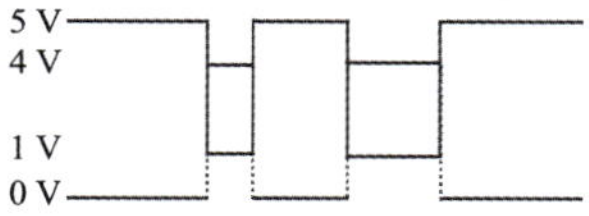	CAN-H 线波形	
	CAN-L 线波形	

<table>
<tr><td colspan="3">(2)检测连接左前门控制系统的舒适 CAN 总线系统的信号波形。</td></tr>
<tr><td>理论信号波形</td><td colspan="2">实测信号波形</td></tr>
<tr><td rowspan="2">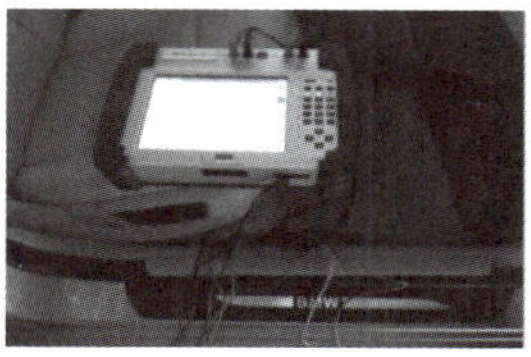
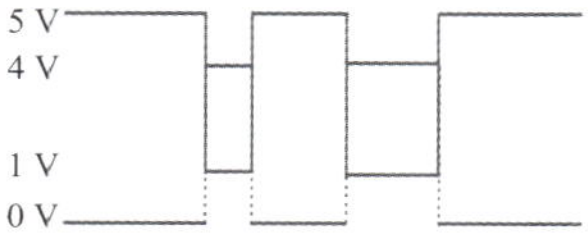
</td><td>CAN-H 线波形</td><td></td></tr>
<tr><td>CAN-L 线波形</td><td></td></tr>
</table>

五、质量检查	成绩：

请实训指导教师检查本实训作业结果，并针对实训过程中出现的问题提出改进措施及建议。

序号	评价标准	评价结果
1	维修作业前检查及车辆防护	
2	舒适 CAN 总线系统部件查找	
3	舒适 CAN 总线系统信号检测	
综合评价	☆ ☆ ☆ ☆ ☆	
综合评语（作业问题及改进建议）		

六、评价反馈	成绩：

1. 请根据自己在课堂中的实际表现进行自我反思和自我评价。

自我反思：

自我评价：

2. 实训成绩单。

项目	评分标准	分值	得分
接受工作任务	明确工作任务，理解任务在企业工作中的重要程度	5	
信息收集	完整、准确地收集信息	10	
制订计划	按照舒适 CAN 总线系统的检测规范及要求，制订合适的行动计划	10	
	能协同小组人员安排任务分工	5	
	能在实施前准备好所需要的工具和器材	5	
计划实施	规范地进行场地布置及工具检查	5	
	识别舒适 CAN 总线在实车上的应用	10	
	检查舒适 CAN 总线系统模块组成部件	10	
	检查舒适 CAN 总线系统的工作电压	10	
	检查舒适 CAN 总线系统的信号波形	10	
质量检查	学生任务完成，操作过程规范	10	
评价反馈	学生能对自身表现情况进行客观评价	5	
	学生在任务实施过程中发现自身问题	5	
得分(满分 100)			

迈腾轿车舒适CAN总线系统的实车故障检修

学　　院		专　　业	
姓　　名		学　　号	
小组成员		组长姓名	

实训目标：

1. 能够依据接待要求，结合客户的需求，独立完成接待准备工作。
2. 能够结合客户车辆的故障现象，根据维修手册初步判断舒适 CAN 总线系统的可能故障原因。
3. 能够根据故障现象及客户的咨询信息，依据维修手册及操作规范和标准，制定车辆的初步维修方案。
4. 能够根据舒适 CAN 总线系统的检测要求，结合客户车辆配置情况，使用专用设备工具完成系统检测工作。
5. 能够依据检测数据的分析结果，结合舒适 CAN 总线系统的工作原理，独立准确地判断舒适 CAN 总线系统的具体故障部位。
6. 养成与他人协作的习惯，培养良好的人际交往能力。

一、接受工作任务　　**成绩：**

汽车服务站新接收了一辆大众迈腾待维修车辆，根据车主反映，该车出现右前车门电动后视镜不工作，右前、右后车门电动车窗和中控门锁均不工作的故障。维修技师小张判定出现此类故障的可能原因是该车的舒适 CAN 总线系统出现了故障，并对该车进行了检修。要求对检测过程及检修结果等情况进行记录。

二、信息收集　　**成绩：**

1. 客户信息登记：进店时间：____月____日____时，客户姓名：____________，电话：____________。
2. 客户车辆登记：车型：____________，车牌号码：____________，车辆的 VIN：____________。
3. 车辆进店时里程数：______，油量/电量：________，车上故障灯：□无　□有(说明并备注一下)
____。
4. 车辆外观检查情况：剐蹭痕迹：□无　□有(有的话标注在车辆登记表格中加以说明)____________
____。
5. 车辆进店维修内容：____。
6. 查找本车的维修手册____册，版本是____________。
7. 本车维修是：□单人进行　□双人进行　□需要技术支持协助完成。
8. 本车故障现象：____。
9. 本次维修所用仪器设备准备情况：□齐全　□不齐全(若不齐全，原因是：____________
______________________________________)。
10. 本次维修需要的时长为________________。
11. 本次维修后需要提供给客户的资料有：________________________________
____。
12. 本次维修后车辆清洗情况：□需要清洗　□不需要清洗。

三、制订计划	成绩：
1. 请根据舒适 CAN 总线系统的检修规范及要求，制订该车舒适 CAN 总线系统的故障检修实训计划。	

2. 请根据维修作业计划，完成小组成员任务分工。

操作人		记录员	
监护人		展示员	

作业注意事项

(1)实训开始前应摘掉各类饰品，换上实训服，长头发应挽起固定于脑后。
(2)整车实训时应确保点火开关处于 Lock 位置，操作另有要求的除外。
(3)就车工作时，应施加驻车制动，除非特定操作要求置于其他挡位。
(4)举升车辆时应按照规范进行，避免发生意外事故。
(5)工具使用后，应清洁并归还原处。

检测设备/工具/材料

序号	名称	数量	清点
			□已清点
			□已清点
			□已清点
			□已清点
			□已清点
			□已清点
			□已清点
			□已清点
			□已清点

<table>
<tr><th>四、计划实施</th><th>成绩：</th></tr>
<tr><td colspan="2">1. 请完成舒适 CAN 总线系统检测作业前检查及车辆防护，并记录信息。
（1）维修作业前车辆的检查。</td></tr>
<tr><td></td><td>作业内容：

作业结果：</td></tr>
<tr><td colspan="2">（2）维修作业前维修手册的检查。</td></tr>
<tr><td>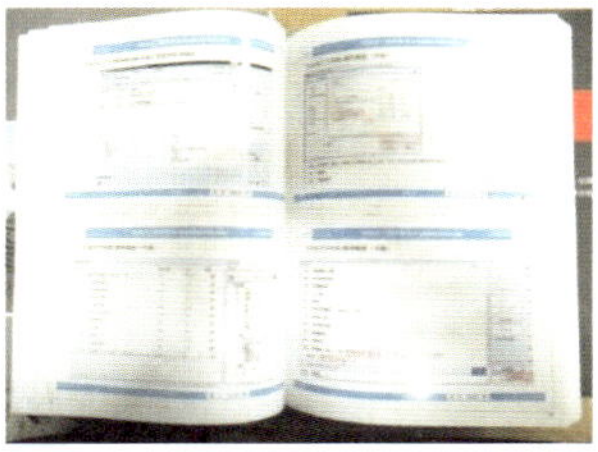</td><td>作业内容：

作业结果：</td></tr>
<tr><td colspan="2">（3）维修作业前检测工具的检查。</td></tr>
<tr><td>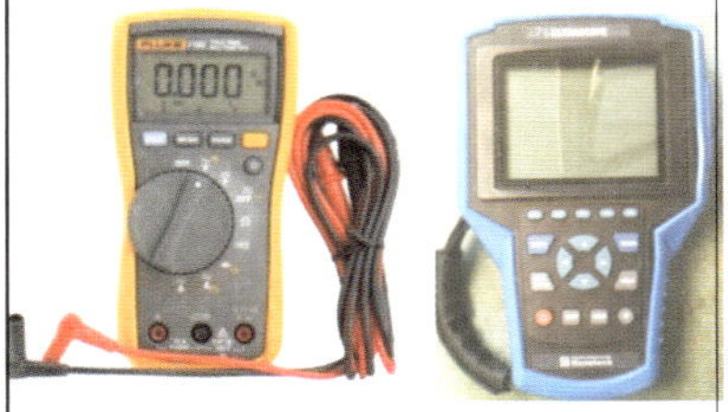</td><td>作业内容：

作业结果：</td></tr>
<tr><td colspan="2">2. 请检查实车故障现象并记录。
____
____
____。</td></tr>
<tr><td colspan="2">3. 请根据故障现象分析可能的故障原因。
____
____
____。</td></tr>
</table>

<table>
<tr><td colspan="3">4. 请在实车上找到舒适 CAN 总线系统的安装位置。
(1)请找到连接左前车门控制单元的舒适 CAN 总线。</td></tr>
<tr><td rowspan="5"></td><td>左前车门电脑</td><td>是否找到:□是　□否</td></tr>
<tr><td>左前车门电脑线束</td><td>是否找到:□是　□否</td></tr>
<tr><td>线束连接端子</td><td>是否找到:□是　□否</td></tr>
<tr><td>舒适 CAN-H 线</td><td>是否找到:□是　□否</td></tr>
<tr><td>舒适 CAN-L 线</td><td>是否找到:□是　□否</td></tr>
<tr><td colspan="3">(2)请找到连接右前车门控制单元的舒适 CAN 总线。</td></tr>
<tr><td rowspan="5">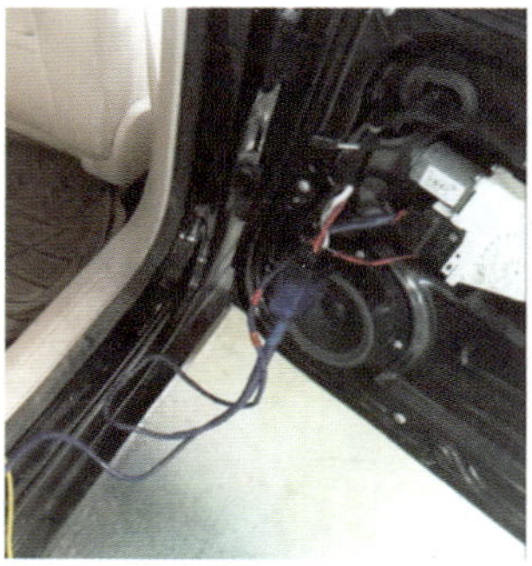</td><td>右前车门电脑</td><td>是否找到:□是　□否</td></tr>
<tr><td>右前车门电脑线束</td><td>是否找到:□是　□否</td></tr>
<tr><td>线束连接端子</td><td>是否找到:□是　□否</td></tr>
<tr><td>舒适 CAN-H 线</td><td>是否找到:□是　□否</td></tr>
<tr><td>舒适 CAN-L 线</td><td>是否找到:□是　□否</td></tr>
<tr><td colspan="3">5. 请在实车上进行舒适 CAN 总线的检测。
(1)检测左前车门控制单元的舒适 CAN 系统。</td></tr>
<tr><td rowspan="6">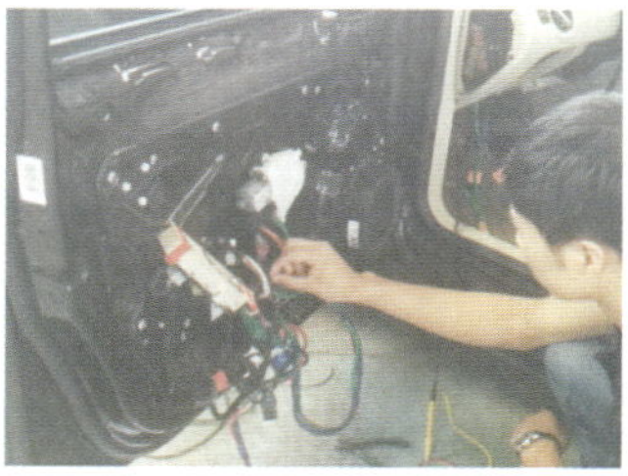
</td><td>电脑供电电压</td><td></td></tr>
<tr><td>电脑搭铁点电压</td><td></td></tr>
<tr><td>舒适 CAN-H 线电压</td><td></td></tr>
<tr><td>舒适 CAN-L 线电压</td><td></td></tr>
<tr><td>舒适 CAN-H 线信号波形</td><td></td></tr>
<tr><td>舒适 CAN-L 线信号波形</td><td></td></tr>
</table>

(2)检测右前车门控制单元的舒适 CAN 系统。

 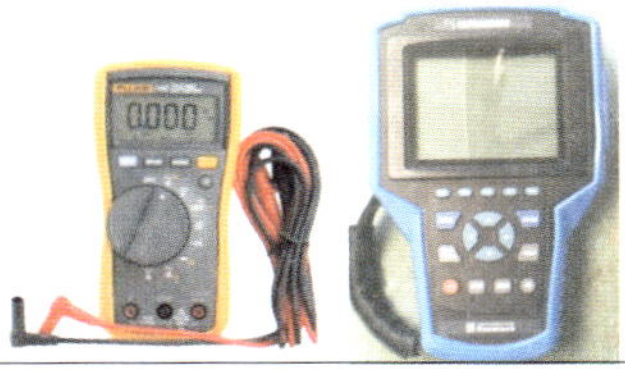	电脑供电电压	
	电脑搭铁点电压	
	舒适 CAN-H 线电压	
	舒适 CAN-L 线电压	
	舒适 CAN-H 线信号波形	
	舒适 CAN-L 线信号波形	

6. 故障原因判定结果。

____

____

____。

7. 根据故障诊断结果对该车进行故障排除并记录。

____

____

____

____。

五、质量检查　　**成绩：**

请实训指导教师检查本实训作业结果，并针对实训过程中出现的问题提出改进措施及建议。

序号	评价标准	评价结果
1	维修作业前检查及车辆防护	
2	舒适 CAN 总线系统万用表检测	
3	舒适 CAN 总线系统示波器检测	
4	舒适 CAN 总线系统实车故障排除	
综合评价	☆ ☆ ☆ ☆ ☆	
综合评语（作业问题及改进建议）		

六、评价反馈	成绩：

1. 请根据自己在课堂中的实际表现进行自我反思和自我评价。

自我反思：

自我评价：

2. 实训成绩单。

项目	评分标准	分值	得分
接受工作任务	明确工作任务，理解任务在企业工作中的重要程度	5	
信息收集	完整、准确地收集信息	10	
制订计划	按照舒适 CAN 总线系统的检测规范及要求，制订合适的行动计划	10	
	能协同小组人员安排任务分工	5	
	能在实施前准备好所需要的工具器材	5	
计划实施	规范地进行场地布置及工具检查	5	
	通过实车验证故障现象，分析故障原因	10	
	在实车上找到舒适 CAN 总线系统的安装位置	10	
	在实车上进行舒适 CAN 总线的检测	10	
	根据故障诊断结果对该车进行故障排除	10	
质量检查	学生任务完成，操作过程规范	10	
评价反馈	学生能对自身表现情况进行客观评价	5	
	学生在任务实施过程中发现自身问题	5	
得分(满分 100)			

★学习评价

1. 填空题

(1)在舒适 CAN 总线系统中,各控制单元之间的所有信息都通过____根数据线进行交换,分别为________和________,二者之间的输出波形有什么关系?__________。

(2)舒适 CAN 总线系统的联网控制单元包括______________、________________、________________等。

(3)舒适 CAN 总线系统的速率可达到____________。

(4)对于舒适 CAN 总线来说,CAN-H 线的高电压为________V,CAN-H 线的低电压为______V;CAN-L 线的高电压为______V,CAN-L 线的低电压为______V。

(5)在显性状态时,即逻辑______,CAN-H 线的电压为______V,CAN-L 线的电压为______V;在隐性状态时,即逻辑______,CAN-H 线的电压为______V,CAN-L 线的电压为______V。

(6)CAN-H 线和 CAN-L 线上的数据传递由安装在收发器内的故障逻辑电路监控,故障逻辑电路检验两条 CAN 导线上的信号,如果出现故障,那么故障逻辑电路会识别出该故障,从而使用另一条完好的导线,即________________________。

2. 简答题

(1)舒适 CAN 总线的电压波形如图 3-44 所示,试分析其是如何变化为数字信号进行传输的。

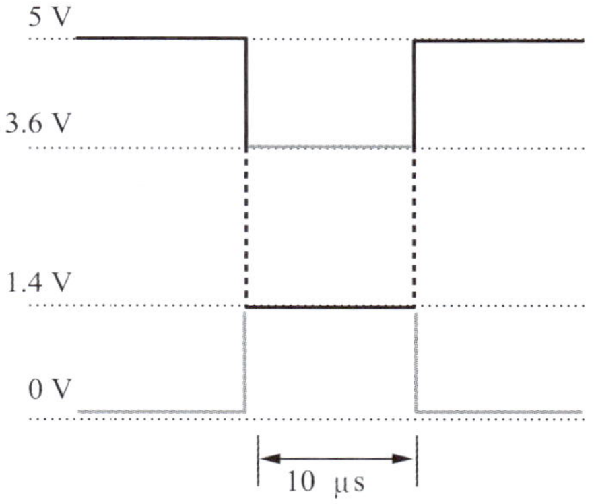

图 3-44　舒适 CAN 总线的电压波形

(2)舒适 CAN 总线与动力 CAN 总线相比有哪些不同?

3. 若舒适 CAN 总线的两种故障电压波形分别如图 3-45(a)(b)所示，试说明这两种波形是由哪种故障造成的。

(a)________________________；(b)________________________。

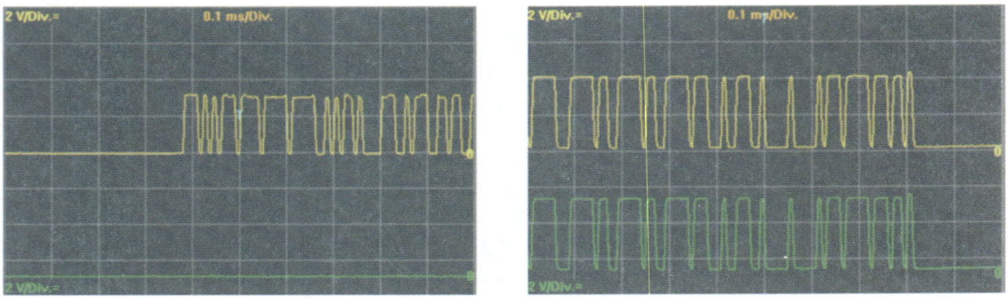

(a) (b)

图 3-45 舒适 CAN 总线的故障电压波形

★知识拓展

1. 宝马车系舒适 CAN 总线的应用

K-CAN 总线是博世公司专门为宝马车系舒适系统开发的总线系统，宝马车系将其称为车身总线系统。车身总线系统主要包括车灯控制系统、座椅调节系统、空调控制系统等，这些控制系统大多采用低速电动机、开关和电阻元器件，而且对实时性要求较低，因此可采用低速总线将相关电控单元/模块连接起来。采用低速总线还可以增加传输距离，提高抗干扰能力，降低硬件成本。

K-CAN 总线的数据传输率约为 100 kb/s，并具有单线应急工作能力。K-CAN 总线在不同故障态下的运行状态如表 3-5 所示。

表 3-5　宝马 E90 K-CAN 总线在故障态下的运行状态

编号	故障态	运行状态
1	K-CAN-H 线和 K-CAN-L 线无故障	双线运行，工作正常
2	K-CAN-H 线断路	单线应急工作状态
	K-CAN-H 线断路	
3	K-CAN-L 线对搭铁短路	
	K-CAN-L 线对搭铁短路	
4	K-CAN-H 线对电源正极短路	
	K-CAN-L 线对电源正极短路	
5	K-CAN-H 线与 K-CAN-L 线相互短路	

随着车辆功能的增加，电气设备增多，K-CAN 总线已经远远不能满足车身控制系统的需求，宝马 5 系 F18 以及 3 系 F35 上采用了 K-CAN Ⅱ总线、K-CAN Ⅲ总线。K-CAN Ⅱ总线和 K-CAN Ⅲ总线的数据传输率约为 500 kb/s，但它们不能进行单线运行。

2. K-CAN 总线的电压

CAN-H 线的隐性电压为 0 V，显性电压为 4 V；CAN-L 线的隐性电压为 5 V，显性电压为 1 V。这些值都是近似值，根据总线上的负载，偏差可能有几百毫伏。在示波器上测量 K-CAN 总线时的设置如表 3-6 所示。

表 3-6　在示波器上测量 K-CAN 总线时的设置

通道	电压设置	时间设置
CH1	2 V/Div	50 μs/Div
CH2		

K-CAN 总线的实际电压波形如图 3-46 所示。

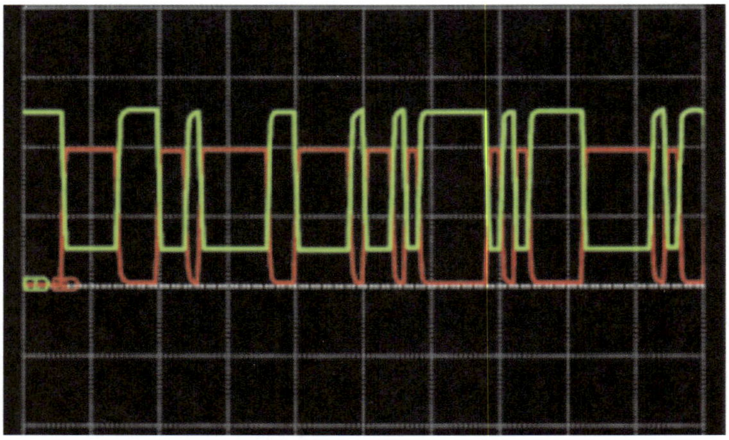

图 3-46　宝马 K-CAN 总线的实际电压波形

项目四

LIN 总线系统的检测与修复

★工作情景描述

有一客户开来一辆 2017 款宝马 7 系轿车，该车的故障现象为车辆运行时，车灯开关处于关闭状态，但大灯常亮，要求给予维修。

宝马车灯开关信号是由 LIN 总线传输的，当总线出现故障后，车灯开启应急模式。要完成这个工作任务，首先需要知道汽车 LIN 总线的结构与原理、检修 LIN 总线的各种方法。下面就分步来完成本项目的学习。

★学习目标

通过学习，应达到以下目标：①掌握 LIN 总线系统的组成及结构；②掌握 LIN 总线系统的基本工作原理及其在汽车上的具体应用；③能对 LIN 总线系统的各种常见故障进行诊断。

★知识准备

任务一　LIN 总线系统的工作原理

一、LIN 总线简介

(一)定义

LIN 协会是由国际上著名的五大汽车厂商(宝马、大众、奥迪、沃尔沃、戴姆勒-克莱斯勒)联合半导体制造商摩托罗拉公司、技术工具支持商 VCT 公司于 1998 年成立的,LIN 协议规范完成于 2000 年 2 月 2 日,2000 年 4 月正式公开提出了 LIN 总线规范。

LIN 总线是一种低成本的单线串行通信网络,用于实现汽车中的分布式电子系统控制。LIN 总线的出现使得人们可以采用更低成本的解决方案来补充汽车高端 CAN 总线的不足。LIN 的目标是为现有汽车的网络提供辅助功能,是一种辅助的通信总线网络。LIN 通信是基于串行通信接口(SCI)或 UART 的数据格式,采用单主控制器/多从设备的模式,仅使用 1 根 12 V 信号线。

LIN 总线多用在不需要 CAN 总线的场合,目前主要应用于车灯开关、空调、车门、顶窗、刮水器等系统的传输控制上。按 SAE 的车上网络等级标准,LIN 属于汽车上的 A 级网络。LIN 总线的应用如图 4-1 所示。

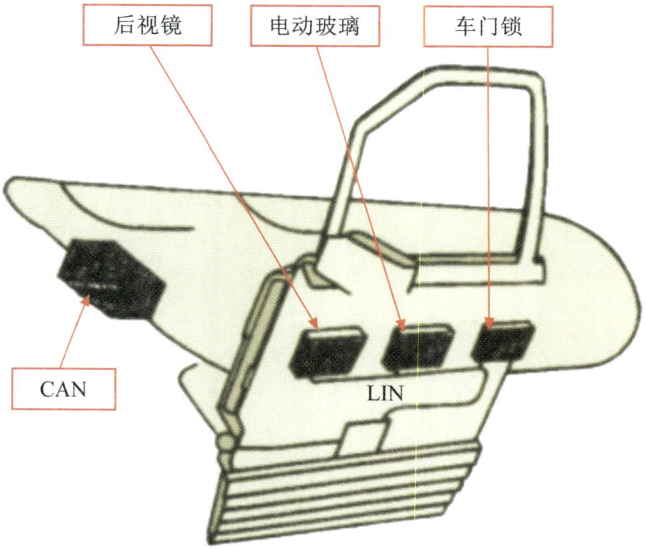

图 4-1　LIN 总线的车门控制模块

LIN 总线系统采用低成本的单线连接，传输速率最高可达 20 kb/s，每次访问均采用单主/多从机制，不需要进行仲裁，其主要目的是为现有汽车网络提供辅助功能，目标用于低端系统，无须 CAN 的带宽、性能以及复杂性。从某种意义上来讲，LIN 就是 CAN 的经济版通信网络。

（二）结构

LIN 总线通常由一个主节点、一个或多个从节点构成，如图 4-2 所示。所有节点都有一个通信任务，主节点可以执行主任务也可以执行从任务，从节点只能执行从任务。总线上的信息传送由主节点来进行控制。

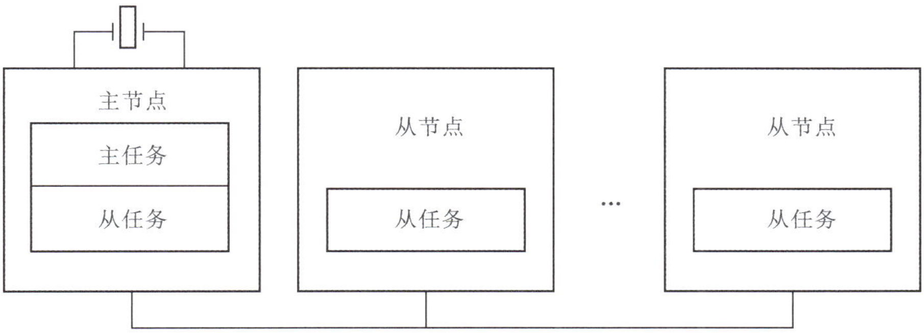

图 4-2　LIN 总线的结构

（三）特点

（1）单主/多从结构，无须仲裁机制。

（2）低成本，基于通用 UART 接口的几乎所有微控制器都具备 LIN 必需的硬件。

（3）传输速率最高可达 20 kb/s。

（4）一条数据线。

（5）从节点不需晶振或陶瓷振荡器就能实现自同步。

（6）故障节点的检测功能。

（7）不需要改变 LIN 从节点的硬件和软件就可以在网络上增加节点。

（8）通常一个 LIN 网络上节点数目小于 12 个，共有 64 个标志符。

（四）与 CAN 总线的比较

在车载网络系统中，LIN 总线处于低端，属于 A 级网络，与 CAN 以及其他 B 级或 C 级网络比较，具有传输速度低、结构简单、价格低廉等特点；在汽车上，LIN 总线与其他网络是互补关系。在汽车车载网络系统中，低端系统使用 LIN 总线会显现其必要性和优越性。

二、LIN 总线的工作原理

（一）数据传输协议

LIN 总线的通信任务分为发送任务和接收任务。主节点有主发送任务，LIN 总线上的通信是由主节点的主发送任务发起的，主控制单元发送一个起始报文，相应地接受并且滤除消息标识符后，一个从任务被激活并且开始本消息的应答传输，起始报文和应答部分构成一个完整的报文帧。

LIN 系统中可以采用多种方式进行数据交换，主要有以下三种：(1)由主节点到一个或多个从节点；(2)由一个从节点到主节点或其他的从节点；(3)通信信号可以在从节点之间传播，而不经过主节点或者通过主节点广播消息到网络中的所有从节点。

(二)传输原理

LIN 总线的数据传输线是单线，数据线最长可以达到 40 m。在主节点内配置 1 kΩ 的电阻并接 12 V 电压供电，在从节点内配置 30 kΩ 的电阻并接 12 V 电压供电。每个节点都可通过内部发送器拉低总线电压。LIN 总线的接口电路如图 4-3 所示。

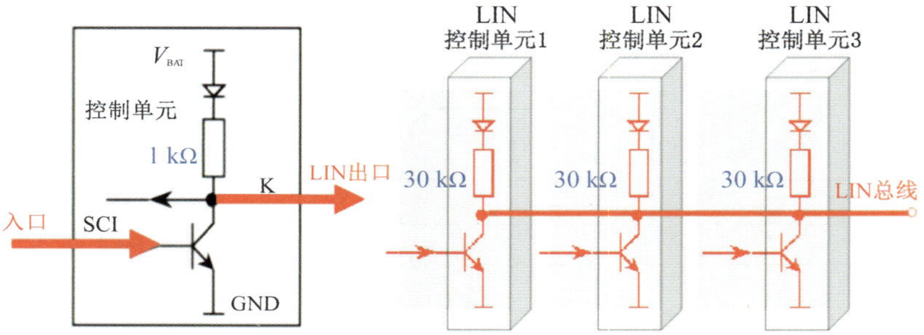

图 4-3　车门控制单元的常规方法布线图

(三)信号波形

在示波器上显示的 LIN 总线的信号波形如图 4-4 所示。LIN 系统支持休眠工作模式，当主节点向网络上发送一个休眠命令时，所有节点进入休眠状态，直到被唤醒之前总线上不会有任何活动。这时总线处于隐性状态，节点没有内部活动，驱动器处于接收状态。

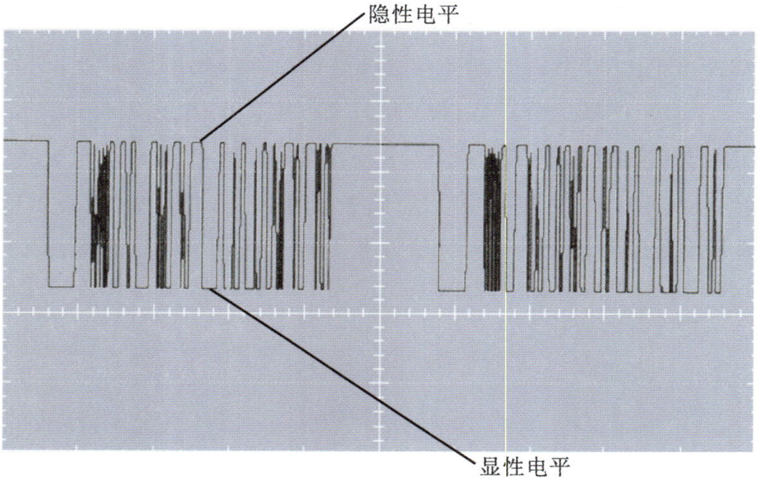

图 4-4　LIN 总线的信号波形

1. 隐性电平

如果所有节点都没有驱动收发器三极管导通，此时在LIN总线上的电压就是蓄电池电压，为隐性电平，表示为逻辑数字“1”。

2. 显性电平

当有节点需要向外发送信息时，发送控制单元内的收发器驱动三极管导通，将LIN数据线接地，此时在LIN总线上的电压就是0 V，为显性电平，表示为逻辑数字“0”。

（四）数据格式

LIN总线的数据格式如图4-5所示。

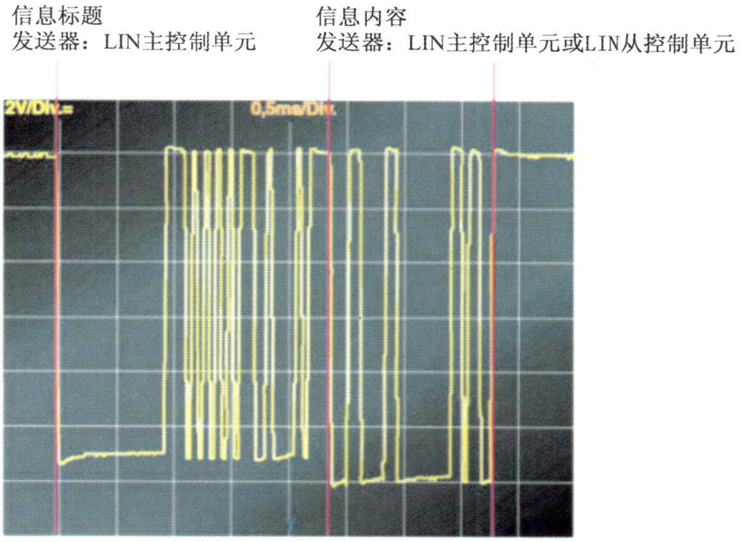

图4-5　LIN总线的数据格式

LIN主控制单元要求LIN从控制单元发送的信息标题内包含带有从控制单元回应的信息，如开关状态或测量值，该回应由LIN从控制单元来发送。LIN主控制单元通过标题内的标识符要求LIN从控制单元使用包含在回应内的数据，该回应由LIN主控制单元来发送。

信息标题由LIN主控制单元按周期发送，信息标题分为四部分，即同步暂停区、同步分界区、同步区、识别区，如图4-6所示。

（1）同步暂停区：同步暂停区的长度至少为13位（二进制），以显性电平发送，能准确地通知所有的LIN从控制单元有关信息的起始情况。其他信息以最长为9位（二进制）显位一个接一个地进行传递。

（2）同步分界区：长度至少为1位（二进制），且为隐性。

（3）同步区：由二进制位序0101010101构成，所有的LIN从控制单元都通过这个二进制位序与LIN主控制单元进行匹配（同步）。所有控制单元同步对于保证数据正确交换非常必要。如果失去了同步性，按收到的信息中的某一数位就会发生错误，导致数据传递错误。

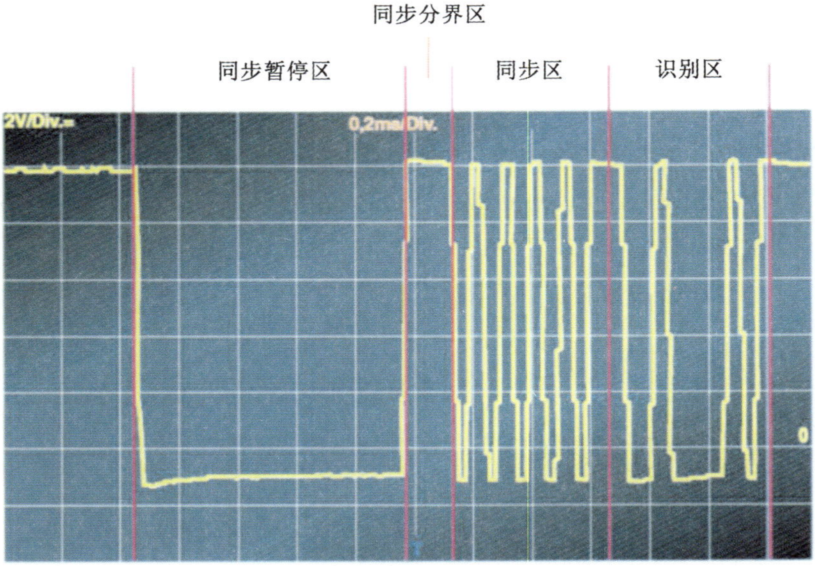

图 4-6　信息标题的格式

(4)识别区：识别区的长度为 8 位(二进制)，前 6 位是回应信息识别码和数据区的个数。回应数据区的个数为 0～8。后 2 位是校验位，用于检查数据传递是否有错误。当出现识别码传递错误时，校验可防止与错误信息适配。

(五)抗干扰设置

LIN 总线是单线，没有 CAN 总线双线性质的抗干扰能力，其在收发隐性电平和显性电平时，通过预先设定公差值来保证数据传输的稳定性，如图 4-7 所示。

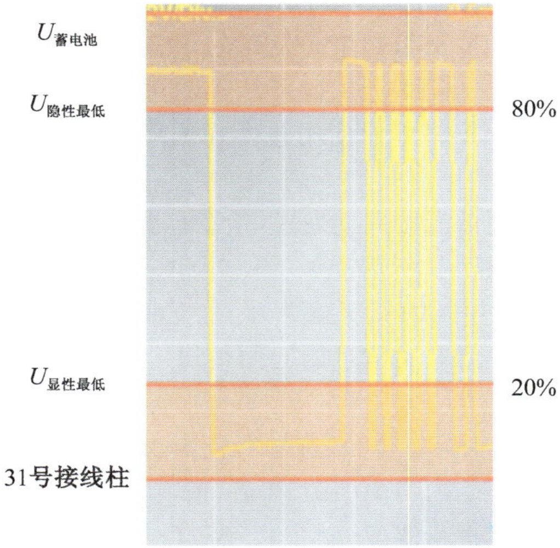

图 4-7　发送信号的电压范围

为了在有干扰辐射的情况下仍能收到有效的信号，接收信号的允许电压要稍高一些，如图 4-8 所示。

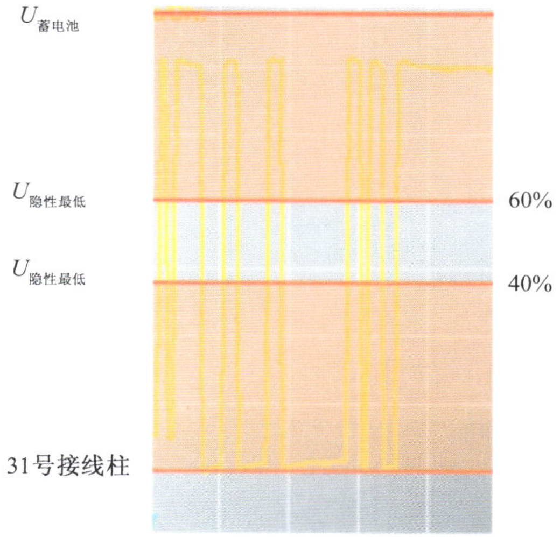

图 4-8　接收信号允许的电压范围

对于带有从控制单元回应的信息，LIN 从控制单元会根据识别码给这个回应提供信息，如图 4-9 所示。

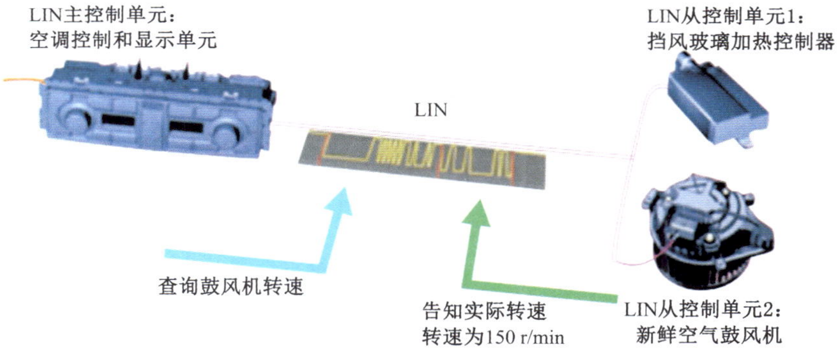

图 4-9　从控制单元给回应提供的信息

对于主控制单元带有数据请求的信息，LIN 主控制单元会提供回应。根据识别码的情况，相应的 LIN 从控制单元会使用这些数据去执行各种功能，如图 4-10 所示。

这个回应由 1～8 个数据区构成，每个数据区是 10 个二进制位，其中一位是显性起始位，一位是包含信息的字节，另外一位是隐性停止位。起始位和停止位用于再同步，从而避免传递错误的信息。波形如图 4-11 所示。

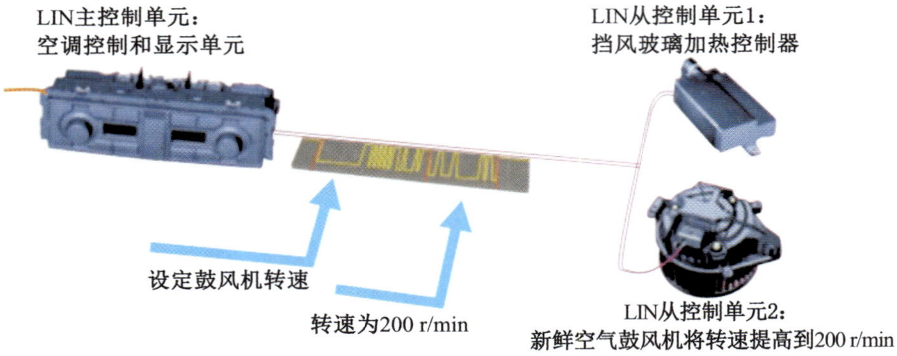

图 4-10　从控制单元使用数据执行各种功能

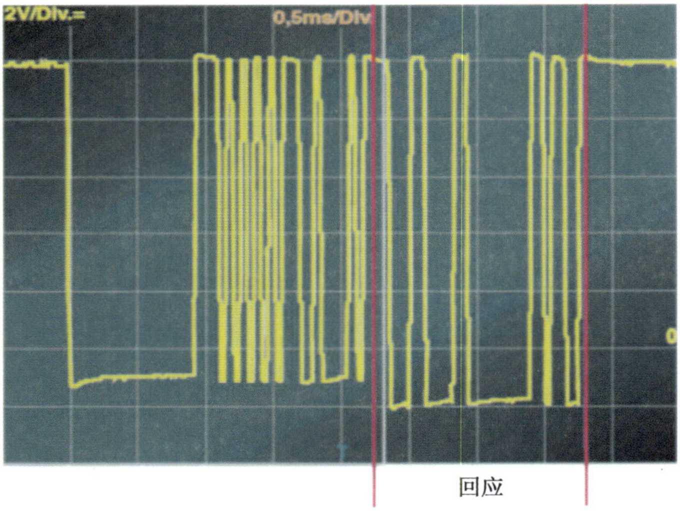

图 4-11　有回应的信息波形

三、LIN 总线的组成

奥迪 A6L 轿车 LIN 总线的内部组成示意图如图 4-12 所示。其中有两个主控制单元：一个用于空调控制，另一个用于前部车顶模块。挡风玻璃加热器、新鲜空气鼓风机和两个辅助加热器是空调控制单元中的从控制单元；太阳车顶电机是车顶模块中的从控制单元。

奥迪 A6L 轿车 LIN 总线的数据传递速率为 1～20 kb/s，在 LIN 控制单元的软件内已设定完毕，该速率最大能达到舒适 CAN 数据传递速率的 1/5，如图 4-13 所示。

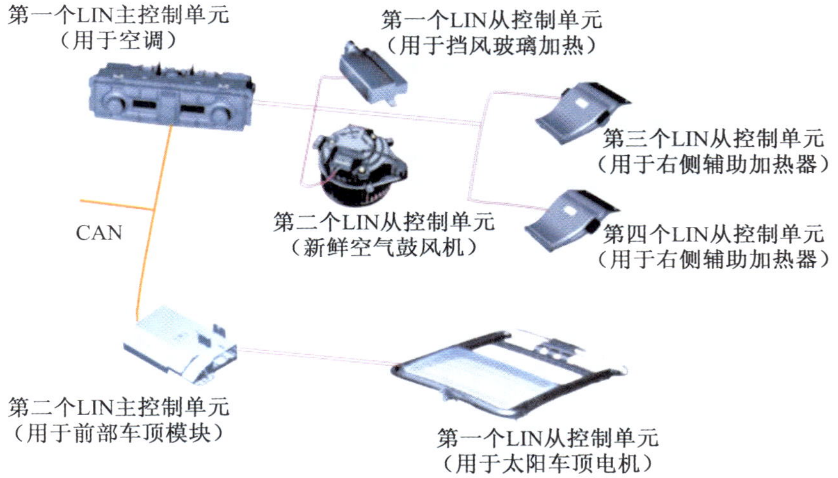

图 4-12　奥迪 A6L 轿车 CAN、LIN 总线与从控制器示意图

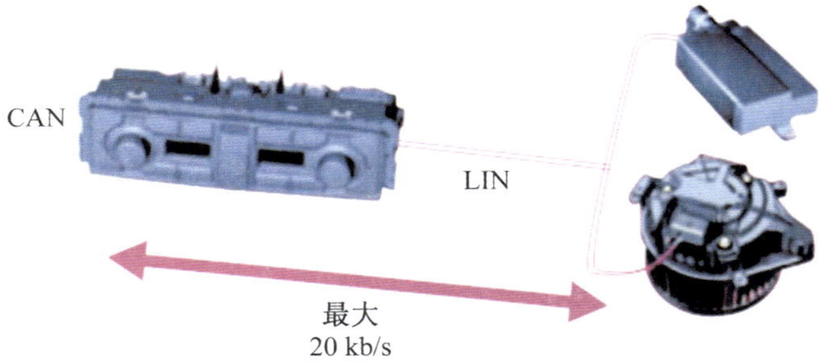

图 4-13　LIN 总线系统的数据传递

任务二　LIN 总线系统的检修

一、LIN 总线在汽车上的应用

(一)在丰田卡罗拉轿车上的应用

在卡罗拉轿车上,多路通信系统(LIN)用来控制车身系统 ECU 之间的通信,主要包括车门系统 LIN 通信系统、认证系统 LIN 通信系统、空调 LIN 通信系统。各系统示意图分别如图 4-14、图 4-15、图 4-16 所示。

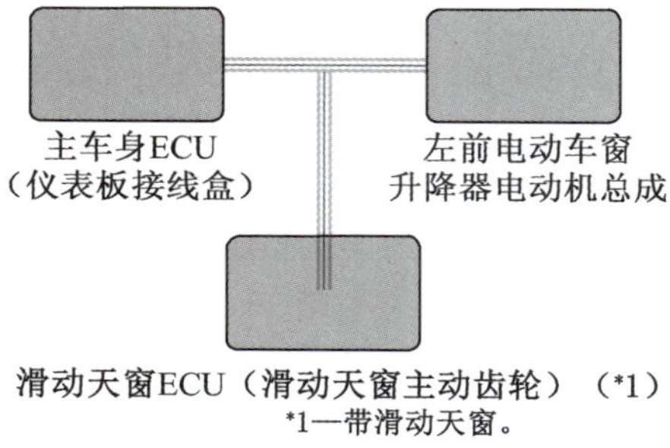

图 4-14　车门 ECU 总线

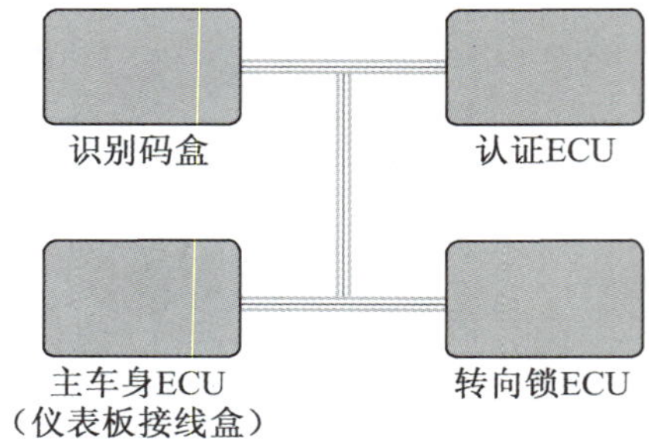

图 4-15　认证 ECU 总线

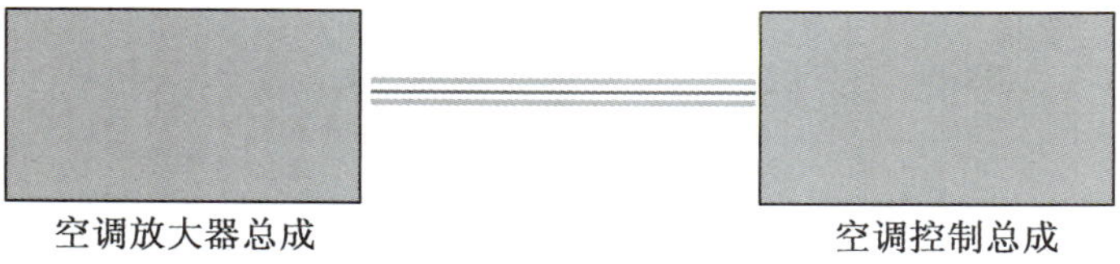

图 4-16　空调 ECU 总线

卡罗拉 LIN 总线故障排除的流程如图 4-17 所示。

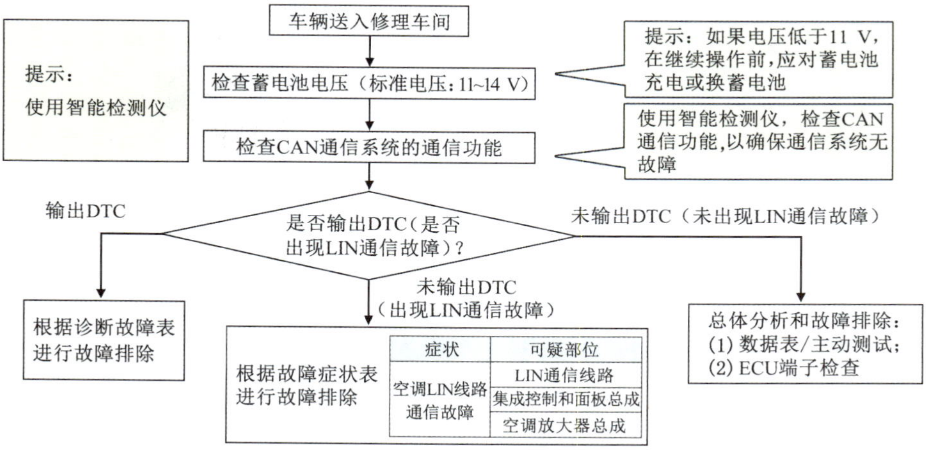

图 4-17　卡罗拉 LIN 总线故障诊断流程

下面以驾驶员侧车门 ECU 通信中止故障的排除为例进行分析。当左前电动车窗升降器电动机总成和主车身 ECU 之间的 LIN 通信中止 10 s 以上时，会输出故障码 B2321，故障部位主要在左前电动车窗升降器电动机总成、主车身 ECU、线束或连接器，相关电路如图 4-18 所示。

检查步骤如下：

（1）清除 DTC（诊断故障代码）。

（2）重新检查有无 DTC，如未输出 B2321 故障码，说明系统正常；如输出 B2321 故障码，则进行下一步检查。

(3)检查线束和连接器(主车身 ECU-左前电动车窗升降器电动机),如图 4-19 所示。

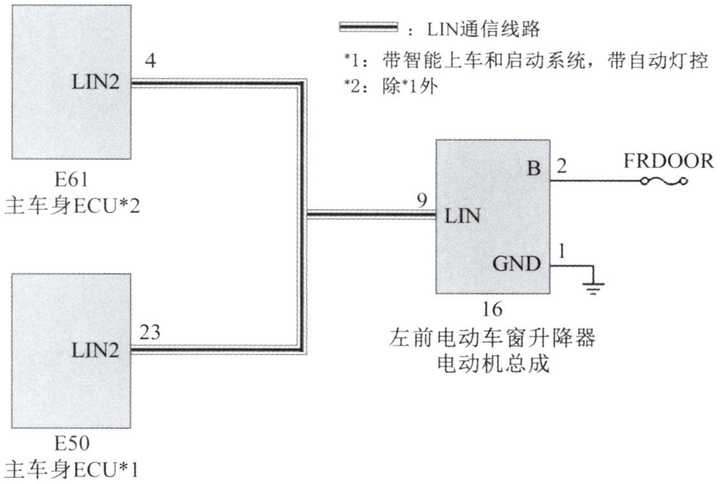

图 4-18　左前电动车窗升降器相关电路连接图

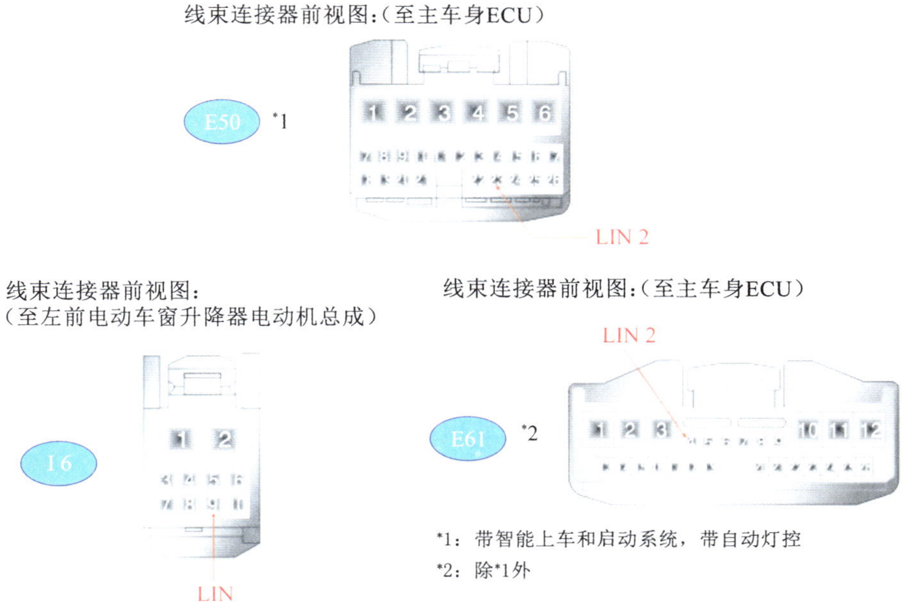

图 4-19　左前电动车窗各连接器端子图

(4)检查左前电动车窗升降器电动机总成。

①断开连接器 I6,如图 4-20 所示。

②测量电阻和电压是否符合表 4-1、表 4-2 的规定。

线束连接器前视图：
（至左前电动车窗升降器电动机总成）

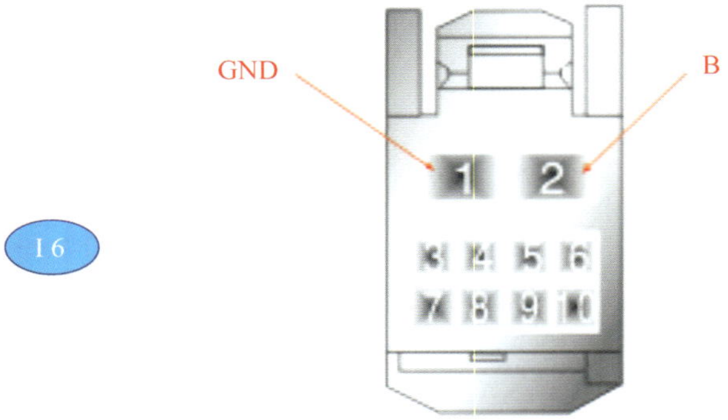

图 4-20　连接器 I6

表 4-1　标准电阻

检测仪连接	条件	规定状态
I6-1(GND)-车身搭铁	始终	小于 1 Ω

表 4-2　标准电压

检测仪连接	条件	规定状态
I6-2(B)-车身搭铁	始终	11～14 V

(5)更换左前电动车窗升降器电动机总成，清除 DTC。

(6)重新检查有无 DTC 码，如输出 B2321，则更换主车身 ECU(仪表接线盒)。

(二)在奥迪 A6L 轿车防盗系统中的应用

奥迪 A6L 轿车防盗系统中的 LIN 总线系统如图 4-21 所示。只有当 LIN 主控制单元发送出带有相应识别码的信息标题后，数据才会传到 LIN 总线。由于 LIN 主控制单元对所有信息进行全面监控，所以能够对车外的 LIN 导线进行控制。LIN 从控制单元只能回应，这样就不会通过 LIN 总线打开车门了。这种布置使得在车外安装 LIN 从控制单元(如在前保险杠内的车库门开启控制单元)成为可能。

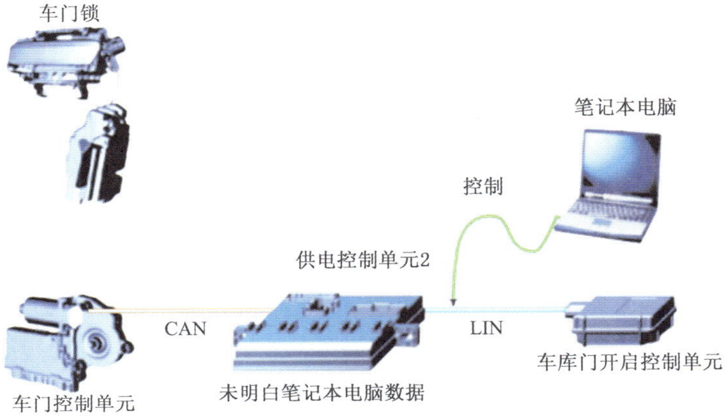

图 4-21　奥迪 A6L 轿车防盗系统中的 LIN 总线系统

二、LIN 总线波形分析

LIN 总线系统常见故障为：(1)LIN 总线相关组件上的供电或接地连接有故障；(2)LIN总线的伺服机构有故障；(3)主机控制单元有故障；(4)LIN 总线导线对蓄电池正极或对地短路；(5)断路或插头连接有故障。

LIN 总线组件供电或接地连接有故障，组件无法接收和发送总线数据信号。LIN 总线发生故障后，同样将无法传输数字信息，部分控制系统的 LIN 总线主控制单元将采用冗余信息进行应急控制，例如车灯开关控制。

(一)LIN 总线的正常波形

用示波器测量 LIN 总线的正常波形，示波器设置为横轴时间 500～1000 μs/Div，纵轴电压 5 V/Div，测量波形如图 4-22 所示，电压在 0 V 至车载工作电压间变化。

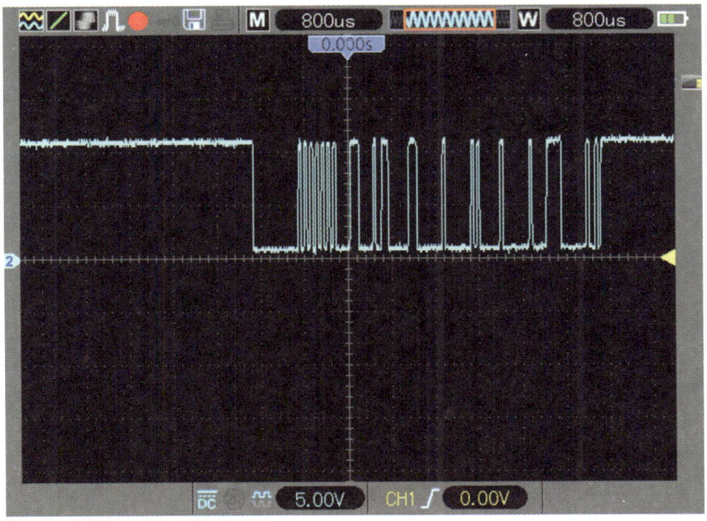

图 4-22　LIN 总线的正常波形

(二)LIN 总线对蓄电池正极短路的故障波形

LIN 总线对蓄电池正极短路的故障波形如图 4-23 所示,无方波信号,呈现为一条直线。

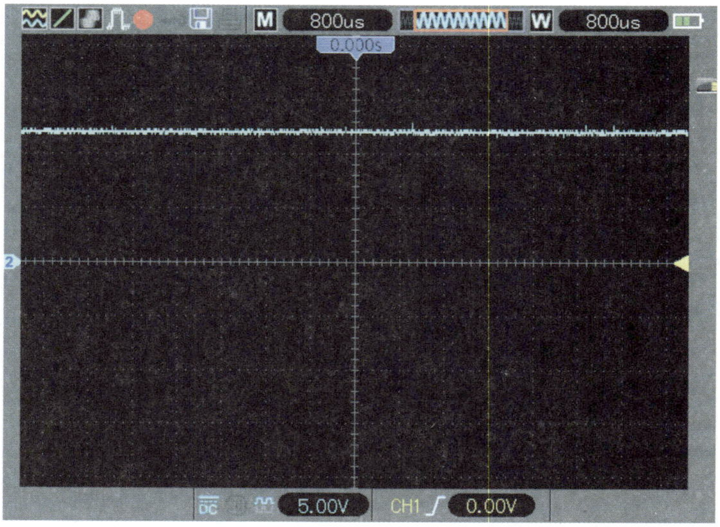

图 4-23　LIN 总线对蓄电池正极短路的故障波形

(三)LIN 总线对负极搭铁短路的故障波形

LIN 总线对负极搭铁短路的故障波形如图 4-24 所示,无方波信号,呈现为一条直线。

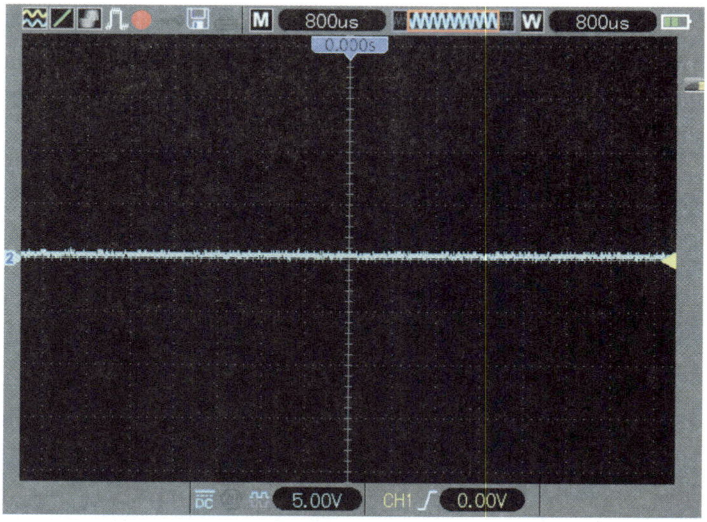

图 4-24　LIN 总线对负极搭铁短路的故障波形

(四)LIN 总线对 CAN-H 线短路的故障波形

LIN 总线对 CAN-H 线短路的故障波形如图 4-25 所示,LIN 总线上加载了 CAN-H 线信号后,LIN 总线整体隐性电压被拉低至 7 V 左右,显性电压无法达到最低电位,方波信号不正常，无法通过预先设定的公差值来保证数据传输的稳定性。

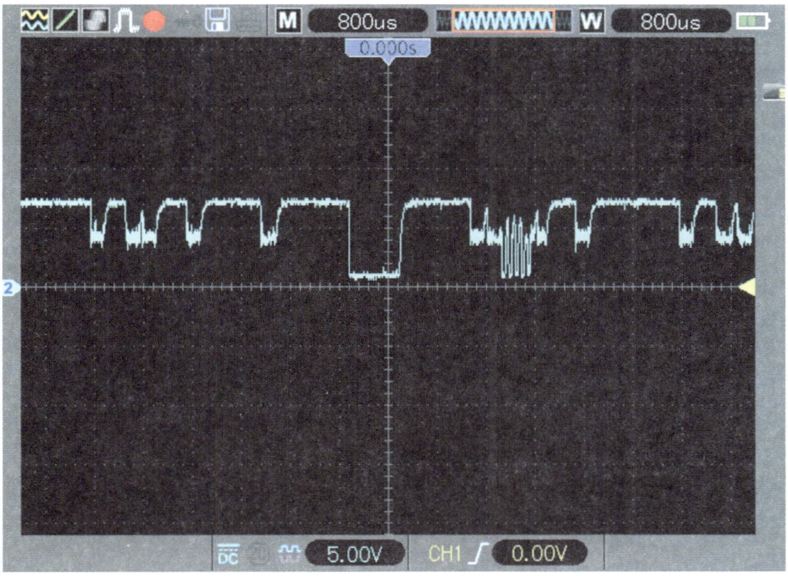

图 4-25　LIN 总线对 CAN-H 线短路的故障波形

（五）LIN 总线对 CAN-L 线短路的故障波形

LIN 总线对 CAN-H 线短路的故障波形如图 4-26 所示，LIN 总线上加载了 CAN-L 线信号后，LIN 总线整体隐性电压被拉低至 7 V 左右，显性电压无法达到最低电位，方波信号不正常，无法通过预先设定的公差值来保证数据传输的稳定性。

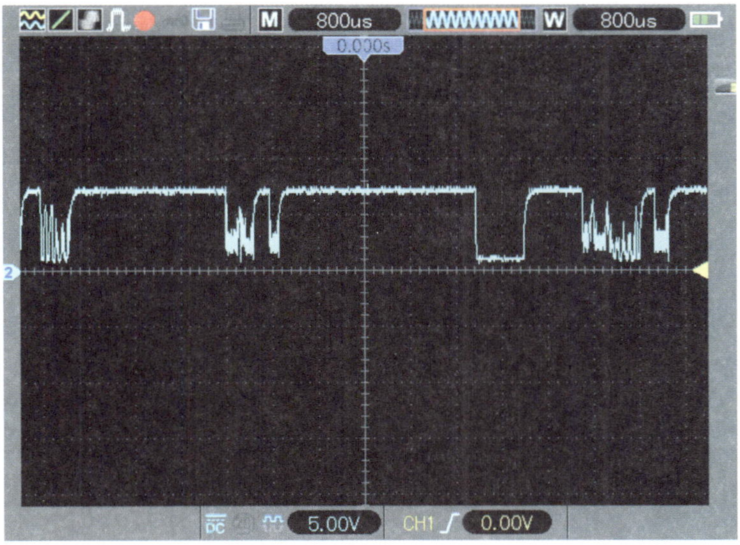

图 4-26　LIN 总线对 CAN-L 线短路的故障波形

★案例拓展

案例一　波罗轿车 LIN 总线系统故障的检测

1. 案例描述

一辆 2006 年出厂的 POLO 劲情 1.4L 手动挡轿车，玻璃升降器不能正常工作。用左前门上的玻璃升降器组合开关不能控制其他 3 个车门玻璃，但是各个车门上的玻璃升降器开关可以控制玻璃的升降。客户反映，此故障曾在几家修理厂检修过，但都没能解决问题。

2. 故障分析过程

该车的舒适系统与老款 POLO 有所不同。老款 POLO 的舒适系统采用 CAN 总线双线连接，如果有一根高位线或低位线断路，不会影响整个舒适系统的工作。而新款 POLO 舒适系统的内部通信用的是 LIN 总线单线连接，如果 LIN 总线断路，舒适系统的控制信号将会受到影响。除此之外，新老 POLO 各个车门的控制单元都是共用一个熔丝提供正极电源。新款 POLO 各个车门相互之间及与舒适系统控制单元之间的信息交换，就是靠 LIN 总线，所以该车故障可能就出现在这条线路上。

由于其他车门的开关可以控制各自玻璃的升降，说明电源没问题，故障应该出在总开关、线路或舒适系统控制单元上。

3. 故障点确认

用万用表测量线路，驾驶员侧车门控制单元与其他车门控制单元和舒适系统控制单元之间的 LIN 总线不通，测量电阻为无穷大，而舒适系统及其他 3 个车门之间的 LIN 总线正常，看来故障就出在这条通信线路上面。

顺着线路的布置方向检查，在左前车门与 A 柱连接插头处发现插头已经严重锈蚀。原来该车曾经安装过防盗报警器，将插头上的防尘罩破坏了，从而造成密封不良。由于雨水或洗车等导致此处插头进水，时间长了使插头产生严重锈蚀，造成左前门控制单元与舒适系统其他控制单元之间的通信中断。

4. 排除故障

更换线束或者用专用的线束修理工具把损坏的接头修复。

案例二　宝马轿车 LIN 总线系统故障的检测

1. 案例描述

一辆 2017 年出厂的宝马 3 系 320Li，行驶了 5×10^{4} km。客户反映车辆运行时，车灯开关处于关闭状态时前照灯常亮，变光功能正常，通过车灯开关无法关闭车灯。技师与客户一起试车，确定故障现象存在。

2. 故障查修

导致该故障的原因较多，如车灯开关故障、车灯开关供电或搭铁断路、LIN 总线对正极短路或断路、LIN 总线对负极短路等。因总线有自诊断功能，故读取故障码，如图 4-27 所示，显示为“灯开关、LIN 总线、通信故障”。故障码与 LIN 总线相关，初步诊断应该为车灯开关 LIN 总线系统故障。诊断设备将故障指向 LIN 总线系统，所以先读取 LIN 总线系统波形。

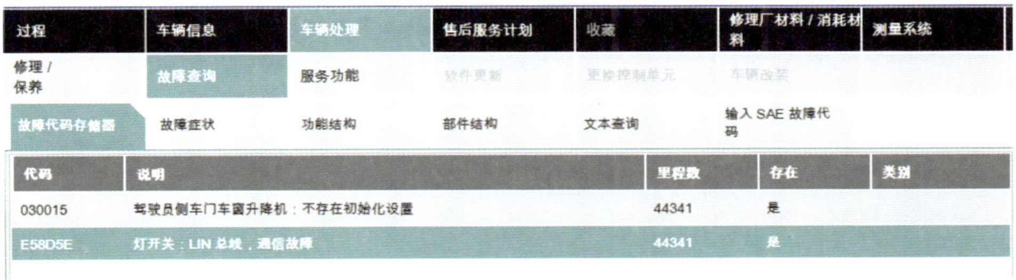

图 4-27　读取故障诊断代码

LIN 总线的正常波形如图 4-28 所示。

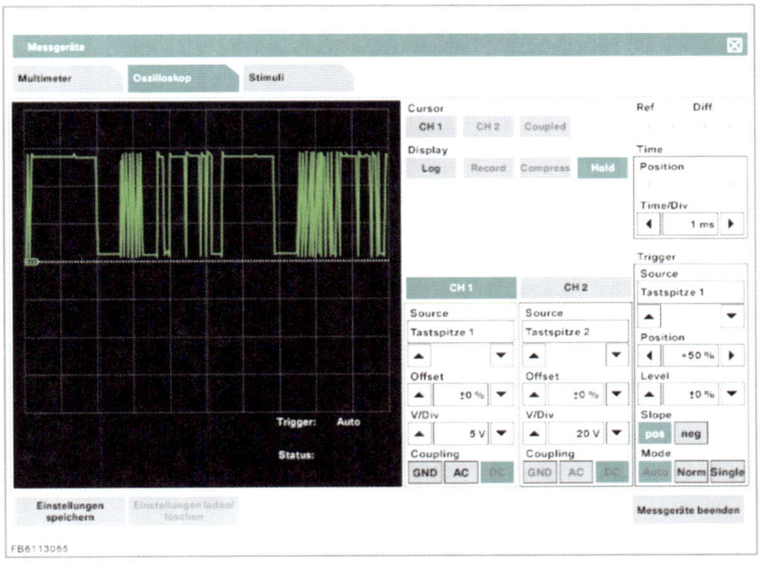

图 4-28　LIN 总线的正常波形

通过对实车进行故障波形测量，LIN 总线的波形如图 4-29 所示。LIN 总线的波形为一条 0 V 的直线，根据波形判断该故障原因应为 LIN 总线对地短路。

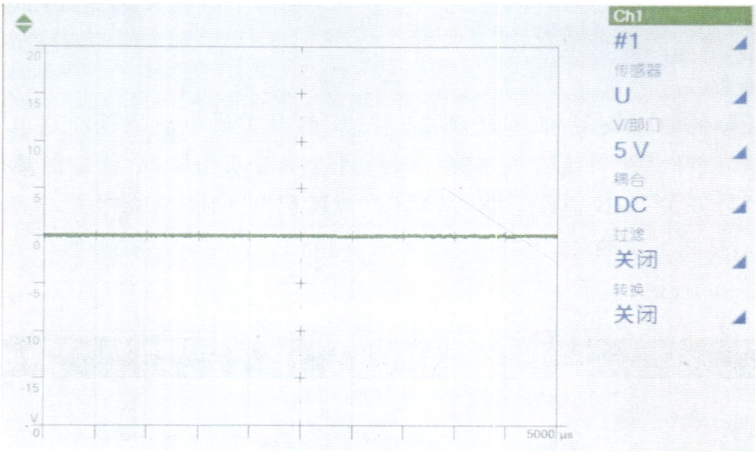

图 4-29 LIN 总线的故障波形

3. 故障点查询

总线故障点一般在总线线路的某个连接点、导线本身或模块上。查阅灯光控制电路，分析如图 4-30 所示的车灯控制电路图。

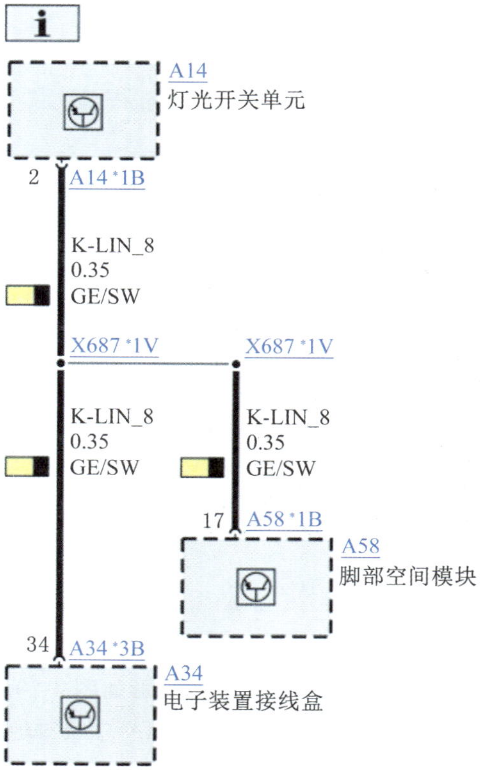

图 4-30 灯光开关控制电路图

灯光开关LIN总线上连接的模块较少，由灯光开关模块、脚部空间模块、电子装置接线盒模块组成，分析造成LIN总线对地短路的故障主要集中于3个模块本身和线束上，利用排除法缩小故障范围。分析步骤如下：(1)脚部空间模块用于控制车灯等电气系统，灯光变光工作正常，说明脚部空间模块工作正常；(2)电子装置接线盒模块负责整车电气系统电力分配，除车灯开关工作故障外，其他电气系统正常，说明电子装置接线盒模块工作正常；(3)故障点集中在灯光开关和LIN总线上，断开灯光开关后测量LIN总线的信号，信号波形如图4-31所示。车载电压为0～12 V，以方波的形式变化，波形正常。由此判断是车灯开关内部损坏，从而造成LIN总线的波形不正常。

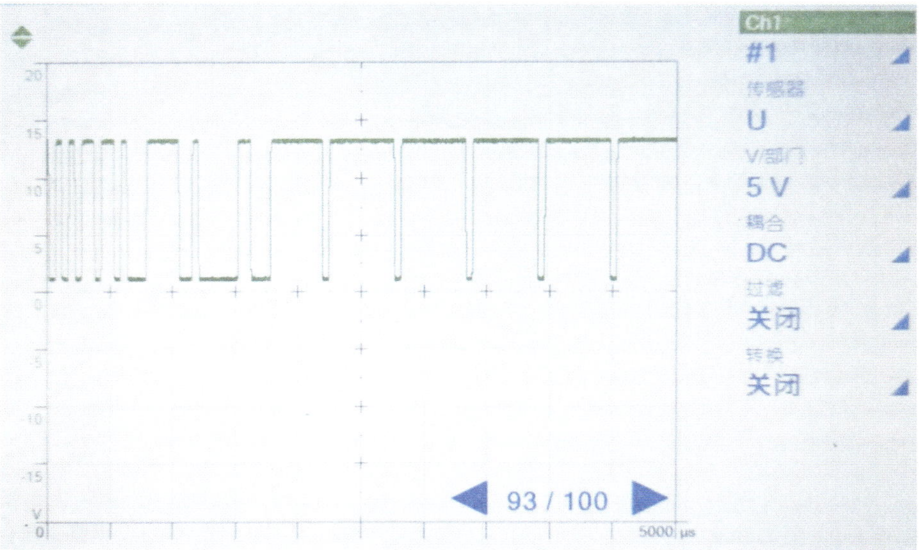

图4-31　LIN总线的故障波形

4. 故障点确认

车灯开关内部LIN总线对地短路。

★任务实施

LIN总线系统的实车故障检修

学　　院		专　　业	
姓　　名		学　　号	
小组成员		组长姓名	

实训目标：

1. 能够依据接待要求，独立完成接待问诊工作。
2. 能够结合客户车辆的故障现象，根据维修手册初步判断故障范围。
3. 能够根据故障现象及客户的咨询信息，依据维修手册及操作规范和标准，制定车辆的初步维修方案。
4. 能够根据维修方案合理地选择维修工具及设备并正确设置测量参数，完成LIN信号波形的测量。
5. 能够依据检测数据的分析结果，结合故障现象，独立准确地判断故障原因。
6. 通过团队合作，规范地完成车辆检修工作。

一、接受工作任务	成绩：

汽车服务站新接收了一辆2017年出厂的宝马3系320Li，行驶了5×10^4 km。据车主反映，车辆运行时车灯开关关闭时，前照灯常亮，变光功能正常，通过车灯开关无法关闭车灯。技师同客户一起试车，确定故障现象存在。

二、信息收集	成绩：

1. 客户信息登记：进店时间：____月____日____时，客户姓名：____________，电话：____________。
2. 客户车辆登记：车型：____________，车牌号码：____________，车辆的VIN：________________。
3. 车辆进店时里程数：____________，油量/电量：____________，车上故障灯：□无　□有（说明并备注一下）____。
4. 车辆外观检查情况：剐蹭痕迹：□无　□有（有的话标注在车辆登记表格中加以说明）____。
5. 车辆进店维修内容：____
6. 查找本车的维修手册________册，版本是____________。
7. 本车维修是：□单人进行　□双人进行　□需要技术支持协助完成。
8. 整车控制电路图：□完整　□不完整（若不完整，原因是：______________________________）。
9. 本次维修所用仪器设备准备情况：□齐全　□不齐全（若不齐全，原因是：______________________________）。
10. 本次维修需要的时长为__________。

11. 本次维修后需要提供给客户的资料有：____。

12. 本次维修后车辆清洗情况：□需要清洗　□不需要清洗。

三、制订计划	成绩：

1. 请根据车载网络子总线 LIN 的检测规范及要求，制订 LIN 子总线的认知及检测实训计划。

2. 请根据维修作业计划，完成小组成员任务分工。

操作人		记录员	
监护人		展示员	

作业注意事项

(1)实训开始前应摘掉各类饰品，换上实训服，长头发应挽起固定于脑后。
(2)整车实训时应确保点火开关处于 Lock 位置，操作另有要求的除外。
(3)就车工作时，应施加驻车制动，除非特定操作要求置于其他挡位。
(4)举升车辆时应按照规范进行，避免发生意外事故。
(5)工具使用后，应清洁并归还原处。

检测设备/工具/材料

序号	名称	数量	清点
			□已清点
			□已清点
			□已清点
			□已清点
			□已清点
			□已清点
			□已清点
			□已清点
			□已清点

<table>
<tr><td>四、计划实施</td><td>成绩：</td></tr>
<tr><td colspan="2">1. 请根据 LIN 子总线的认知及检测实训要求，完成汽车维修作业前的车辆检查及防护，并记录信息。
(1)作业前车辆的检查及防护。</td></tr>
<tr><td></td><td>作业内容：

作业结果：</td></tr>
<tr><td colspan="2">(2)作业前检测工具的检查。</td></tr>
<tr><td>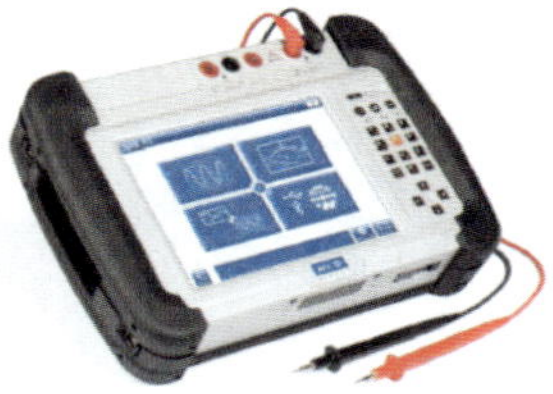</td><td>作业内容：

作业结果：</td></tr>
<tr><td colspan="2">2. 维修信息查询。
(1)作业前维修手册查询。</td></tr>
<tr><td>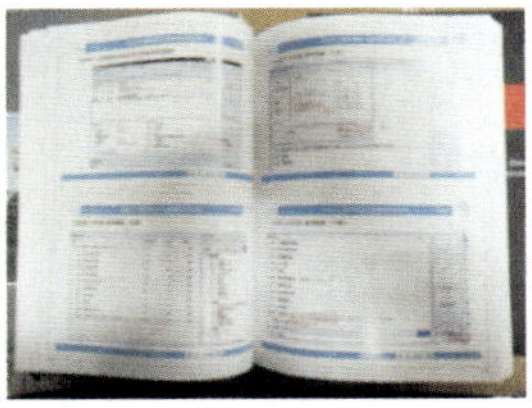</td><td>作业内容：

作业结果：</td></tr>
<tr><td colspan="2">(2)画出 LIN 总线系统连接方框图。</td></tr>
<tr><td>该系统 LIN 总线
连接方框图</td><td></td></tr>
</table>

(3)测量针脚记录。

测量模块	测量针脚	标准参数

3. 系统组件功能检查。

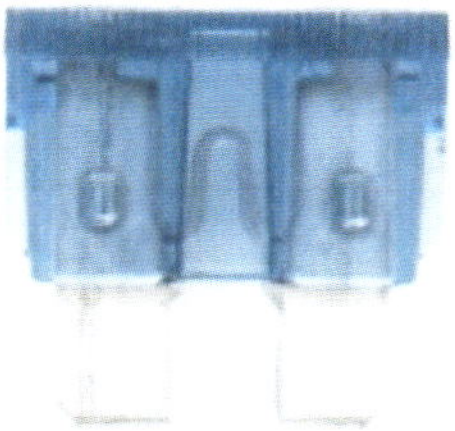	保险丝	车灯开关	□正常 □熔断
		灯光控制模块	□正常 □熔断
		车灯	□正常 □熔断
	车灯开关	车灯开关外观	□正常 □破损 □脏污
		小灯挡位功能	□正常 □不正常
		大灯挡位功能	□正常 □不正常
		前、后雾灯功能	□正常 □不正常
		仪表灯亮度调节	□正常 □不正常
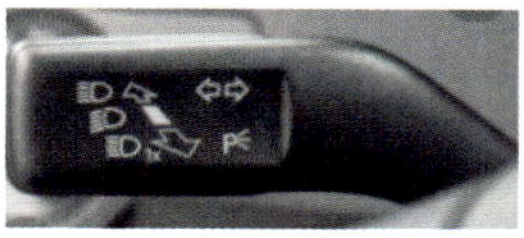	变光开关	远、近光功能	□正常 □不正常
		左、右转向功能	□正常 □不正常

4. 测量工具参数设置。

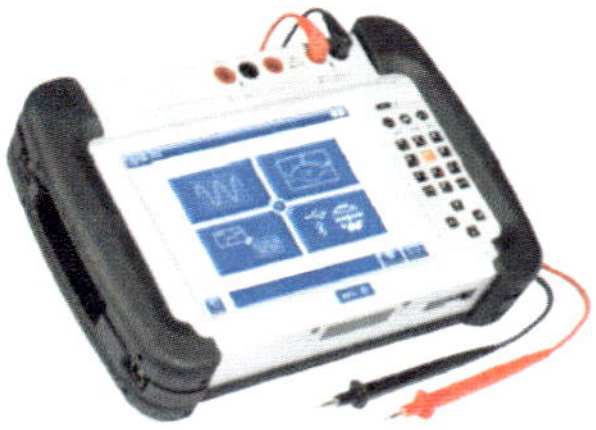	挡位选择	时间设置 □/Div	幅值设置 □/V
	□万用表 □示波器	□ 5 s □5 ms □5 μs □5 ns	□1 V □2 V □5 V □20 V

5. 测量工具连接。	
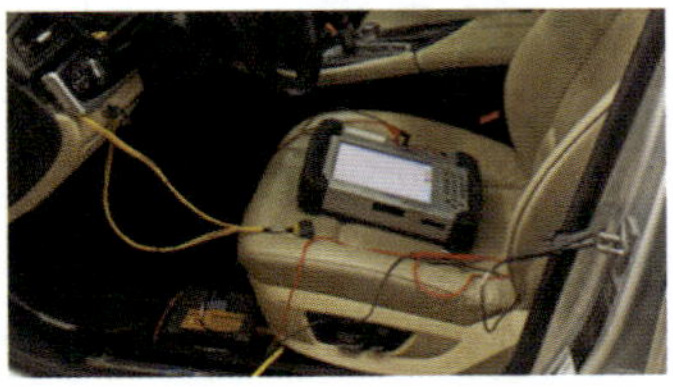	
6. 测量数据对比。	
测量波形	标准波形
	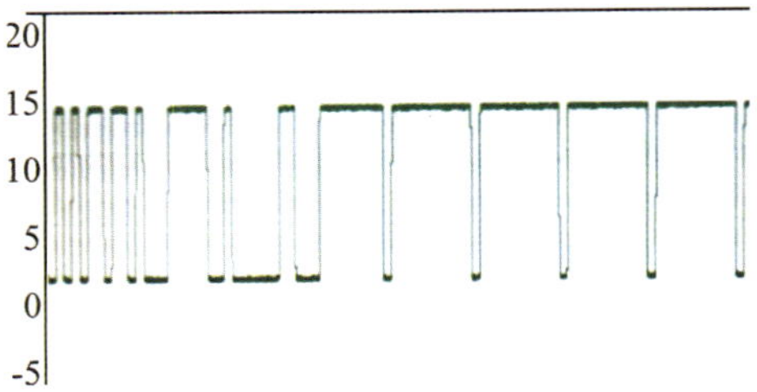
7. 测量结果判定。	
测量结果分析	
故障部位确认	

五、质量检查	成绩：
请实训指导教师检查本实训作业结果，并针对实训过程中出现的问题提出改进措施及建议。	

序号	评价标准	评价结果
1	维修作业前检查及车辆防护	
2	维修手册查询	
3	检测工具使用	
4	测量结果分析	

综合评价	☆ ☆ ☆ ☆ ☆
综合评语 （作业问题及改进建议）	

六、评价反馈	**成绩：**

1. 请根据自己在课堂中的实际表现进行自我反思和自我评价。

自我反思：

自我评价：

2. 实训成绩单。

项目	评分标准	分值	得分
接受工作任务	明确工作任务，理解任务在企业工作中的重要程度	5	
信息收集	完整、准确地收集信息	10	
制订计划	按照 LIN 总线系统的检测规范及要求，制订合适的行动计划	10	
	能协同小组人员安排任务分工	5	
	能在实施前准备好所需要的工具和器材	5	
计划实施	规范地进行场地布置及工具检查	5	
	识别 LIN 总线在实车上的应用	10	
	检查 LIN 总线系统模块组成部件	10	
	检查 LIN 总线系统的工作电压	10	
	检查 LIN 总线系统的信号波形	10	
质量检查	学生任务完成，操作过程规范	10	
评价反馈	学生能对自身表现情况进行客观评价	5	
	学生在任务实施过程中发现自身问题	5	
得分（满分 100）			

★学习评价

1. 填空题

(1)LIN 总线是一种辅助的______行通信总线网络，多用于不需要______总线的带宽和多功能的场合。

(2)LIN 的典型应用是车上__________和____________的联网。

(3)按 SAE 的车上网络等级标准，LIN 属于汽车上的________级网络。

(4)LIN 采用________________带信息标识的广播式信息传输方式，网络节点根据在通信中的地位分为____________和______________。

(5)LIN 总线的传输速率可达______，通常一个 LIN 网络上节点数目小于______个。

(6)LIN 系统的信号波形的隐性电压为________，显性电压为________。

2. 选择题

(1)LIN 总线属于(　　)传输模式。

A. 单线　　B. 双线　　C. 三线

(2)LIN 总线的工作电压为(　　)。

A. 12 V　　B. 5 V　　C. 24 V

(3)关于 LIN 总线，下列说法错误的是(　　)。

A. LIN 总线是线性单线结构　　B. 通信速率是 19.2 kb/s

C. 信息是单向传输的

3. 简答题

(1)LIN 系统的特点有哪些？

(2)试在图 4-32 中画出用示波器读取到的 LIN 网络正常工作时的信号波形。

(3)试在图 4-33 中画出 LIN 网络系统断路时的信号波形。

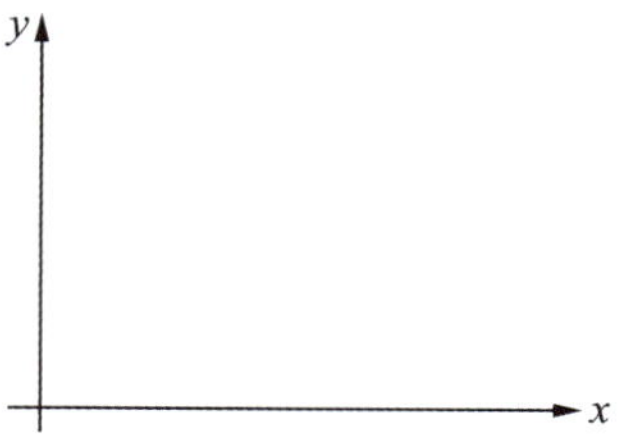

图 4-32

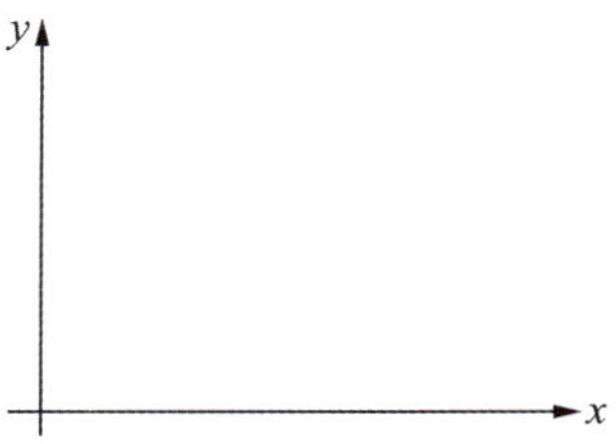

图 4-33

★知识拓展

1. LIN 的发展简史

(1)1998 年 10 月,在德国 Baden-Baden 召开的汽车电子会议上,LIN 总线的设想首次被提出。

(2)1999 年, LIN 联盟成立(最初的成员有奥迪、宝马、克莱斯勒、摩托罗拉、博世、大众和沃尔沃)。

(3)2000 年, LIN 联盟开始接收第一批成员。

(4)2001 年,第一辆使用 LIN 总线的汽车下线。

(5)2002 年, LIN 规范 V.1.3 版本发布。

(6)2003 年, LIN 规范 V.2.0 版本发布。

(7)2004 年, LIN 总线一致性测试规范发布。

(8)2006 年, LIN 标准规范 V.2.1 版发布。

(9)2010 年, LIN 规范包 Specification Package Revision 2.2A 发布。

2. LIN 联盟

LIN 联盟最初由奥迪、宝马、克莱斯勒、摩托罗拉、博世、大众和沃尔沃等整车厂及芯片制造商创立,目的是推动 LIN 总线的发展,并且发布和管理 LIN 总线规范,制定一致性测试标准和认证一致性测试机构。该联盟正努力将 LIN 总线推广为国际标准。

3. LIN 的应用

典型的 LIN 总线应用是汽车中的联合装配单元,如门、方向盘、座椅、空调、照明灯、湿度传感器、交流发电机等。对于这些成本比较敏感的单元,LIN 可以使那些机械元件如智能传感器、制动器或光敏器件得到较广泛的使用。这些元件可以很容易地连接到汽车网络中并得到十分方便的维护和服务。在 LIN 实现的系统中,通常将模拟信号量用数字信号量替换,这将使总线性能优化。

项目五

MOST总线系统的检测与修复

★工作情景描述

一客户送来一辆奥迪A8轿车，经过检查发现该车的MOST总线系统出现了故障，要求给予维修。要完成这个工作任务，首先要知道汽车MOST总线系统的结构与原理、在车上的具体应用及MOST总线的检测方法。下面就分步来完成本项目的学习。

★学习目标

通过学习，应达到以下目标：①熟悉MOST总线系统在汽车上的作用；②掌握MOST总线系统的组成及结构；③能够找出MOST总线系统元器件在汽车上的安装位置；④能对MOST总线系统的各种常见故障进行诊断。

★知识准备

任务一　MOST 总线系统的工作原理

一、MOST 总线概述

(一)MOST 的定义

面向媒体的传输系统(media oriented systems transport,MOST)是一种用于多媒体数据传送的网络系统。MOST 采用塑料光缆作为传输介质,将音响装置、电视、全球定位系统及电话等设备相互连接起来,给用户带来了极大的便利,主要用于信息娱乐系统的数据传输。采用 MOST 总线之后,不仅可以大大提高传输速度,还可以减轻连接各个部件之间线束的质量、降低噪声,而且其支持"即插即用"方式,在网络上可以随时添加和去除设备,实现各种设备的集中控制。MOST 在汽车上的应用如图 5-1 所示。

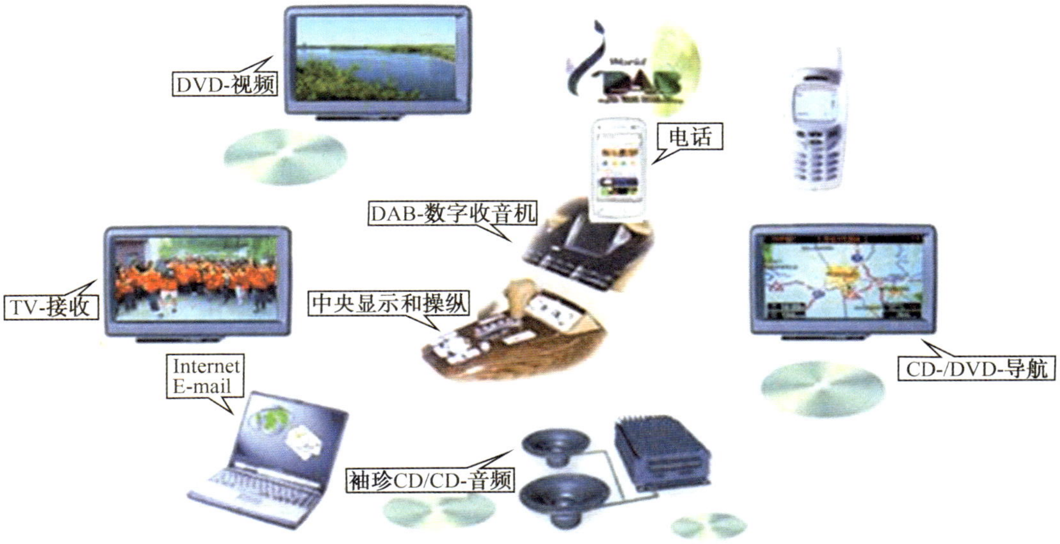

图 5-1　奥迪 A6L 轿车的信息及娱乐多媒体服务系统

(二)MOST 的发展历史

MOST 始于 20 世纪 90 年代中期,是宝马公司、戴姆勒-克莱斯勒公司等公司之间的联合项目。1998 年,参与各方建立了一个自主的实体,即 MOST 协作组织,由它控制总线的定义工作,并结合 17 家国际级的汽车制造商(carmaker)与超过 50 家的关键汽车组件供货商共同研发 MOST 技术。

(三)MOST 的特点

MOST 具有抗干扰、质量轻、传输速率高、成本低、即插即用、能够适应多种数据、强大的技术支持和设备供应等特点。

(四)MOST 的传输介质

MOST 网络采用光纤作为传输介质,如图 5-2 所示。

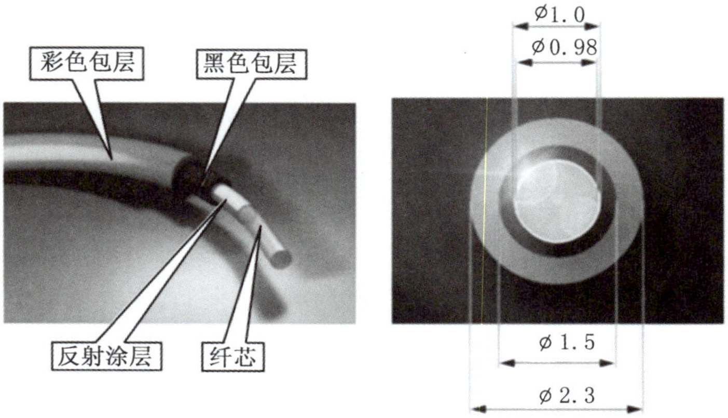

(a)外视图 (b)剖面图

图 5-2 光纤的结构

1. 光纤的结构

光纤由纤芯、反射涂层、黑色包层、彩色包层组成,如图 5-2 所示。纤芯是光纤的中心部分,由有机玻璃制成,其传输信号的原理是光的全反射原理。反射涂层由氟聚合物制成,包在纤芯周围,对纤芯的全反射起关键作用。黑色包层由尼龙制成,其作用是阻断外部光对纤芯和反射涂层的照射。彩色包层起识别、保护及隔温作用。

2. 光纤中光波的传送

(1)直的光纤:光纤以直线方式在内芯线中通过全反射传导部分光波,如图 5-3 所示。

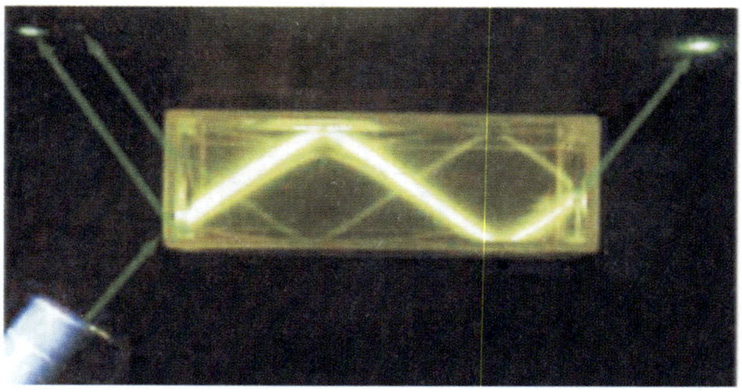

图 5-3 光的直线传导

(2)弯曲的光纤:发生在纤芯覆盖层边缘的全反射使得光波被反射,进而被传导通过弯曲部分,如图 5-4 所示。

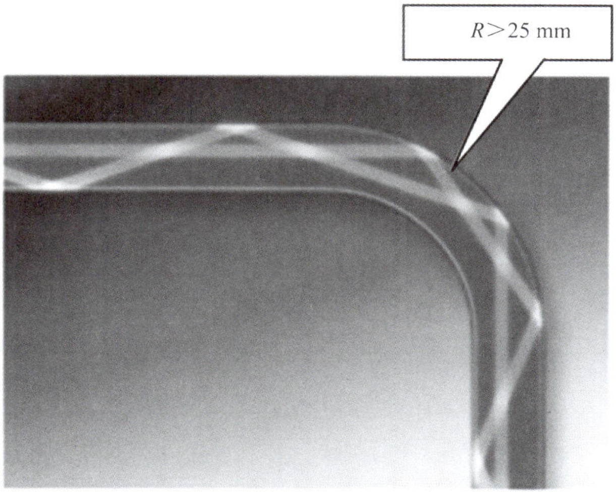

图 5-4 光波在弯曲光纤中的传导

(3)过度弯曲的光纤：如果光纤的弯曲角度太大，则会发生折断，此时，光波就会离开内芯线而产生很高的损耗，如图 5-5 所示。由图 5-5 可以看出，光纤的弯曲半径必须要大于 25 mm。

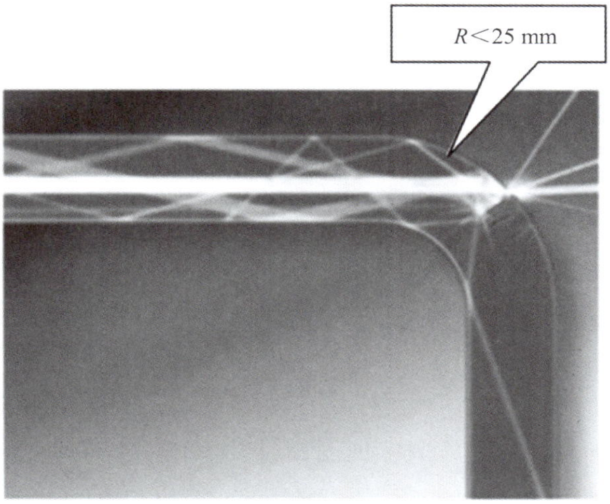

图 5-5 光波在过度弯曲的光纤中的传导

二、MOST 的结构及工作原理

(一)MOST 的基本结构

1. 节点结构

MOST 的节点结构如图 5-6 所示。MOST 网络可以连接基于不同内部结构和内部实现技术的节点。MOST 的拓扑结构可以是环形网或星形网。

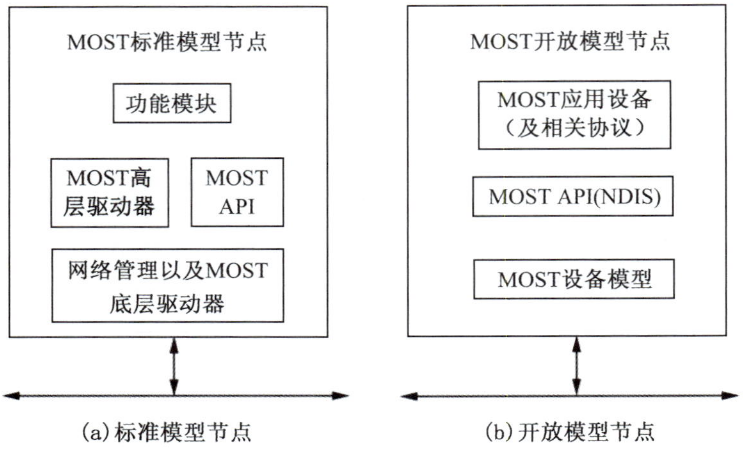

图 5-6　MOST 的节点结构

2. 设备

MOST 设备建立在 MOST 系统服务层上，可以向系统申请用于实时数据传送的带宽，还可以访问网络和发送/接收数据。在 MOST 网络中，这些设备可以协同工作，它们之间可以同时传送数据流、控制信息和数据报文。典型 MOST 设备的硬件结构如图 5-7 所示，其中 RX 表示输入信号，TX 表示发送信号，Ctrl 表示控制信号。

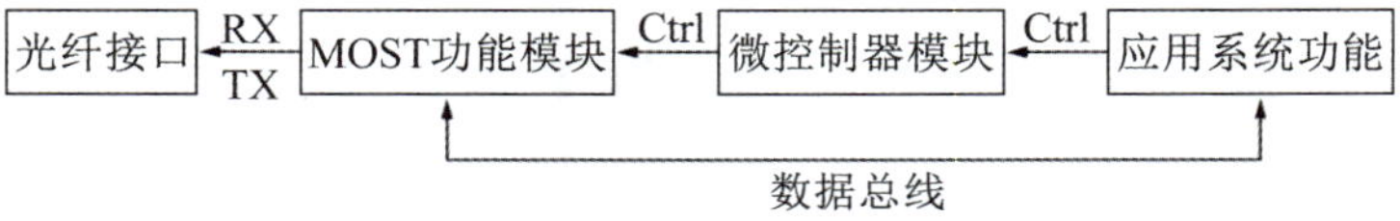

图 5-7　MOST 设备的硬件结构

(二)MOST 的控制单元

MOST 的控制单元如图 5-8 所示。

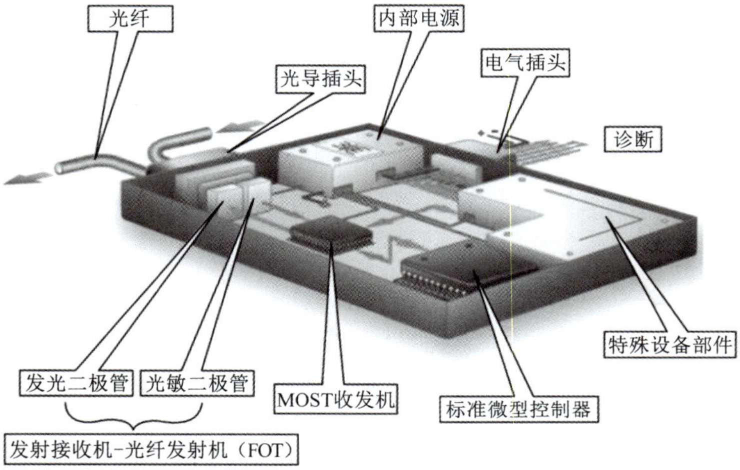

图 5-8　MOST 的控制单元

(1)光纤和光导插头:通过光导插头,光信号进入控制单元或将产生的光信号传送到下一个总线用户,如图 5-9 所示。

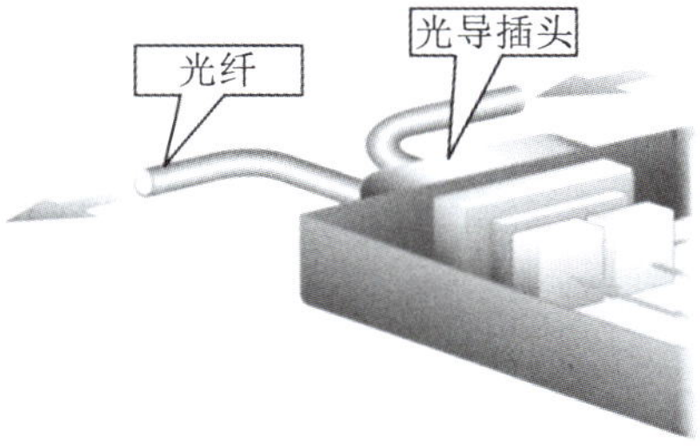

图 5-9　光纤和光导插头

(2)内部电源:将电源分配给其他各个部件。

(3)电气插头:用来连接电源、环状故障诊断和输入与输出信号。

(4)收发单元:主要作用是将入射的光信号转换成电压信号传送至收发机。

(5)MOST 收发机:由发射机和接收机 2 个部件组成,主要进行信息的发射和接收。

(6)专用部件:用于控制某些专用功能,例如 CD 播放机和收音机调谐器。

(7)标准微型控制器:是控制单元的核心元件,内部有一个微处理器,用于操纵控制单元的所有基本功能。

(8)光纤:将在某一控制单元发射机内产生的光波传送到另一控制单元的接收器,如图 5-10 所示。

(9)插头:为了使光纤与控制单元更好地连接,采用一种专用的插头,如图 5-11、图 5-12 所示。

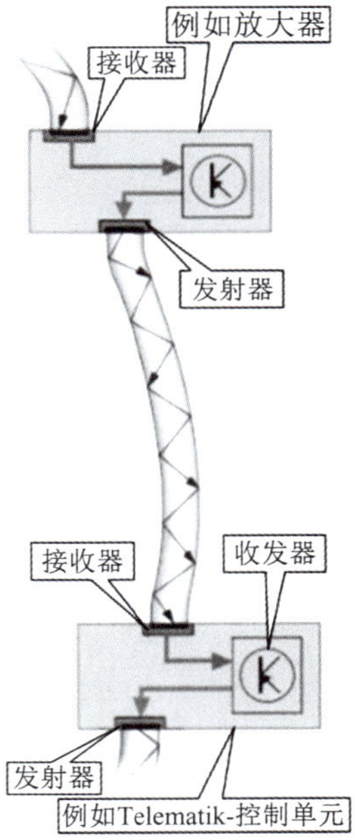

图 5-10　光波在光纤中的传送

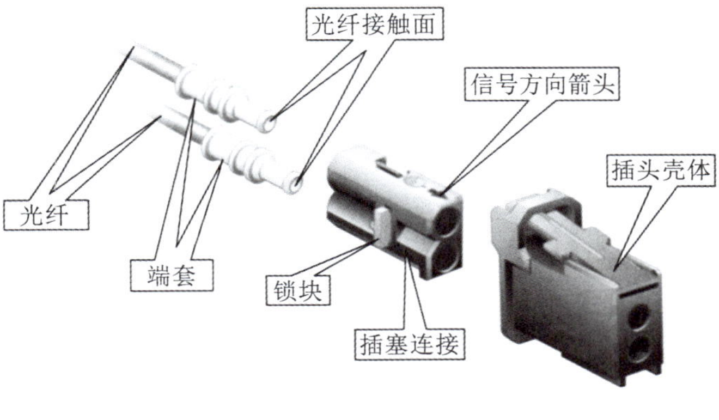

图 5-11　光纤的插头

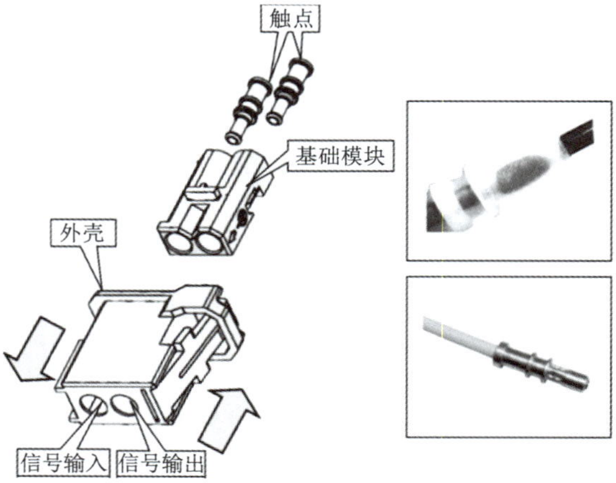

图 5-12　光纤的连接

(三)MOST 总线的结构

MOST 总线采用环形结构,如图 5-13 所示。在环形结构中,控制单元通过一根光纤将数据传送至下一个控制单元,因此形成了一个闭合的环路。MOST 总线的诊断是借助于数据总线的诊断接口和诊断 CAN 进行的。

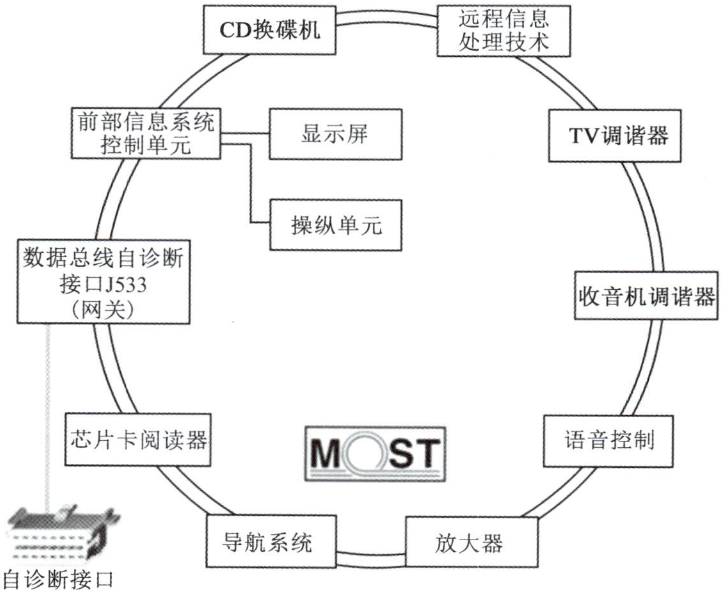

图 5-13　MOST 总线的环形结构

(四)MOST 总线的系统状态

1. 睡眠状态

睡眠状态如图 5-14 所示,MOST 总线中没有数据交换,设备被切换至备用模式,只有系统管理器发出光学起始脉冲后才被激活。

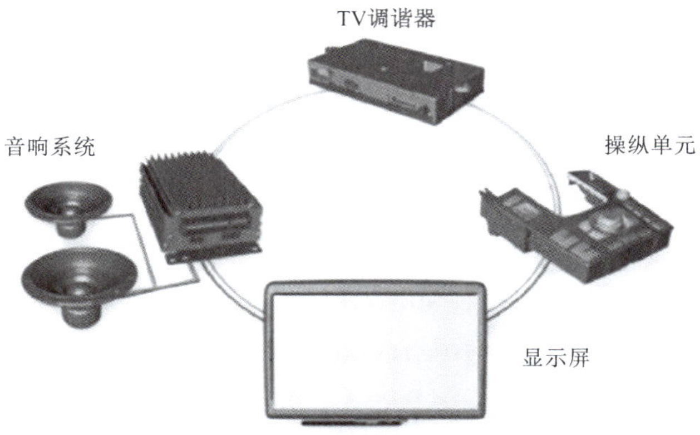

图 5-14　MOST 总线的睡眠状态

2. 备用状态

在此状态下，MOST 总线仍在后台工作，但所有的输出媒介（显示屏、音频放大器等）都不工作或不发声，如图 5-15 所示。此模式在启动和系统运行时被激活。

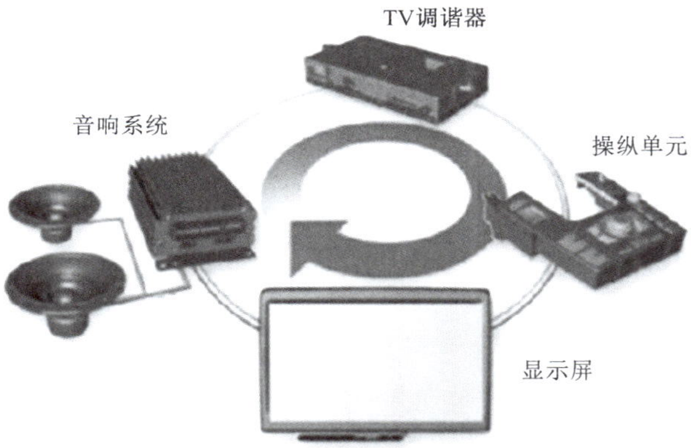

图 5-15　MOST 总线的备用状态

3. 通电工作状态

此时控制单元被完全激活，数据在 MOST 总线上进行交换，用户可以使用所有的功能，如图 5-16 所示。

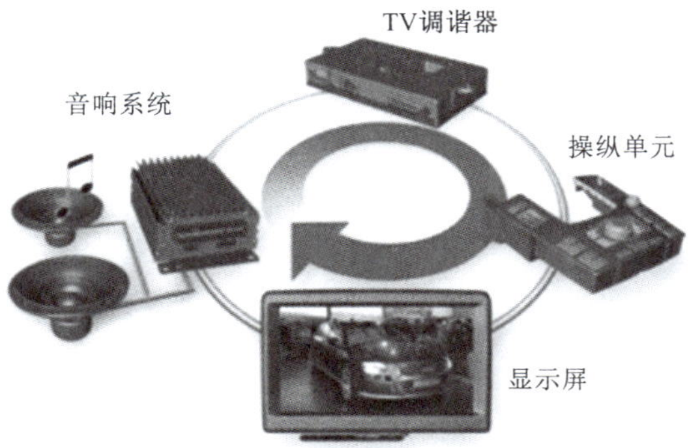

图 5-16　MOST 总线的通电工作状态

任务二　MOST 总线系统的检修

一、诊断管理器

MOST 总线有一个诊断管理器，如图 5-17 所示。该管理器执行环形中断诊断，并将 MOST 总线上的控制单元诊断数据传给诊断控制单元。

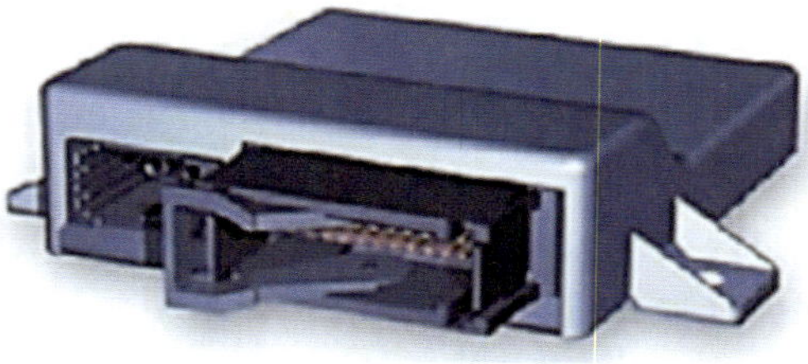

图 5-17　奥迪 A6L 轿车的诊断管理器

二、系统故障

由于采用了环形结构，某一个 MOST 总线位置上数据传送的中断被称为环形结构中断。产生故障的原因可能为：(1)光纤中断；(2)发射机或接收机控制单元的电源发生故障；(3)发射机或接收机控制单元发生故障。

三、环形结构的故障诊断

对于环形结构的故障诊断，要借助于诊断导线进行。可以通过中央接线连接装置将诊断导线连接至每个控制单元，如图 5-18 所示。

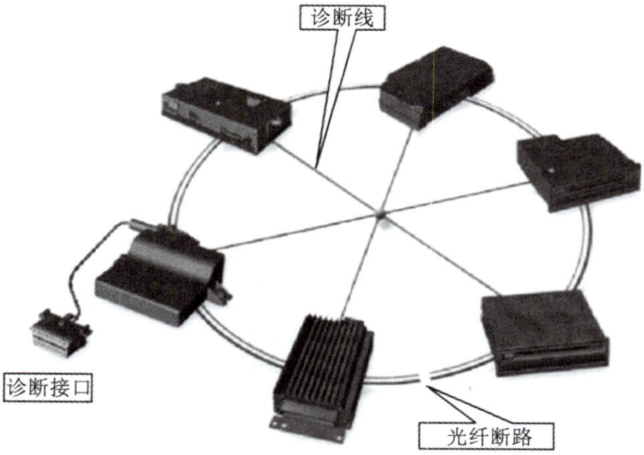

图 5-18　利用诊断导线执行故障诊断

★任务实施

MOST 总线系统实车故障诊断

学　　院		专　　业	
姓　　名		学　　号	
小组成员		组长姓名	

实训目标：

1. 能够依据接待要求，独立完成接待准备工作。
2. 能够说出实车上应用的车载网络系统的分类。
3. 能够根据客户的咨询信息，依据维修手册说出实车车载网络系统的具体应用。
4. 能够根据维修手册技术标准，结合客户车辆配置情况，独立找到汽车常用网络系统的安装部位。
5. 能够使用常用工具，与他人合作规范地完成汽车网络系统基本认识及检测工作。
6. 通过团队合作，规范地完成车辆检修工作。

一、接受工作任务	成绩：

汽车服务站新接收了一辆奥迪 A6L 3.0 轿车，据车主反映，该车充好电后只要关闭点火开关一段时间，多媒体交互(MMI)系统再打开时就无法工作。技师王强首先委派学徒工石磊检测了该车的 MOST 网络，并要求其对检测过程及结果等情况进行记录。

二、信息收集	成绩：

1. 客户信息登记：进店时间：____月____日____时，客户姓名：____________，电话：____________。
2. 客户车辆登记：车型：____________，车牌号码：____________，车辆的 VIN：____________。
3. 车辆进店时里程数：__________，油量/电量：__________，车上故障灯：□无　□有(说明并备注一下)____。
4. 车辆外观检查情况：剐蹭痕迹：□无　□有(有的话标注在车辆登记表格中加以说明)____。
5. 车辆进店维修内容：____。
6. 查找本车的维修手册____册，版本是____________。
7. 本车维修是：□单人进行　□双人进行　□需要技术支持协助完成。
8. 本车相应的车载网络系统应用检查：□CAN　□LIN　□MOST。整车控制电路图：□完整　□不完整(若不完整，原因是：________________________)。
9. 本次保养所用仪器设备准备情况：□齐全　□不齐全(若不齐全，原因是：________________________)。
10. 本次维修需要的时长为__________。

11. 本次维修后需要提供给客户的资料有：____。 12. 本次维修后车辆清洗情况：□需要清洗　□不需要清洗。	
三、制订计划	**成绩：**
1. 请根据汽车车载网络系统对 MOST 网络检测的规范及要求，制订本车 MOST 网络的检修实训计划。 2. 请根据实训作业计划，完成小组成员任务分工。	

操作人		记录员	
监护人		展示员	
作业注意事项			
(1)实训开始前应摘掉各类饰品，换上实训服，长头发应挽起固定于脑后。 (2)整车实训时应确保点火开关处于 Lock 位置，操作另有要求的除外。 (3)就车工作时，应施加驻车制动，除非特定操作要求置于其他挡位。 (4)举升车辆时应按照规范进行，避免发生意外事故。 (5)工具使用后，应清洁并归还原处。			

检测设备/工具/材料

序号	名称	数量	清点
			□已清点
			□已清点
			□已清点
			□已清点
			□已清点
			□已清点
			□已清点
			□已清点
			□已清点

<table>
<tr><td>四、计划实施</td><td>成绩：</td></tr>
<tr><td colspan="2">1. 请完成车载网络系统实车认识作业前的检查及车辆防护，并记录信息。
(1)作业前维修手册的查询。</td></tr>
<tr><td>
</td><td>作业内容：

作业结果：</td></tr>
<tr><td colspan="2">(2)作业前车辆的检查。</td></tr>
<tr><td></td><td>作业内容：

作业结果：</td></tr>
<tr><td colspan="2">(3)作业前检测工具的检查。</td></tr>
<tr><td>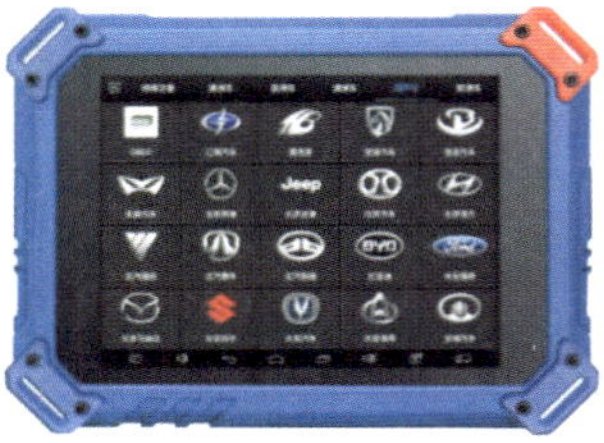</td><td>作业内容：

作业结果：</td></tr>
<tr><td colspan="2">2. 请检查实车故障现象并记录。
____
____
____。
3. 请根据故障现象分析可能的故障原因。
____
____
____。</td></tr>
</table>

<table>
<tr><td colspan="3">4. 请检查实车上 MOST 总线系统的应用。</td></tr>
<tr><td rowspan="6">MOST 总线系统</td><td rowspan="5">应用部位</td><td></td></tr>
<tr><td></td></tr>
<tr><td></td></tr>
<tr><td></td></tr>
<tr><td></td></tr>
<tr><td>各系统之间
连接方式框图</td><td></td></tr>
</table>

5. 请在实车上进行 MOST 总线的检测。	
诊断仪检测	
诊断仪检测结果分析	
汽车光学网络检测仪的检测	
汽车光学网络检测仪检测结果分析	
故障点确认	
对故障点进行修复，排除故障	

<table>
<tr><td colspan="2">五、质量检查</td><td>成绩：</td></tr>
<tr><td colspan="3">请实训指导教师检查本实训作业结果，并针对实训过程中出现的问题提出改进措施及建议。</td></tr>
<tr><td>序号</td><td>评价标准</td><td>评价结果</td></tr>
<tr><td>1</td><td>保养作业前的检查及车辆防护</td><td></td></tr>
<tr><td>2</td><td>检测过程检查</td><td></td></tr>
<tr><td>3</td><td>检测结果检查</td><td></td></tr>
<tr><td>综合评价</td><td colspan="2">☆ ☆ ☆ ☆ ☆</td></tr>
<tr><td>综合评语
（作业问题及
改进建议）</td><td colspan="2"></td></tr>
</table>

六、评价反馈 **成绩：**

1. 请根据自己在课堂中的实际表现进行自我反思和自我评价。

自我反思：

自我评价：

2. 实训成绩单。

项目	评分标准	分值	得分
接受工作任务	明确工作任务，理解任务在企业工作中的重要程度	5	
信息收集	完整、准确地收集信息	10	
制订计划	按照 MOST 总线系统的检测规范及要求，制订合适的行动计划	10	
	能协同小组人员安排任务分工	5	
	能在实施前准备好所需要的工具和器材	5	
计划实施	规范地进行场地布置及工具检查	5	
	识别 MOST 在实车上的应用	10	
	检查 MOST 总线系统模块组成部件	10	
	能够检测 MOST 总线系统	10	
	能够判断故障部位	10	
质量检查	学生任务完成，操作过程规范	10	
评价反馈	学生能对自身表现情况进行客观评价	5	
	学生在任务实施过程中发现自身问题	5	
得分(满分 100)			

★学习评价

1. 填空题

(1)MOST 总线属于(　　)传输模式。

A. 单线　　B. 双线　　C. 三线

(2)按 SAE 的车上网络等级标准,MOST 属于汽车上的(　　)级网络。

A. A　　B. B　　C. C　　D. D

(3)在 MOST 网络系统中,各个模块之间的连接方式是(　　)的。

A. 串联　　B. 并联　　C. 混联

(4)MOST 网络系统是一种采用(　　)拓扑结构的多媒体定向传输系统。

A. 总线形　　B. 星形　　C. 环形

2. 简答题

(1)简要说明 MOST 总线系统的结构组成。

(2)简要说明 MOST 总线系统的工作原理。

(3)MOST 总线系统的常见故障有哪些?

★知识拓展

1. MOST 导线的维修注意事项

(1)只有在安装光纤时光纤保护帽才能被直接卸下。

(2)开口的光纤插头不允许触摸,不能被灰尘、油腻或其他液体弄脏。

(3)每种形式的损坏或线束不整时应立即申报。

(4)光纤或空气管路的修理只允许受过专业培训的人员进行。

(5)所有损坏的插头都要申报并做好记录。

(6)线束只能按说明图安装和连接。

(7)未装的长线束要打上活结。

(8)线束不能从外部的破口处硬拉硬拽,只能从内向外推出。

(9)插头和缆线不允许在地上拖拉。

(10)不能踩在插头或导线上。

(11)线束任一位置都不允许折叠。

(12)只有在确有必要的情况下才能断开控制单元插头和导线插头。

(13)在断开控制单元插头和导线插头前,应确保数据总线处于睡眠模式。在重新连接时一定要读出并删除所有控制单元故障存储器里的故障,如有必要进行调整。

2. 光纤导线常见故障

光纤导线常见故障如图 5-19 所示。

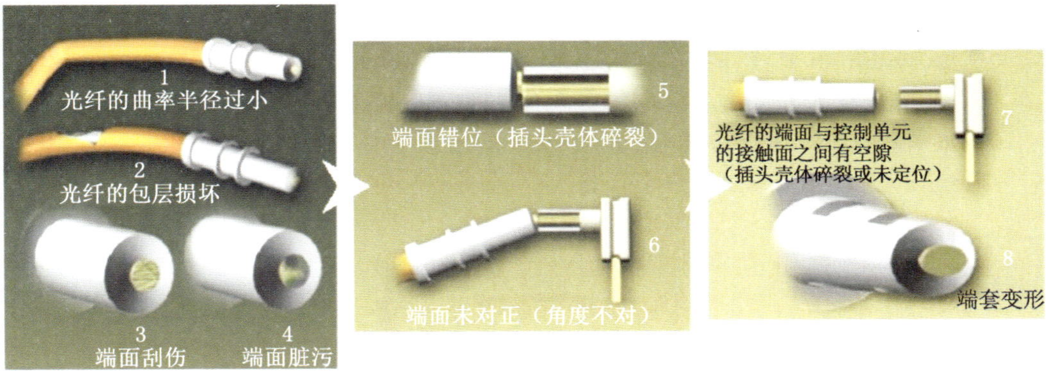

图 5-19 光纤导线常见故障

项目六
汽车其他常见总线系统的检测与修复

★工作情景描述

一辆2006年出厂的老款宝马740轿车，出现了气囊报警的故障。经检查，气囊组件和碰撞传感器功能完好，测试后发现安全碰撞模块无法识别气囊状态，技术经理认为可能是Byteflight总线故障，要求进行进一步的检查。

要想对一辆车的Byteflight总线进行分析和判断，首先必须了解Byteflight总线的基本构成及工作原理。

★学习目标

通过学习，应达到以下目标：①熟悉其他常见总线系统的信息传输原理；②掌握Byteflight和FlexRay总线的结构类型、应用场合和系统组成；③能够说出Byteflight总线、FlexRay总线在车载网络系统中的应用场合；④能够对Byteflight和FlexRay总线进行实车信号传输分析；⑤能够进行诊断检测设备与车辆OBD接口的连接；⑥能够结合维修资料，找出Byteflight总线、FlexRay总线在实车上的安装位置。

★知识准备

任务一 Byteflight 总线系统

一、Byteflight 总线的组成与功能

Byteflight 总线是由宝马集团和摩托罗拉、艾尔默斯、英飞凌等公司合作开发的。Byteflight 总线的数据传输速率为 10 Mb/s，数据传输的实时性非常高，而且抗干扰能力强，传输可靠性高，可以满足汽车碰撞安全系统和底盘管理系统等数据量大、反应时间短的系统的要求。Byteflight 在 ISIS 和高级安全电子(advanced security electronic，ASE)系统中使用。这两个安全系统负责控制安全气囊、安全带拉紧装置和安全蓄电池接线柱的断开。

Byteflight 首次被安装在宝马的 7 系车型上，用于安全气囊系统的数据传输。此后，又被逐步应用于其他车系。在这些系统中，Byteflight 的主控单元是安全和信息模块(security and information module, SIM)或安全网关模块(security gateway module, SGM)。

(一)Byteflight 总线的传输介质和拓扑结构

Byteflight 总线采用的数据传输介质是塑料光纤，光纤通过光波脉冲传输数据。相对于传统铜质导线，光纤在复杂的电磁环境中有更强的抗干扰能力，数据传输速率可以达到 10 Mb/s，比高速 CAN 总线 PT-CAN 高出 20 多倍。

在 Byteflight 网络的每个控制单元内都通过发送和接收模块将电信号转变为光信号。一根光纤就可以使各个控制单元联网，且可以朝两个方向传输数据。控制单元以时间和事件触发方式进行通信，既能以同步方式传输数据，也能以异步方式传输数据。

Byteflight 系统采用星形拓扑结构，如图 6-1 所示。星形拓扑结构的特点是一主多从，即系统中有一个主控制单元和多个从控制单元。从控制单元通过一根单独的光纤连接到主控制单元上。

主控制单元接收从控制单元发送来的数据，然后根据需要将这些数据发送给所有的从控制单元，设有地址代码(需要此数据)的从控制单元接收这些数据。由于主控制单元不具有访问控制功能，而仅有单纯的分配功能，因此各控制单元必须通过一个协议进行通信。该协议规定了哪个控制单元何时可以发送数据。

星形拓扑结构的优点是易于联网，易于扩展，数据传速率高，且具有较高的抗干扰能力，即使某个从控制单元失灵，系统也能正常工作；缺点是布线成本较高，主控制单元有故障或过载时会造成整个网络崩溃，从控制单元不宜过多。

在早期的宝马车型中，安全和信息模块(SIM)是 Byteflight 的主控制单元；而在新款宝马车型中，安全网关模块(SGM)是 Byteflight 的主控制单元。

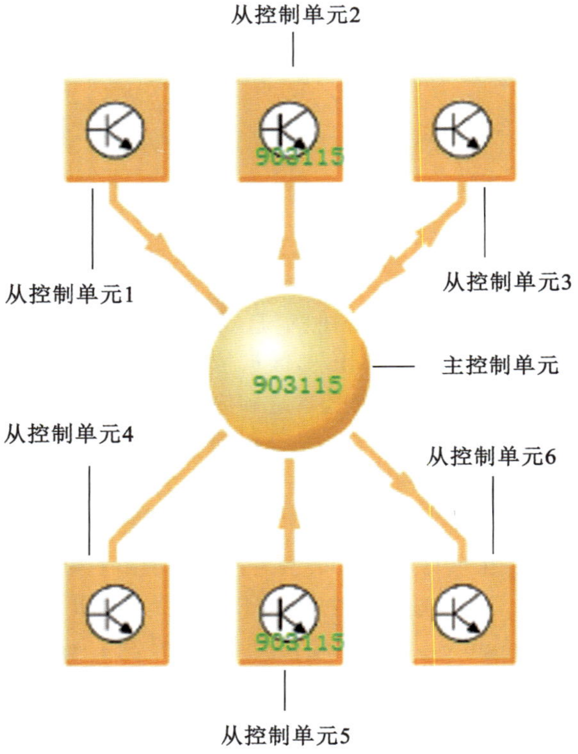

图 6-1　Byteflight 系统的星形拓扑结构

(二)Byteflight 总线的数据特点

安装在车上的安全碰撞系统连接多种碰撞识别传感器，它们通过 Byteflight 总线系统与 SIM 或 SGM 连接。系统不断查询所有碰撞识别传感器信息并将数据分配给所有从控制单元。信息数据通过二进制码传输，除数据字节的数量以外数据码结构与 CAN 总线相同。Byteflight 总线可传输最长为 12 B 的数据。Byteflight 数据码的结构如图6-2所示。

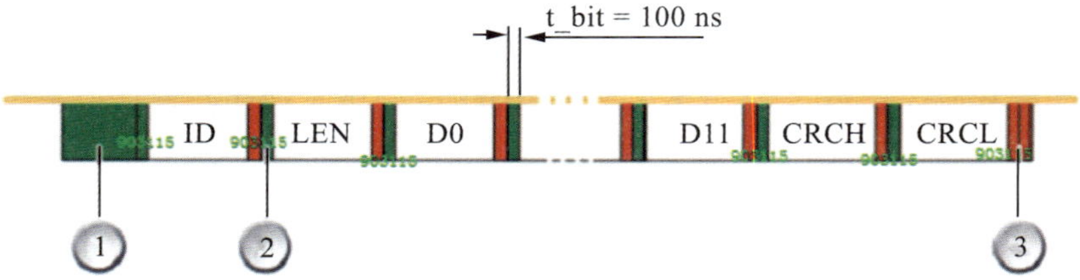

1—起始顺序；2—起始位；3—停止位。

图 6-2　Byteflight 数据码的结构

Byteflight 结合了同步和异步数据传输的优点，因此能够确保重要信息的及时传输。SIM 或 SGM 发出一个同步脉冲，其他控制单元必须遵守该脉冲。Byteflight 数据电码分为高优先级和低优先级两类，数据优先级通过优先级标识符进行识别。标识符的允许范围为 1～255，其中 1 表示最高优先级。优先级较高的信息一般是由碰撞识别传感器发出的紧急警报信息。数据优先级的划分如图 6-3 所示。

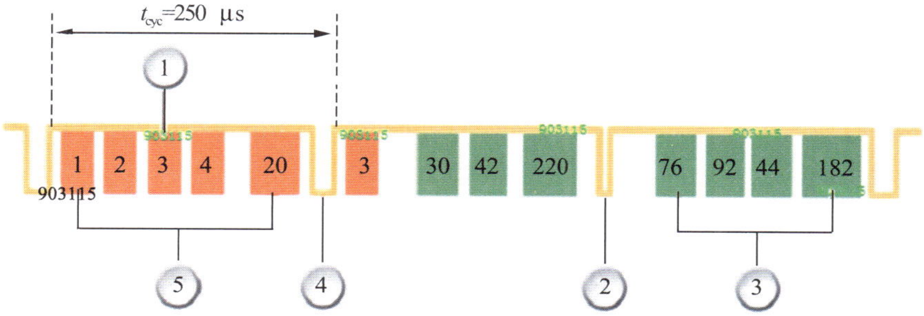

1—标识符(决定电码优先级)；2—报警同步脉冲(报警状态下的同步脉冲)；
3—低优先级信息(优先级较低的电码)；4—正常同步脉冲(正常状态下的同步脉冲)；
5—高优先级信息(优先级较高的电码)；t_{cyc}—循环时间(一个同步脉冲的循环时间)。

图 6-3　电码优先级

每个电码之前都有一个起始位，标志着所传递的一段数据信息的开始；每个电码最后都有一个停止位，标志着所传递的一段数据信息的结束。从控制单元与主控制单元之间的电码始终以起始位为开始，接下来是一个标识符，数据电码的优先级通过该标识符确定。系统不断查询所有碰撞传感器信息并将数据分配给 Byteflight 系统所有控制单元。下一个字节是长度字节，表示当前数据的字节数量(不超过 12 B)。接下来是校验码，电码最后是一个双停止位。一个电码的时间长度为 4.6～16 μs。从控制单元与 SIM 之间的数据流如图 6-4 所示。

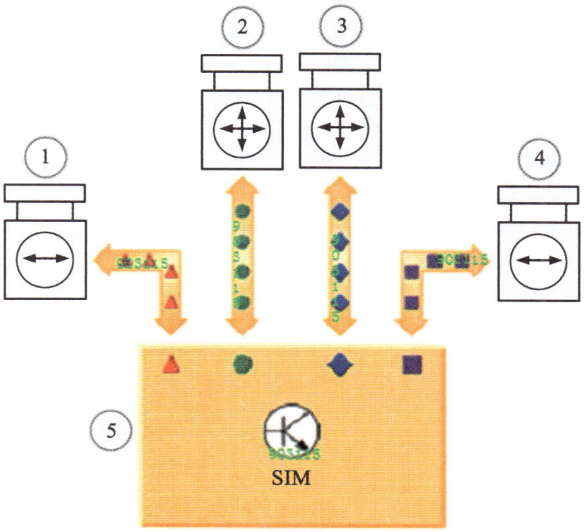

1、2、3、4—安装于车内不同位置的从控制单元；5—SIM。

图 6-4　从控制单元与 SIM 之间的数据流

主控制单元接收到某一个从控制单元以电码形式提供、以二进制数字信号传输的数据信息后，根据数据中记录的碰撞的剧烈程度和紧急程度进行计算，得出所要触发的执行机构有哪些，以及这些执行机构的触发强度和触发时间，然后向系统内的所有从控制单元发布数据信息，带有执行机构的从控制单元接到指令后执行安全保护操作，由其控制的气囊等执行机构按主控制单元传来的数据信号进行规定速度和强度的触发。如图6-5所示，控制侧安全气帘的4号从控制单元向执行机构发出触发安全气帘的指令，安全气帘随即触发，即激活引爆器，安全气帘膨开。

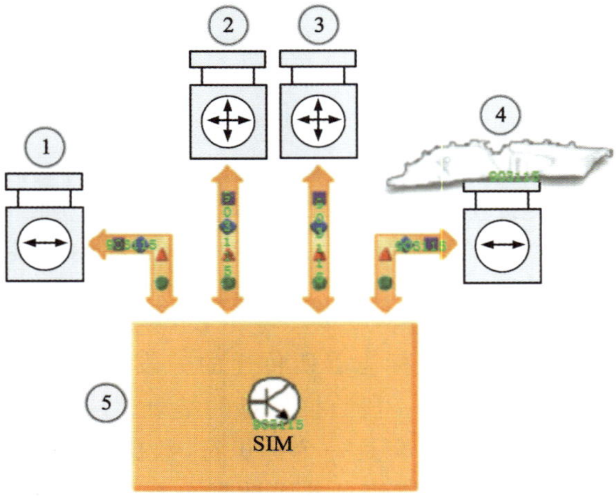

1、2、3—安装于车内不同位置的从控制单元；4—控制侧向安全气帘的从控制单元；5—SIM。

图 6-5 主控制单元发送至从控制单元的数据电码

（三）Byteflight 总线访问协议

为了提高数据的实时性，Byteflight 总线根据规定的时间间隔分配控制总线访问情况。执行这个协议时，只能在规定时间内发送特定信息，该信息通过其标识符进行识别。这个协议要求所有总线设备都保持相当准确的时间同步性。Byteflight 通过循环发送一个同步脉冲使系统达到同步化。该同步脉冲由中央电器控制单元——SIM 或 SGM 发送。

信息可在两个同步脉冲之间的时间间隔内发送。在每个循环周期内都同步发送优先级高的信息，在其他时间间隔内以异步方式发送优先级较低的信息。

（四）Byteflight 总线发送和接收模块

所有 Byteflight 总线的控制单元都有一个电子光学发送和接收模块 SE，它的作用是将二进制数字信号转变为光信号并通过光纤传输，并且在接收到光信号后将其转换为控制单元可以识别的数字信号。这些 SE 模块分别通过光纤连接在 SIM 内的智能型星形连接器上。SIM 内装有用于与各个从控制单元交换数据的发送和接收模块，其数据交换过程如图 6-6 所示。

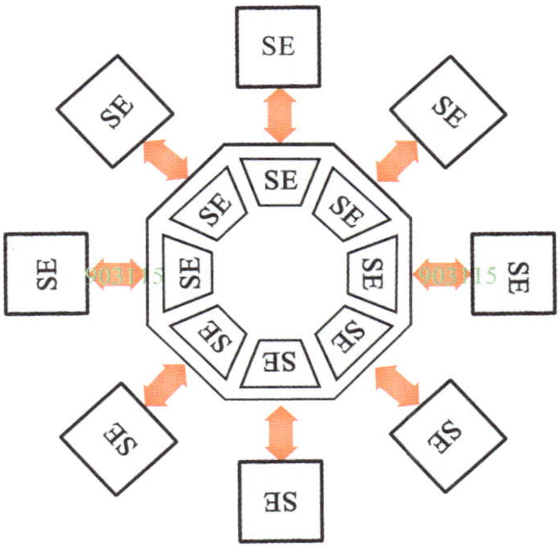

图 6-6　星形连接器与从控制单元通过 SE 进行数据交换

Byteflight 总线上传输的所有信息都以光脉冲形式进行。SIM 内的 SE 模块接收对应连接的从控制单元发送的光脉冲；在智能型星形连接器内，数据发送给所有从控制单元，数据传输可以双向进行。SE 模块的光电转换与电光转换原理和 MOST 系统完全一致。

(五)Byteflight 总线的主控制单元

Byteflight 总线的主控制单元执行两个任务：一是产生同步脉冲(sync pulse)，二是使从控制单元进入报警模式。根据 Byteflight 总线的原理，每个从控制单元都可以通过软件设定为主控制单元。但系统内只允许存在一个总线主控制单元，其他所有总线设备都通过同步脉冲进行内部同步化。每个总线设备都可以在同步脉冲之间将数据发送到 Byteflight 总线上。

二、Byteflight 总线的应用

下面以宝马被动安全系统——ASE 系统为例，介绍 Byteflight 总线的应用。宝马 Byteflight 总线的插头如图 6-7 所示。

图 6-7　宝马 Byteflight 总线的插头

(一)宝马 ASE 系统的优点

ASE 系统由一个主控制单元 SGM 和多个从控制单元组成。这些从控制单元及其传感器安装于车内指定位置,并与 SGM 进行实时信息交换。

ASE 系统的工作过程为:传感器准确识别碰撞;传感器所连接的从控制单元获取碰撞数据;从控制单元将碰撞数据上传至 Byteflight 总线;主控制单元从总线上获取碰撞数据;主控制单元进行数据分析得出触发方案;主控制单元将触发方案数据上传至 Byteflight 总线,触发方案对应执行机构所属的从控制单元从总线上获取信息;根据触发方案要求进行精确触发。

ASE 系统的特点为:总线传输速率高(宝马 Byteflight 总线的传输速率为 10 Mb/s),在极短的时间内就可以完成由碰撞发生到气囊弹出的复杂控制过程;安全气囊控制系统联网,控制单元可以选择性触发,精确控制智能型安全气囊;触发安全性高,可以根据碰撞严重程度调节气囊触发强度;总线采用光信号,抗电磁干扰能力强;系统连接蓄电池安全接线柱(battery safety terminal,SBK),必要时可断开 SBK,防止发生短路危险。

通过增加分布于车内的多个加速度传感器,能够比以往的乘员保护系统更准确地识别出碰撞情况。由车内加速度传感器探测到的车辆减速信息都传送至 SGM。SGM 与所有从控制单元交换减速数据,计算出更加准确的碰撞情况。然后根据碰撞情况及时有选择地触发执行器,如气囊、安全带收紧装置、蓄电池正极断路保护等。发生碰撞时,仅以规定强度触发那些必要的执行器,在对车内乘员提供最佳保护的同时降低维修费用。

(二)宝马 ASE 系统的组成

ASE 系统由传感器、控制单元、执行器、总线系统组成。Byteflight 总线系统组成如图 6-8 所示,系统电路如图 6-9 所示。

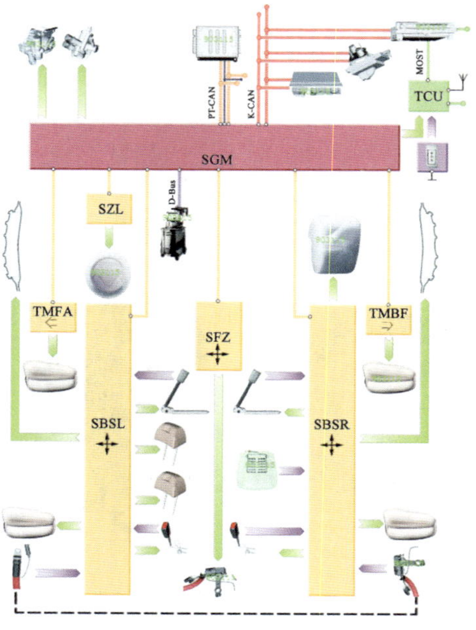

图 6-8　Byteflight 总线系统组成

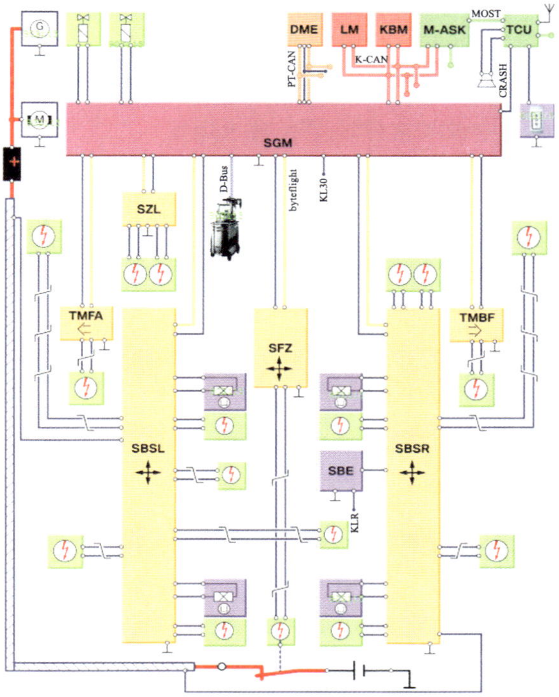

图 6-9 Byteflight 总线系统电路

(三)宝马 ASE 系统的工作原理

1. 触发阈值

最新的 ASE 系统是基于 ISIS 的，两者的触发逻辑是相同的，只是各种碰撞严重程度和触发阈值有所不同。通过大量的碰撞和行驶试验，针对所有可能的事故类型，宝马规定了不同的触发阈值。触发阈值取决于碰撞严重程度，碰撞严重程度分为四组：CS0，不必触发乘员保护系统；CS1，轻度碰撞；CS2，中度碰撞；CS3，重度碰撞。

触发阈值的确定主要取决于碰撞严重程度以及撞击方向、碰撞时接触面积和车内乘员是否系好安全带等因素。由于触发阈值不同，两级式的前部安全气囊的引爆可以根据碰撞的严重程度而变化。如果安全带锁扣未识别，系统会推断出乘员未系安全带，此时触发阈值降低。虽然安全带锁扣未识别，但系统还是会试图激活安全带拉紧装置。如果座椅占用识别出现错误，系统将默认座椅已经被占用，即座椅上坐有乘员，此时乘员保护系统会被激活(相应的安全气囊会引爆)。

2. 不同碰撞时的触发过程

碰撞严重程度为 CS1，即轻度碰撞时，会触发安全带拉紧装置。在识别到车内乘员已经系好安全带时，不会触发驾驶员/前乘客侧安全气囊。如果识别到车内乘员没有系好安全带，则会触发驾驶员/前乘客侧安全气囊。从碰撞严重程度 CS2，即中度碰撞起，驾驶员/前乘客侧安全气囊和安全带拉紧装置都会触发。

碰撞严重程度为 CS3，即重度碰撞时，驾驶员/前乘客侧安全气囊和安全带拉紧装置都会触发，与 CS2 的气囊两级引爆时间延迟策略不同，同时安全蓄电池接线柱断开，电动燃油泵关闭，以避免蓄电池导线短路或燃油泄漏引发火灾，如车内配备安全碰撞模块，还将自动进行紧急呼叫以获得救援。

车辆发生正面碰撞时安全气囊的触发过程如图 6-10 所示。通过安全带锁扣开关和座椅占用识别装置可以确定前乘客座椅是否被占用。

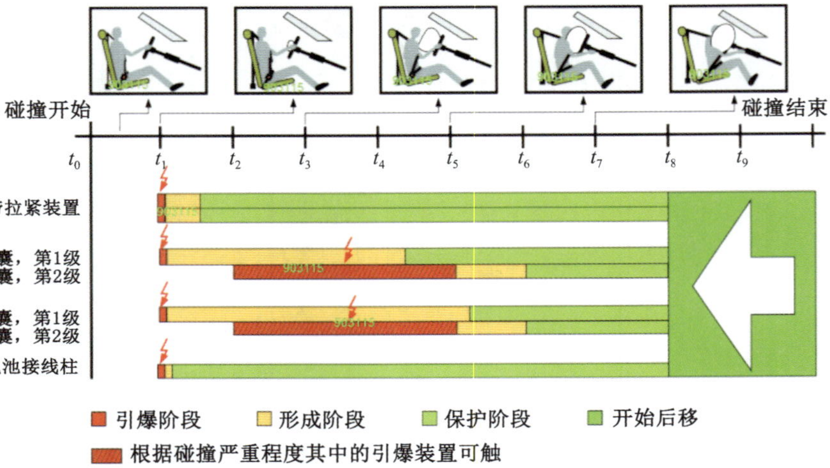

图 6-10　车辆发生碰撞时安全气囊的触发过程

在 t_0 时刻，车辆发生碰撞，安全带的机械锁止装置阻止安全带伸长，车上的加速度传感器采集车辆减速度数据。

在 t_1 时刻，从控制单元触发执行器，驾驶员/前乘客侧安全带拉紧装置被激活，进行安全带回收拉紧，同时驾驶员/前乘客侧安全气囊第 1 级被引爆。碰撞严重程度达到 CS3 时，在引爆气囊的同时，断开安全蓄电池接线柱。然后气囊进入形成阶段，即安全气囊开始充气。安全带拉紧装置中的活塞被拉紧管中的气体推动，活塞上固定的拉索将安全带锁向下拉，并将安全带的松弛部分拉紧。

在 t_2 时刻，拉紧安全带的过程结束，安全带开始提供保护。此时，两个安全气囊还在充气。

在 t_4 时刻，已经开始对驾驶员提供保护。根据碰撞严重程度，从 t_2 时刻起，两个安全气囊就已经开始第 2 级引爆。由于两个级别的引爆时间错开，所以气囊的充气更加充分，而且可以降低车内乘员因安全气囊引爆而受伤的风险。

从 t_8 时刻起，车内乘员开始后移，车内乘员不再因为惯性向前冲而是向后落回到座椅中。

3. 其他碰撞过程

发生侧面碰撞时，根据严重程度不同分为轻度和中度碰撞两种。从碰撞严重程度 CS1 即轻度碰撞起，受撞击侧的头部保护系统和侧面安全气帘会被触发。从碰撞严重程度 CS2 即中度碰撞起，气帘触发的同时，还会断开安全蓄电池接线柱，关闭电动燃油泵，同时进行紧急呼叫。

发生尾部碰撞时，从碰撞严重程度 CS1 起，安全带拉紧装置和座椅上的主动式头枕将会被触发。如碰撞严重程度为 CS2，还将断开安全蓄电池接线柱，关闭电动燃油泵，并进行紧急呼叫。

4. 紧急呼叫

如果车辆配备有车载电话，宝马 ASE 系统可向客户提供两种紧急呼叫功能，即手动和自动紧急呼叫功能。自动模式为车辆严重碰撞后系统自动接通宝马 24 h 安全呼叫中心以获得医疗救助；手动紧急呼叫模式需要驾驶员打开位于天窗开关前面的 SOS 紧急呼叫按钮，与呼叫中心工作人员取得联系，以获得相应帮助，必要时可以帮助呼叫道路救援、进行安全处理措施指导，甚至帮助驾驶员打开车辆点火开关使汽车发动。如果车内还装有导航系统，发出紧急呼叫的同时还可发出车辆所在位置的数据。

任务二　FlexRay 总线系统

一、FlexRay 总线技术的发展

2000 年 9 月，戴姆勒-克莱斯勒、宝马联合摩托罗拉和飞利浦创建了 FlexRay 联盟，随后博世、大众和通用也都加入并成为核心成员。该联盟一直进行新的模块控制策略和通信总线的研究，特别是 FlexRay 总线系统的新型传输协议。

FlexRay 协议是一种真正基于时间触发——TDMA 的高速通信协议，还引入了和 CAN 总线相似的事件触发机制。目前广泛使用的网络总线都不能被应用到高级汽车的控制系统中，特别是线控系统。FlexRay 的出现为这一实际应用得以实现提供了可行性方案和技术支持。在 FlexRay 通信系统中，除了具有 FlexRay 功能的主控制单元之外，还包括一种具有特殊收发功能的高速收发器，总线通信协议中还详细说明了节点中各部分的硬件、软件的性能和连接标准以及消息传送的格式和功能。

目前，FlexRay 总线已经成为车载网络系统的标准，并且将引领车载网络系统的发展方向。FlexRay 是继 CAN 和 LIN 之后的最新研发成果，可以有效管理多重安全和舒适功能。FlexRay 总线还适用于先进的车辆底盘线控操作(X-by-Wire)技术。

由于目前通过 CAN 总线实现车辆模块联网的方式已经达到其传输速率和效率的极限，因此业界普遍认为 FlexRay 总线将是 CAN 总线的替代标准。从 2002 年至今，福特汽车公司、马自达、艾尔默斯和西门子 VDO 也相继投入到 FlexRay 总线研究应用中。目前，世界范围内几乎所有有影响力的汽车制造商和供货商都加入了 FlexRay 联盟。FlexRay 作为一种新型通信系统，目标是在车辆电气设备与机械电子组件之间实现可靠、实时、高效的数据传输，以确保满足日益增长的车载网络技术的需求。

随着车辆控制单元的增加、数据信息的增大对传输实时性要求越来越高，控制单元在车辆内联网后对总线通信系统技术的要求越来越苛刻，FlexRay 总线作为替代 CAN 总线的开放式标准化基础总线系统解决方案应运而生。FlexRay 为车内分布式网络系统的实时数据传输提供了有效协议。

二、FlexRay总线功能和特点

FlexRay是专门瞄准新型大数据高实时性传输的汽车网络应用及“车辆线控操作”的新型网络通信系统，旨在应用于需要高通信带宽和高容错数据传输能力的底盘控制、车身稳定控制和动力总成控制等场合。FlexRay具有创新的功能和安全的特点，能够使汽车操控稳定系统的安全指标达到一个崭新的水平。FlexRay不仅能简化汽车电子系统和通信系统结构，还可帮助汽车电子控制单元变得更加稳定和可靠。

(一)FlexRay的数据传输速率及优势

FlexRay是一种非常灵活和具有很强扩展性和定制性的总线通信协议，具有高达10 Mb/s的传输速率和通过引入多位CRC校验码带来的高容错性，性能远远优于以往使用的动力传动总线和底盘管理总线。FlexRay总线具有很好的实时性、安全性、稳定性和可扩展性等特点，能够满足未来汽车的高速控制和智能化要求。目前，FlexRay在标准化、市场应用和量产方面已经取得了长足发展。

FlexRay总线与目前应用范围最广的CAN总线相比，有很多显著的优点。CAN总线的最大传输速率为1 Mb/s，通常以500 kb/s的速率传输；FlexRay总线有两个通道，每个通道中的数据传输速率最高可达10 Mb/s，总数据传输速率可达到20 Mb/s。FlexRay总线的传输速率是CAN总线的20倍左右，而且大数据吞吐量也远远大于CAN总线。FlexRay总线与CAN总线的详细比较如表6-1所示。

表6-1　FlexRay总线与CAN总线的比较

项目	CAN总线	FlexRay总线
速率/(Mb/s)	0.5	10
拓扑结构	线形	线形、星形、混合型
节点通道数目	1个	2个
最大连接控制单元数	500 kb/s速率下可以连接16个控制单元	线形，22个；星形，22个或64个
通信触发方式	事件触发	事件和时间双触发
编码/bit	11或29	11
数据长度/B	8	254
错误状态传输	主动错误、被动错误、脱离总线	正常活动状态、正常被动状态、离线
错误计数	固定的错误状态计数	任何错误状态值
网络管理	软件方式	硬件方式
网络同步	只和同步段同步	速率补偿和偏移补偿
总线长度/m	40(速率为0.5 Mb/s)	22

(二)FlexRay总线的拓扑结构

FlexRay总线系统可以不同的拓扑结构形式安装在车内，既可以采用线形总线拓扑结构,也可以采用星形总线拓扑结构,或采用混合型总线拓扑结构。

1. 线形总线拓扑结构

在线形总线拓扑结构中,所有控制单元都通过一条双线总线连接。与 CAN 总线的拓扑结构一样,该总线采用两根铜芯双绞线。线形总线拓扑结构在两根导线上传输相同的信息,但电压不同。线形拓扑结构传输的差分信号不易受到干扰,特别适用于复杂电气环境的数据传输,但是不适用于光纤传输。线形总线拓扑结构如图 6-11 所示。

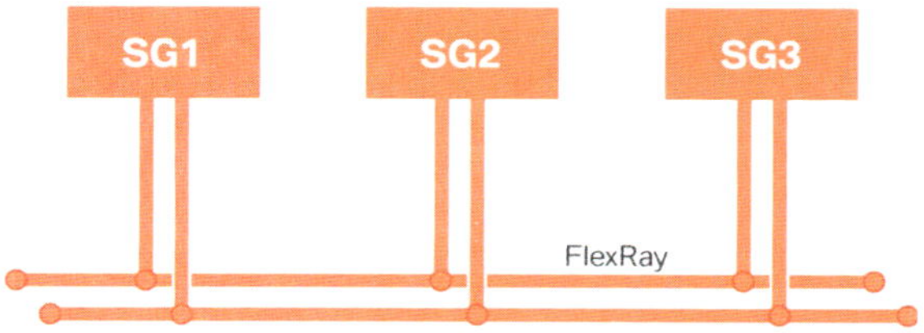

图 6-11 线形 FlexRay 总线拓扑结构

2. 星形总线拓扑结构

星形总线拓扑结构如图 6-12 所示,控制单元 SG2、SG3、SG4、SG5 作为从控制单元分别通过一个独立的导线与中央主控制单元 SG1 连接。这种星形拓扑结构既适用于数字信号传输,也适用于光纤总线的数据传输。

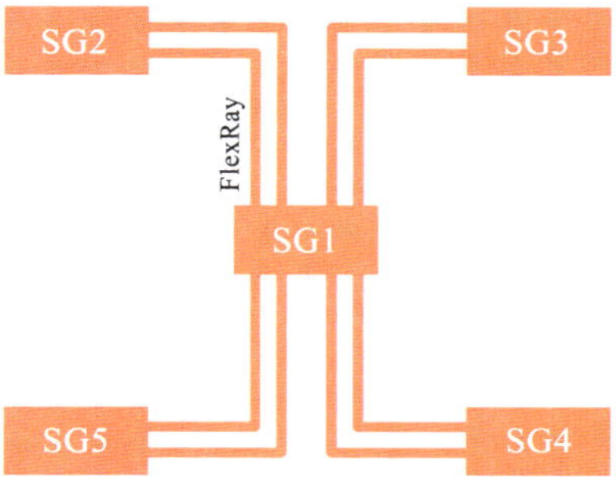

图 6-12 星形 FlexRay 总线拓扑结构

3. 混合型总线拓扑结构

在混合型总线拓扑结构中,在同一个总线系统内可以使用不同的拓扑结构。总线系统的一部分采用线形结构,另一部分采用星形结构。根据车辆配置情况,中央网关模块带有 1 个或 2 个星形连接器,每个星形连接器都有 4 个总线驱动器。因此,最多可提供 8 个接口。混合型总线拓扑结构如图 6-13 所示。

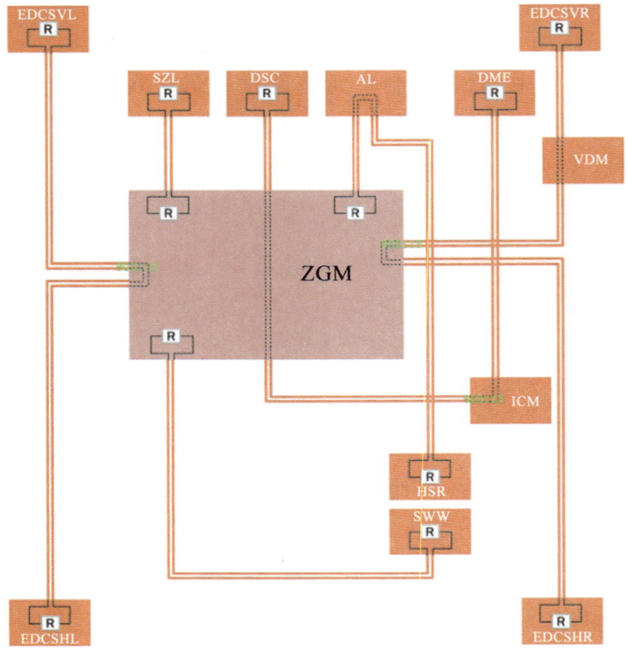

图 6-13 混合型 FlexRay 总线拓扑结构

(三)冗余数据传输

在容错性总线系统中,要求某一总线导线断路后,也可以确保数据能继续可靠地传输。这一要求可以通过在第二个数据信道上进行冗余数据传输的方式来实现,如图 6-14 中的信道 2。

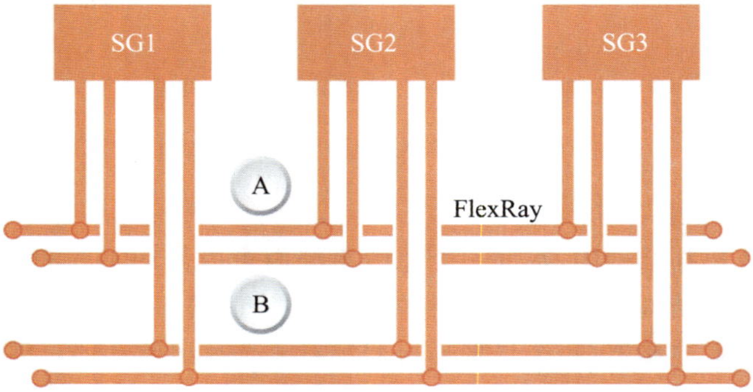

A—信道 1;B—信道 2。

图 6-14 FlexRay 冗余数据传输

具有冗余数据传输能力的总线系统使用两个相互独立的信道。每个信道都由一组双线导线组成。一个信道失灵时,该信道应传输的信息可在另外一条没有发生故障的信道上传输。

(四)FlexRay 总线信号特性

FlexRay 总线信号的正常波形和非正常波形分别如图 6-15、图 6-16 所示。FlexRay 总线信号必须在图 6-15、图 6-16 所示的规定范围内。无论是在时间轴上还是在电压轴上,总线信号都不应进入图 6-15、图 6-16 所示六边形的内部区域。

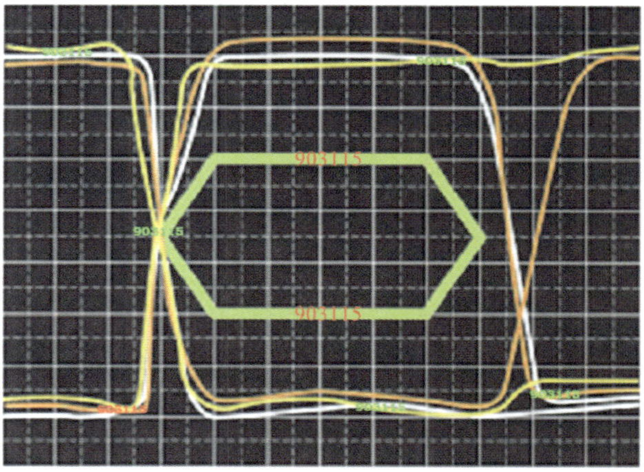

图 6-15　FlexRay 总线信号的正常波形

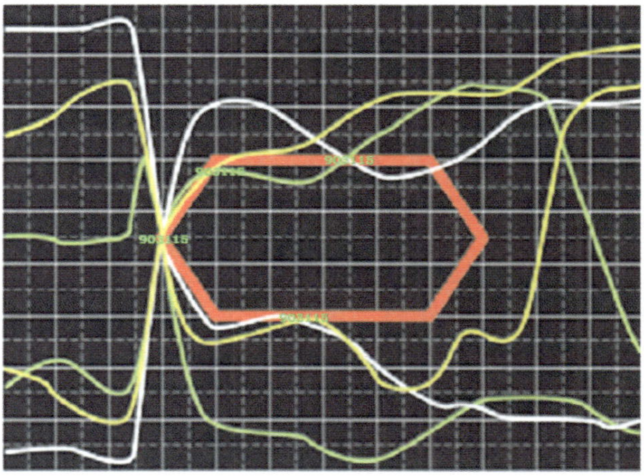

图 6-16　FlexRay 总线信号的非正常波形

FlexRay 总线系统的数据传输速率很高而且工作电压变化很快,从信号波形上看对电压及电压上升沿和下降沿的斜率都有严格的要求,必须达到规定数值,信号波形不得进入图中的六边形区域,否则信号有可能不被识别。因导线连接不正确、绝缘层破损等产生的电气故障可能会导致数据传输出现错误。值得注意的是,需要用速度比较快的实验室专业示波器才能将 FlexRay 总线的高速波形显示出来,一些低端示波器和汽修通用示波器可能无法正常显示波形,从而导致错误的故障判断。

(五)FlexRay 总线系统的工作电压

1. 总线基准电压

总线系统接通运行时,如果总线无通信,则其基准电压为 2.5 V。

2. 高电平信号

高电平信号的电压为 3.1 V(电压信号上升 0.6 V)。

3. 低电平信号

低电平信号的电压为 1.9 V(电压信号下降 0.6 V)。

测量电压时,应以对地方式测量。

(六)FlexRay 的唤醒和休眠特性

在宝马车型中,虽然可以通过总线信号唤醒 FlexRay 控制单元,但大部分 FlexRay 控制单元由便捷登车及启动系统(convenient boarding and starting system,CAS)通过一个附加唤醒导线进行唤醒。该唤醒导线的功能与宝马车系动力传输 CAN 内的唤醒导线(15WUP)相同,其信号曲线也与动力传输 CAN 的信号曲线一样。

FlexRay 的唤醒信号曲线如图 6-17 所示,从图中可以清楚地看出车辆开锁和启动时的典型唤醒信号电压曲线。

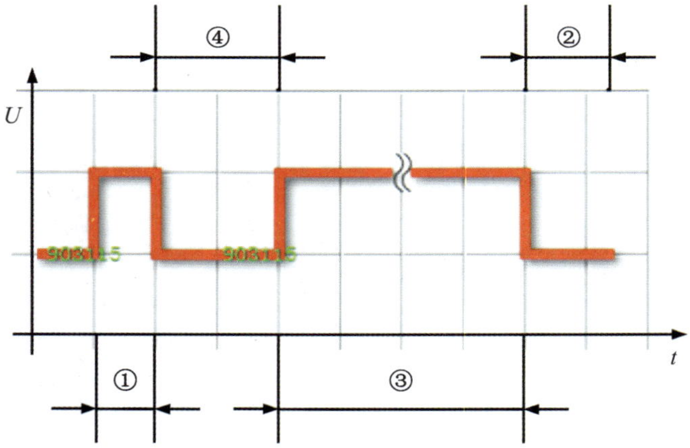

图 6-17　FlexRay 的唤醒信号曲线

第一阶段,驾驶员用遥控钥匙将车辆开锁。CAS 控制单元进行钥匙识别,正确识别到本车辆钥匙的开锁信号后,发送唤醒脉冲信号,并通过唤醒导线将车辆开锁信号传输给所连接的 FlexRay 控制单元。这部分的控制单元同时得到供电并进入工作待命状态。

第二阶段,驾驶员打开车门,进入车内。在将车钥匙插入点火开关之前,FlexRay 控制单元的供电端处于断开状态,总线系统内的信号电压再次下降。

第三阶段,驾驶员启动发动机,所有控制单元的总线供电端接通,则总线系统内的信号电压保持在设定值,直至再次关闭总线供电端。

第四阶段,驾驶员关闭发动机,拔出车钥匙,锁好车门。此时,总线供电端再次处于断开状态。当总线端处于断开状态时,FlexRay 总线系统进入休眠模式,以免耗电过多。为确保所有控制单元都进入休眠模式,电源管理系统将对控制单元的休眠电流进行检测。如果某些控制单元未能进入休眠模式或休眠电流过高,系统会自动存储一条故障信息。在进行车辆能量诊断时,该条故障信息将出现在诊断系统中,帮助查找故障原因。

(七)控制单元时钟同步

由于总线下挂载的各控制单元都是利用其自身的时钟脉冲发生器工作的,控制单元联网后总线需要同步执行信息发送和接收等各项功能,就需要所有控制单元有一个共同的时间基准,而且这个时间基准必须通过总线进行匹配。只要 CAS 控制单元发送一个唤醒脉冲,FlexRay 上的两个授权唤醒控制单元之间就开始进行同步。该过程结束时,其余控制单元相继自动在 FlexRay 上进行时间确认,计算出各自的时间同步差值并进行校正。

总线唤醒之后,在运行期间还会对时间同步进行计算校正,以确保最小的时间差,从而在较长时间内确保 FlexRay 不会因各控制单元时钟不同步,出现各自按自己的时钟工作而导致传输错误。

三、FlexRay 在汽车上的应用

(一)FlexRay 的应用发展

FlexRay 总线首次被应用在宝马 2007 款 X5 轿车的电子控制减振器系统中。借助于 FlexRay 的各种特性,在该款车中施加给轮胎的负荷变动以及底盘的振动均被减至最小,使该车型比以往车型具有更好的乘坐舒适性,还提高了该车型的安全性和敏捷性。在此之后,奥迪和戴姆勒-克莱斯勒公司也开始将 FlexRay 应用到其生产的车型中。

由于 FlexRay 总线的独特优势,可将其安全地应用于对实时性、安全性和速率要求很高的一些高级电子控制系统中,比如应用于动力总成上(发动机和传动系统)。FlexRay 总线具有高速率、高实时性和高吞吐量等独特优势,还可以被应用到底盘、车身和多媒体等多个独立的网络,使之成为连接整个汽车网络的骨架,提升部件之间的通信效率和传输速度。专门为线控技术设计的 FlexRay 总线带来的最大益处是 X-by-Wire 线控技术,不仅带来了崭新的汽车设计理念,而且还能提高汽车的设计效率和安全性能。在线控转向系统中,用电子线束和车轮电机代替机械式连接结构,能够大幅度减少部件占用的空间,缩小车辆的尺寸,在能源和空间非常紧缺的当今社会具有非常重要的意义。

FlexRay 总线良好的容错性能和数据发送的确定性可以确保线控系统的可靠性,其高带宽功能可以在短时间内快速传输大量极为详尽的信息,双通道通信系统和高速率传输等特点完全可以满足线控技术对系统的高可靠性要求、严格的容错要求以及高带宽和高速率。除此之外,电子线束的灵活布线简化了线控系统的某些结构和功能。

(二)宝马车系中的 FlexRay

在宝马 5 系和 7 系车型中,FlexRay 总线的主要任务是进行车辆行驶动态管理,而且通过 FlexRay 总线系统将汽车行驶动态管理系统和发动机管理系统相连接,可以同时读取这两条总线上的数据并进行信息交换。宝马 7 系车型 FlexRay 总线的拓扑结构如图 6-18 所示,中央网关模块(central gateway module, ZGM)使车上的其他不同总线系统与 FlexRay 之间进行连接。

根据车辆配置情况的不同，ZGM 安装有 1 个或 2 个星形连接器，每个星形连接器都配备有 4 个总线驱动器，总线驱动器将各控制单元的数据通过通信控制器传输给 ZGM。ZGM 作为宝马总线系统的网关有以下作用：(1)可以实现低速网络和高速网络的信息共享；(2)与计算机系统中的网关作用一样，负责接收和发送信息；(3)激活和监控车辆所有总线的工作状态；(4)实现车载网络系统内数据的同步性；(5)可以把所有总线系统上的数据转变成可以识别的诊断数据语言，方便诊断设备连接 OBD 接口进行诊断。简而言之，网关就是用于连接不同类型的总线系统的设备，如图 6-19 所示。

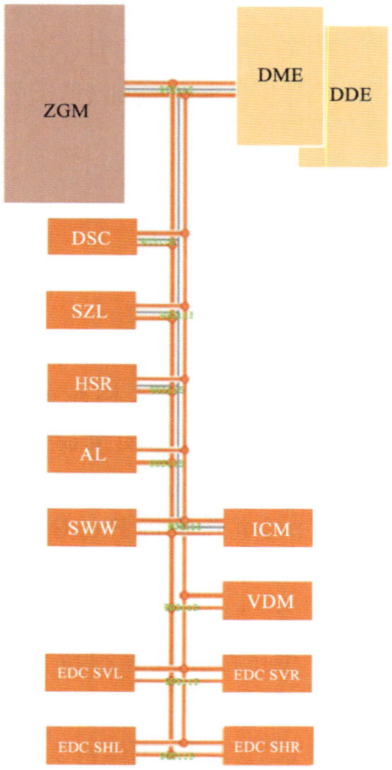

图 6-18　宝马 FlexRay 总线的拓扑结构

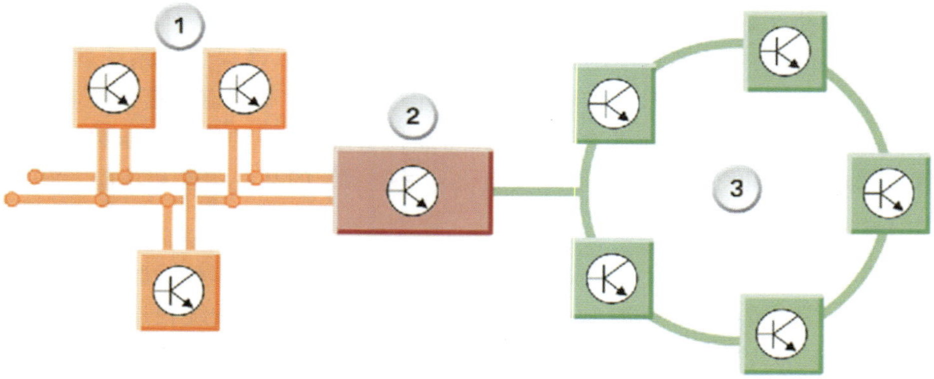

1—线形总线系统(如车身总线)；2—网关；3—环形总线系统(如 MOST)。

图 6-19　网关的作用

根据 FlexRay 控制单元的终端形式，总线驱动器通过两种方式与这些控制单元相连。宝马 7 系车型的 FlexRay 总线采用带电缆套的双芯双绞线电缆，电缆套用于防止电缆机械损坏。

（三）FlexRay 终端电阻的测量

与其他总线系统一样，为了避免导线上的信号反射，FlexRay 导线两端也安装了终端电阻。如果一个总线驱动器上仅连接一个控制单元，例如总线驱动器 BD0 仅与转向柱开关中心单元（SZL）相连，则总线驱动器和控制单元的接口内各有一个终端电阻，如图 6-20 所示，中央网关模块的这种连接方式称为“终止节点终端”。

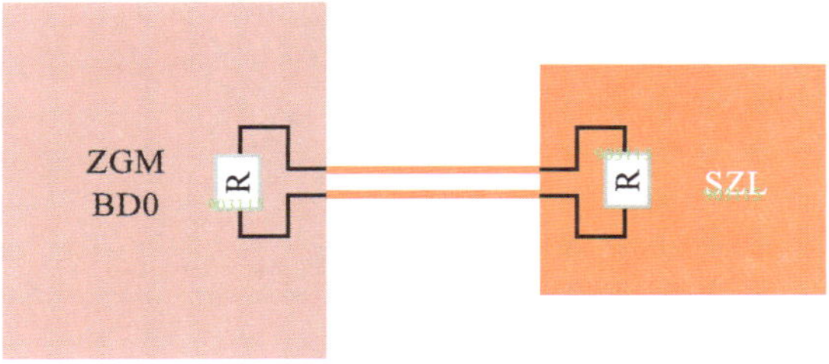

图 6-20　终止节点终端内部的终端电阻

如果某个与 ZGM 相连的控制单元上的接头不是这一段网络的末端，即所谓的终止节点，如图 6-21 所示的总线驱动器 BD2 上的 ICM（集成式底盘管理）模块，那么此模块中就不设置终端电阻，而是在此段网络的末端 DSC（动态稳定控制）模块和 DME（数字式发动机电子）模块设置终端电阻。

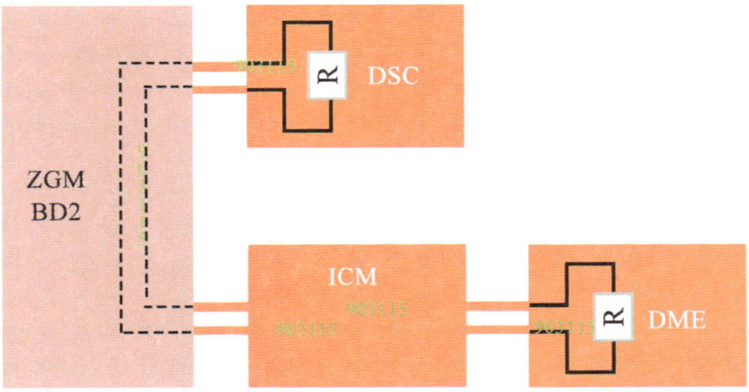

图 6-21　在网络末端模块设置终端电阻

（四）FlexRay 导线电阻的检测

终端电阻位于中央网关模块和网络末端内。由于导线的阻抗取决于外部环境因素的影响，因此终端电阻根据所需阻值进行了精确调节，借助万用表可以相对简单地从中央网关模块处进行终端电阻的测量。

检测 FlexRay 导线电阻时必须参考车辆电路图。由于不同车型终端电阻的设计方案不同，如果没有电路图和标准数据，可能出现测量错误或对测量结果判断错误。如图 6-22 所示，带有 R 标志的控制单元中安装有终端电阻。

当宝马 FlexRay 总线发生对正极短路或对地短路故障，或者 FlexRay 控制单元自身出现故障时，可能会切断故障控制单元或整条故障支路与其他无故障部分总线之间的通信，但 4 个带有唤醒功能的 FlexRay 控制单元——ZGM、DME、DSC 和 ICM 除外。原因是如果这些控制单元之间的通信被中断，将导致发动机无法启动。

FlexRay 导线电阻的检测结果无法完整判断系统功能是否正常，当导线出现破损、挤压变形或插头腐蚀等损坏时，静态模式下电阻可能位于公差范围之内；但在动态模式下，电气影响可能会引起导线波阻抗提高，从而出现数据传输问题。

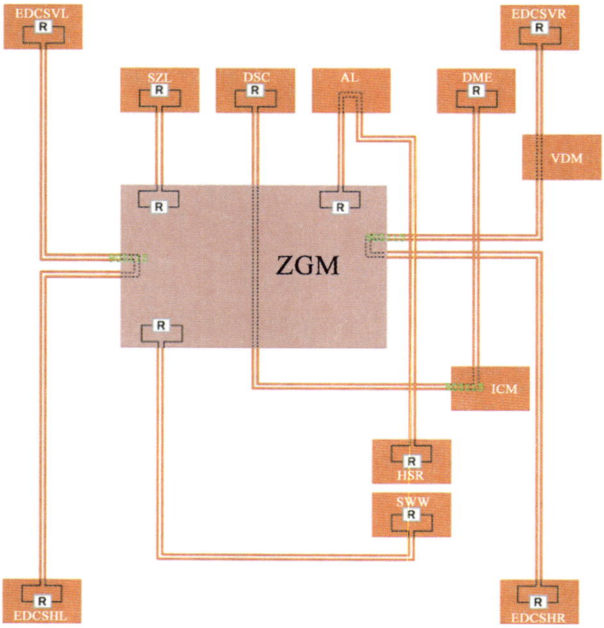

AL—主动转向系统；DME—数字式发动机电子系统；DSC—动态稳定控制系统；
EDCSHL—左后电子减振器控制系统卫星式控制单元；
EDCSHR—右后电子减振器控制系统卫星式控制单元；
EDCSVL—左前电子减振器控制系统卫星式控制单元；
EDCSVR—右前电子减振器控制系统卫星式控制单元；
HSR—后桥侧偏角控制系统；ICM—集成式底盘管理系统；
SZL—转向柱开关中心；VDM—垂直动态管理系统；ZGM—中央网关模块。

图 6-22　宝马 7 系车型的 FlexRay 总线的端电阻设置

（五）FlexRay 导线电阻的维修

由于 FlexRay 采用的导线是双绞线，导线损坏时应尽量更换损坏导线两插头之间的线束总成；条件不允许时，也可以用普通导线进行替换维修。但是安装时必须遵守相关导线维修规定：必须尽可能地保持双绞线的布置方式；剥掉绝缘层的导线维修部位应附加冷缩软管加以密封，因为接头进水后可能会影响导线波阻抗进而影响 FlexRay 总线系统的数据传输效率；有条件后应立即更换线束。

任务三　诊断总线

一、K 诊断总线简介

K 诊断总线用于汽车故障检测仪读取车载控制单元的故障数据信息，负责网关与故障诊断接口之间的通信。车辆的故障信息存储在控制单元的存储器中，将故障检测仪连接到故障诊断接口上，也就实现了故障检测仪与 K 诊断总线的连接。由此，就可以读出相应的故障信息，并进行故障诊断，如图 6-23 所示。

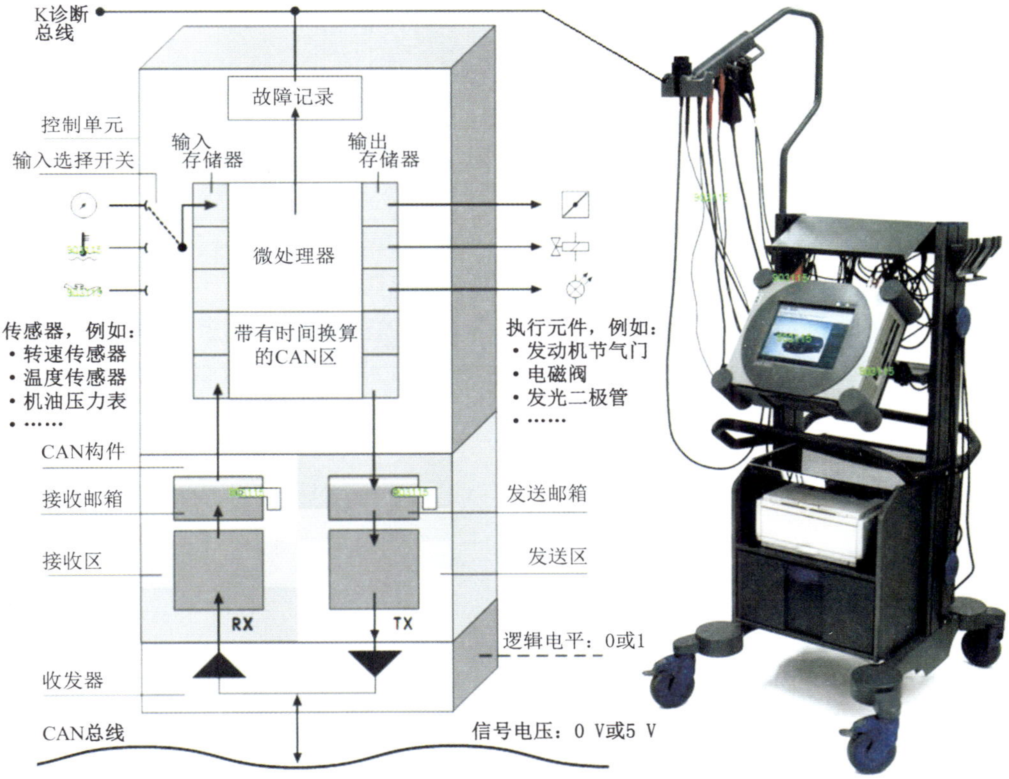

图 6-23　故障诊断仪与 K 总线的连接

二、大众车系的诊断 CAN 总线

随着汽车技术的不断进步，汽车上的控制单元越来越多，诊断系统需要传输的数据量也越来越大，单纯的 K 诊断总线已经无法满足信息传输流量和传输速率的要求。

2000 年以后，大众车系开始采用汽车诊断、测量和信息系统 VAS5051 或汽车诊断和服务信息系统 VAS5052 进行自诊断，并通过诊断 K-CAN 总线完成诊断控制单元和车上其他控制单元之间的数据交换。

诊断 K-CAN 总线使用未屏蔽的双绞线，在全双工模式时，数据传输速率为 500 kb/s，也就是说，诊断 K-CAN 总线可以双向同时传输数据。

在图 6-24 所示的车载网络系统中，各个控制单元的诊断数据经各自的数据总线传输到网关 J519 或 J533，再由网关利用诊断 CAN 总线传输到故障诊断接口。通过诊断 K-CAN总线和网关的快速数据传输，诊断控制单元就可在连接到车上后快速显示出车上所装元件及其故障状态。

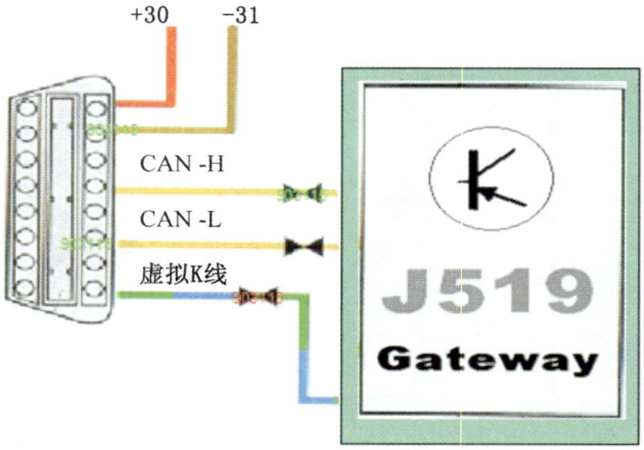

图 6-24　诊断 K-CAN 总线传输接口

随着诊断 K-CAN 总线的推广应用，大众汽车集团已经逐步淘汰了控制单元内部的 K 线存储器。因为诊断 K-CAN 总线承担着原来 K 线的任务，所以习惯上也将诊断 K-CAN总线称为虚拟 K 线。

三、宝马车系的诊断 CAN 总线

（一）D-CAN 总线

宝马汽车集团将宝马车系的诊断 CAN 总线称为 D-CAN 总线。D-CAN 总线采用线形、双线结构，最大数据传输速率为 500 kb/s。当连接好宝马诊断系统插口与车辆诊断接口后，D-CAN 将诊断设备与总线网关连接，网关将宝马诊断系统的请求传输给内部总线，各控制单元的数据通过 D-CAN 传递至诊断设备。

美国的相关法规要求，从 2008 年起，所有在美国市场上销售的汽车必须装备 D-CAN 总线，过渡阶段从 2006 年 9 月开始。为了适应这一要求，宝马车系的 D-CAN 总线从那时起就已开始取代以前的故障诊断接口及基于 KWP2000（Keyword Protocol 2000）的协议。首批采用 D-CAN 总线的是宝马 X5 和 MINI Cooper 车型，此后生产的宝马汽车都开始采用 D-CAN 总线。

(二)D-CAN 故障诊断接口

采用 D-CAN 总线之后,宝马车系的故障诊断接口也进行了相应的改进,新的与D-CAN总线匹配的故障诊断接口如图6-25所示。

D-CAN 故障诊断接口安装在驾驶员侧 A 柱下方,位于驾驶员左脚踏板的侧上方。有的车型在接口上还装有盖板进行保护,如图 6-26 所示。

图 6-25　新型 D-CAN 诊断接口

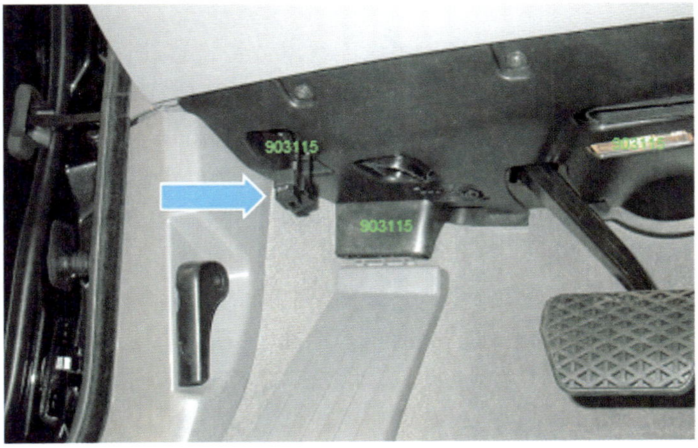

图 6-26　D-CAN 诊断接口安装位置

D-CAN 故障诊断接口与诊断仪的连接如图 6-27 所示。D-CAN 诊断接口为 16 针脚的快速插座,其中 16 号针脚与总线端 K1.30 相连接,获得供电信号;5 号针脚与 K1.31 相连,获得搭铁信号;14 号和 6 号针脚分别与 D-CAN 总线的高线和低线连接。诊断仪与接口连接后就可以通过 D-CAN 诊断总线与中央网关模块相连,进而通过车辆所有总线系统读取存储在各个控制单元内的故障代码信息,同时可以对所有控制单元进行信息交换甚至代替控制单元发出控制指令,方便故障部位的确定。

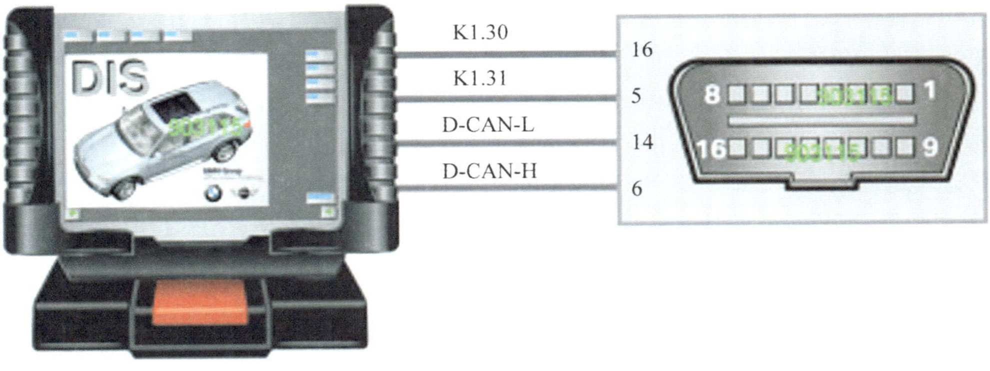

图 6-27　诊断仪与 D-CAN 故障诊断接口的连接

任务四　车载蓝牙技术

一、蓝牙技术

蓝牙技术是为了解决以无线电波替换移动设备所使用的电缆而出现的，试图以相同成本和安全性实现一般电缆的功能，从而使移动用户摆脱电缆束缚。1998 年 5 月，爱立信（Ericson）、诺基亚（Nokia）、东芝（Toshiba）、国际商用机器公司（IBM）和英特尔（Intel）等世界著名的 5 家公司联合宣布了一种短距离无线通信技术——蓝牙技术。蓝牙技术是一种无线数据与语音通信的开放性标准，以低成本的近距离无线连接为基础，为固定与移动设备通信环境建立一个特别连接，在 0～100 m 距离内所有支持该技术的移动或非移动设备可以方便地建立网络联系，进行通信。蓝牙技术已经成为便携式设备之间无线互联的一种全球统一的技术标准，不使用电缆就可以在许多设备之间进行信息传递。

蓝牙技术的特点是：成本较低，适用范围为 100 m，可以通过电池进行能源供给，寿命长。与其他像 GSM（全球移动通信系统）或 CDMA 这样大范围的无线技术相比，蓝牙技术可以用无缝方式传输信息到最终用户。

二、蓝牙技术在汽车上的应用

蓝牙技术在汽车上的应用主要有以下几个方面：

（一）车载免提系统

车载蓝牙是基于蓝牙免提模式（hands-free profile，HFP）协议而设计研发的车内无线免提系统。HFP 协议就是免提协议，定义了两个角色：一个是音频网关，另一个是免提组件。音频网关是音频设备，用于音频的输入和输出，常用的音频网关就是带蓝牙功能的手机。免提组件是该音频网关的远程控制设备，可以提供遥控音频网关的功能。音频网关和免提组件之间通过蓝牙连接。车载蓝牙免提系统就是通过蓝牙把手机和免提组件相连接的。免提组件安装在汽车上用来遥控手机，当需要拨打或者接通电话等操作时，可以经过免提系统来实施，比如在方向盘上设置按钮来操作。如果该免提系统还与车载音响相连接，那么司机就可以通过音响来通话，这时候音响就相当于手机的免提。车载蓝牙免提系统可以让司机不用手接电话，从而达到解放双手的目的。

2003 年，奥迪 A8 车型最早使用了车载蓝牙免提技术。如今，全球 12 个主要的汽车生产商生产的所有汽车都已经提供了车载蓝牙免提系统。

（二）车载信息娱乐系统

车载信息娱乐系统是将汽车内外部环境的各种信息单元进行集中收集和处理，并利用计算机软件、多媒体等技术实现多媒体娱乐、GPS 导航、无线上网、无线通信、安全防范、移动办公、数字仪表与故障检测等功能，提高驾驶的安全性和舒适性的汽车信息娱乐设备。

车载信息娱乐系统已经成为很多汽车的亮点。BMW 公司最早于 2001 年推出了第一代 iDrive 系统，这套系统使用革命性的人机界面（human machine interface，HMI）概念。它设计的初衷是适应汽车不断增加的功能，使司机驾驶时可以在不分心的情况下使用汽车内的各种功能。这种设备加上高度集成化的显示器可以让司机在不看的情况下使用它们，比如使用车内娱乐系统。在 2008 年，BMW 公司发布了第二代 iDrive 系统，这套系统被装在宝马 7 系的高端车上，主要是在人机界面的概念上对第一代系统进行改进，使之更加符合人机界面的概念，并且便于使用。随着移动互联网的兴起，BMW 公司于 2012 年发布了第三代 iDrive 系统，该系统将互联网与移动终端技术作为发展核心，通过互联网与车辆实现互联，并可以和手机 App 互动。作为 BMW 公司的核心产品，iDrive 系统中加入了蓝牙技术。iDrive 系统内置了蓝牙设备，可以和各种移动终端连接，比如，智能手机、平板电脑和 MP3 播放器，连接后可以通过蓝牙同步通讯录、创建播放列表或是使用各种 Office 功能。

(三)汽车诊断

目前汽车的多数诊断仪都是基于硬线连接的，要将诊断仪用 CAN 线或 K 线连接到汽车诊断接口上才能进行诊断。随着无线传输技术的快速发展，汽车蓝牙诊断设备也开始出现，蓝牙无线传输技术支持设备短距离通信(一般 10 m 内)，能在包括蓝牙诊断设备、蓝牙测量仪器、笔记本电脑和其他相关外设等众多设备之间进行无线信息交换。

汽车蓝牙诊断技术把数据采集终端、数据诊断终端及控制系统通过蓝牙方式进行通信，数据采集终端安装在汽车内，数据诊断终端就是蓝牙手持式诊断仪，充分利用了蓝牙技术，使汽车的故障诊断更加方便快捷。

(四)遥控控制

用户通过蓝牙手机可以控制车内 10 m 范围内的安全操作开关(如车门开关或其他开关)。BMW 公司于 2011 年针对 iPhone 推出了 BMW Connected 应用程序，这款应用可以让 iPhone 手机和 BMW 轿车通过 USB 数据线进行无缝连接，连接后用户可以利用 BMW 轿车的 iDrive 系统使用 iPhone 手机中的一些功能，手机界面如图 6-28 所示。

除此之外，BMW 公司还发布了针对 iPhone 和 Android 手机的 My BMW Remote 应用，可以让车主用 iPhone 手机对车进行远程操控，实现远程上锁/解锁、汽车定位搜索、远程喇叭、远程闪灯等功能，手机界面如图 6-29 所示。

奔驰公司开发了第二代车联网服务系统 Mercedes-BenzmBrace2，这套系统作为标配被装在 2013 年的奔驰车型上。这套系统是远程信息处理系统，把汽车安全、定制化的娱乐系统、汽车远程诊断和辅助驾驶集成在里面。更重要的是，这套系统可以通过电脑和智能手机访问，并针对智能手机开发了应用程序，其应用界面如图 6-30 所示。

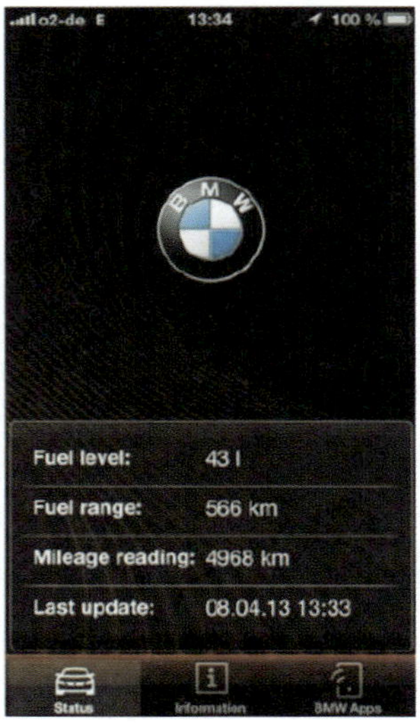

图 6-28 BMW Connected 手机应用界面

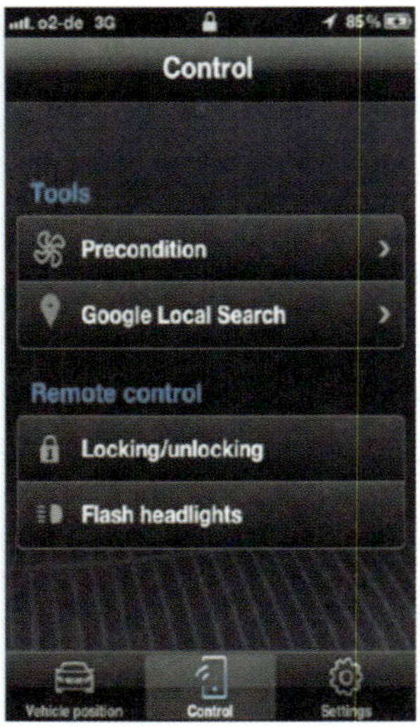

图 6-29 My BMW Remote 手机应用界面

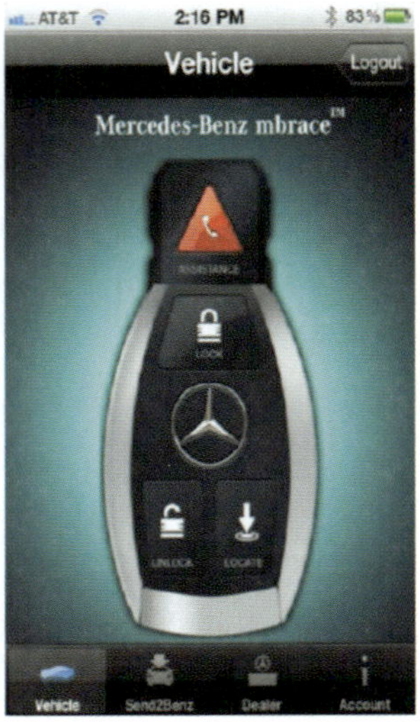

图 6-30 奔驰 mBrace 手机应用界面

随着技术的发展,未来的汽车蓝牙技术将能够读取汽车的速度,发动机变速箱状态,控制汽车的转向、油门、刹车踏板、换挡和转向灯,同时能够将安装在车外的摄像机拍摄的画面实时发送给各种蓝牙外设,通过蓝牙平板电脑等外设来控制无人驾驶汽车。

任务五 汽车 VAN

一、VAN 概述

车辆局域网(vehicle area network,VAN)是现场总线的一种,由法国标致雪铁龙集团和雷诺汽车公司于 1985 年联合开发,最早被应用于雪铁龙 Xm 轿车上,1994 年成为国际标准。VAN 通信介质简单,传输速率可达 1 Mb/s(40 m 内)。

在东风毕加索轿车总线中,电控单元之间的通信协议为 VAN,其误差检测方式为奇偶校验。总线通信网络由 2 根分别名为 DATA 及 DATAB 的信号线组成,DATAB 线上的电压信号总与 DATA 线上的电压信号相反,如图 6-31 所示。

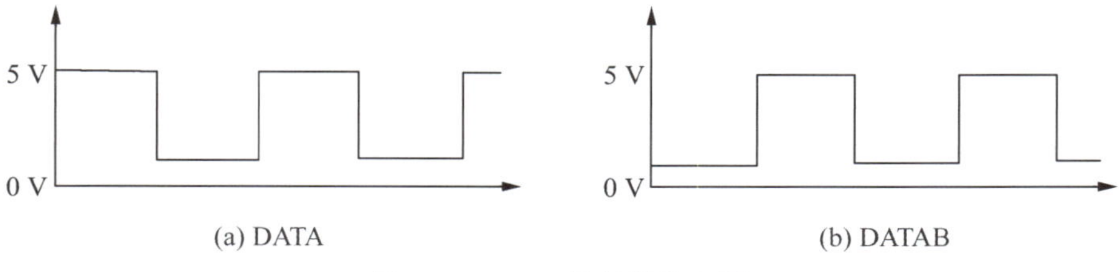

图 6-31 VAN 信号线的电压

两种电压定义了两种不同的逻辑状态，从而可以限制发射辐值，并具备良好的抗干扰性。使用两根信号线及电子线路进行信号发送及接收，可以保证在发生以下故障时，车辆仍可在降级模式下正常运行：两根信号线之一断路；两根信号线之一对正极短路达12 V；两根信号线之一对地短路。当某根信号线信号传输中断时，智能控制盒将信号电压与参考电压进行比较，提示数据线故障。

二、VAN 节点

在 VAN 总线结构中，设置了一个智能控制盒 BSI（带网关的电子控制单元），它是一个包含下列功用的微型电子计算机：(1)电子界面（继电器、熔断器、诊断接口、高频接收器）；(2)电子检测：BSI 盒是 VAN 的一个主控元件，管理着各电控单元之间的通信；(3)电子计算：BSI 盒自主控制着某些基础功能（开启件的锁定、指示信号、视野、内部照明、防盗启动……）、车辆上的某些防盗保护信息（车辆 VIN、钥匙编号、高频遥控码、收放机识别号……）；(4)一个用以整体检测、诊断及编码的程序；(5)BSI 还用作 VAN 与诊断工具之间的桥梁，以识别系统某些部件的故障；(6)BSI 对能量进行管理，控制自身及其他连接电控单元在低能耗模式下运行。

BSI 具有三种工作模式：(1)额定模式，是为车辆使用设计的工作模式，在该模式下所有功能均可运行；(2)休眠模式，在该模式下 VAN 无通信，电控单元能耗最低，BSI 捕捉复苏信号，每个多路连接器件均可唤醒网路，此时所有电控单元即可得到＋VAN 电源；(3)经济模式，在该模式下如果网络上再无通信，BSI 将切断电控单元的供电（＋VAN 信号），电能消耗因此大大降低。

一个 VAN 电控单元拥有一个标准接口，以便于同其他电控单元交流和处理信息数据，由协议控制器、线路接口和执行器 3 个主要部分组成，如图 6-32 所示。协议控制器负责控制网络中的下列功能：(1)VAN 信息输入和输出的编码与译码；(2)检测到空闲总线之后即进入该总线；(3)冲突管理；(4)错误管理；(5)与微处理器的接口实现运行任务。

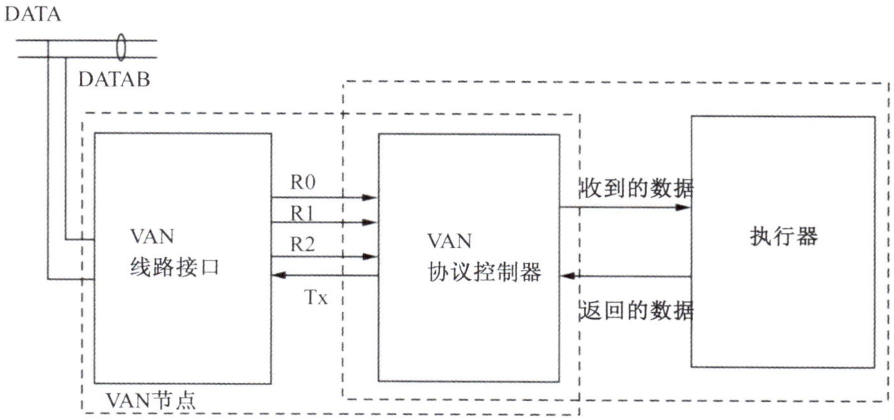

图 6-32　VAN 的硬件结构

三、VAN-CAN 混合网络

为了满足市场对更多功能和更高舒适度的高级车辆的需要，市场上又出现了 VAN-CAN 双网并存的轿车，其结构如图 6-33 所示。

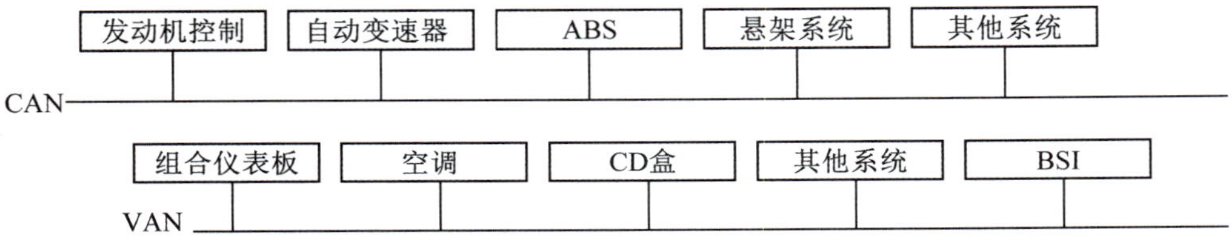

图 6-33　VAN-CAN 的混合结构

CAN 总线为多主系统网络，用于机械功能、发动机和底盘等。舒适 VAN 用于仪表、收放机、空调控制、导航系统等，为多主控式网络，传输速率为 125 kb/s。CAN 和 VAN 这两种网络都具有可靠性、简单性、经济性，其中 CAN 往往用于连接轿车中实时控制的功能控制系统，VAN 多用在连接车身中的功能控制系统上。

目前，为了满足汽车功能的需要，广泛应用的 VAN-CAN 双网结构出现了“多网”的趋势，其中 VAN 又分为舒适 VAN 和车身 VAN，车身 VAN 又分为车身 VAN1 和车身 VAN2，适用于安全气囊、前照大灯、车门、车窗、车门玻璃、座椅、微粒过滤器以及转向盘等，传输速率为典型速率 62.5 kb/s。

★案例拓展

案例　宝马520Li轿车FlexRay总线故障检修

一辆行驶里程约 1.02×10^{5} km 的 2013 款宝马 520 轿车，据用户反映：该车辆在行驶中仪表中 DSC 故障报警灯、ABS 故障报警灯偶尔点亮报警；中央信息显示屏提示“动态稳定系统失效”等文字信息，方向盘会突然变重；雨刮器会自动运行，通过开关无法关闭；故障现象并不是一直存在，有时候会自动消除，有时候需要重新关闭一次点火开关。

故障诊断：接车后首先验证用户反映的故障现象，发现用户反映的故障现象当前并没有存在，仪表和中央信息显示屏中没有出现当前的故障报警和相应的文字信息提示。连接 ISID 故障诊断仪进行诊断检测，读取故障存储器中的故障内容：

- CD8420-DME、FlexRay：通信故障
- C98420-SZL、FlexRay：通信故障
- CD0420-ZGM、FlexRay：通信故障
- CD0487-中央网关模块：FlexRay 同步失效
- D5041F-EPS、FlexRay：线路故障/电气故障
- D34420-DSC、FlexRay：通信故障
- D50420-EPS、FlexRay：通信故障

FlexRay 总线系统是数据传输率较高且电压变化较快的一种总线系统，最大数据传输率为每通道 10 Mb/s。这相当于 PT-CAN 2 或 D-CAN 数据传输率的 20 倍。FlexRay 总线导线出现故障（例如短路或对地短路）或 FlexRay 控制单元自身出现故障时，可能会切断各控制单元或整个支路与总线之间的通信，带有 4 个授权唤醒 FlexRay 控制单元（ZGM、DME、DSC、ICM）的分支除外。如果这些控制单元之间的通信中断，则发动机无法启动。此外，控制单元内的这种总线监控功能还能防止在非授权时间发送信息，从而防止覆盖其他信息。FlexRay 上的终端电阻位于各控制单元内。FlexRay 导线电阻的测量结果无法 100%体现出系统布线的功能，出现挤压变形或插头腐蚀等损坏情况时，在静态模式下电阻可能位于公差范围内。但在动态模式下，电气影响可能会引起波涌阻抗提高，从而出现数据传输问题。FlexRay 总线可以维修，电缆损坏时可以用普通电缆连接器连接在一起。但是安装时必须遵守其特殊要求。FlexRay 的线路是一个双绞线导线，进行维修时必须尽可能地保持这种双绞线布置方式。剥掉绝缘层的维修部位必须用冷缩配合软管密封住。因为进水后可能会影响波涌阻抗，进而影响总线系统的效率。

FlexRay 总线系统的电压范围（电压以对地测量方式得到）：系统接通，无总线通信时为 2.5 V；高电平信号时为 3.1 V（电压信号上升 600 mV）；低电平信号时为 1.9 V（电压信号下降 600 mV）。

此款车 FlexRay 总线的连接如图 6-34 所示。拆卸检查 FlexRay 线路，确认无相互短

路、断路现象。测量线路时发现至 DME 的 FlexRay 导线表面有变色，仔细检查发现导线存在轻微的挤压变形现象。

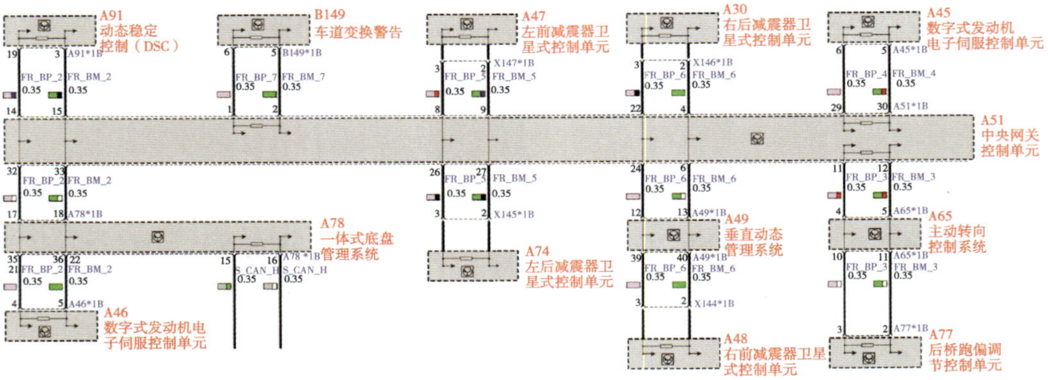

图 6-34　宝马 520 FlexRay 总线的连接

更换至 DME 的 FlexRay 导线，按照规范的要求进行双绞线的布置，还原拆卸的部件，删除故障存储，试车故障现象没有再次出现，故障排除。

★任务实施

汽车 FlexRay 总线控制单元的实车拆装

学　　院		专　　业	
姓　　名		学　　号	
小组成员		组长姓名	

实训目标：

1. 能够依据接待要求，结合客户的需求，独立完成接待准备工作。
2. 能够结合客户车辆的故障现象，根据维修手册初步判断故障范围。
3. 能够根据故障现象及客户的咨询信息，依据维修手册及操作规范和标准，制定车辆的初步维修方案。
4. 能够根据信息查询系统在实车上找到 FlexRay 总线系统各个控制单元的安装位置。
5. 能够根据信息系统的拆装步骤进行拆装。
6. 通过团队合作，规范地完成车辆检修工作。

一、接受工作任务	**成绩：**

一辆宝马 5 系 535Li 轿车出现了 FlexRay 总线通信无法正常工作的故障，分析故障原因有可能是各个控制单元间的线束遭到了破坏。请进行 FlexRay 总线各控制单元的查找和拆卸，熟悉各个控制单元的安装位置，方便以后 FlexRay 总线出现故障时进行拆装操作。

二、信息收集	**成绩：**

1. 客户信息登记：进店时间：____月____日____时，客户姓名：____________，电话：____________。
2. 客户车辆登记：车型：____________，车牌号码：____________，车辆的 VIN：________________。
3. 车辆进店时里程数：__________，油量/电量：__________，车上故障灯：□无　□有（说明并备注一下）____。
4. 车辆外观检查情况：剐蹭痕迹：□无　□有（有的话标注在车辆登记表格中加以说明）____。
5. 车辆进店维修内容：____。
6. 查找本车的维修手册____册，版本是____________。
7. 本车维修是：□单人进行　□双人进行　□需要技术支持协助完成。
8. 整车控制电路图：□完整　□不完整（若不完整，原因是：________________________________）。
9. 本次保养所用仪器设备准备情况：□齐全　□不齐全（若不齐全，原因是：________________________________）。
10. 本次保养需要的时长为____________。

11. 本次保养后需要提供给客户的资料有：____

____。

12. 本次保养后车辆清洗情况：□需要清洗　□不需要清洗。

三、制订计划	成绩：

1. 请根据 FlexRay 总线控制单元的实车拆装及检测规范和要求，制订 FlexRay 总线控制单元的实车拆装及检测实训计划。

2. 请根据维修作业计划，完成小组成员任务分工。

操作人		记录员	
监护人		展示员	

作业注意事项

(1)实训开始前应摘掉各类饰品，换上实训服，长头发应挽起固定于脑后。
(2)整车实训时应确保点火开关处于 OFF 位置，操作另有要求的除外。
(3)就车工作时，应施加驻车制动，除非特定操作要求置于其他挡位。
(4)举升车辆时应按照规范进行，避免发生意外事故。
(5)工具使用后，应清洁并归还原处。

检测设备/工具/材料

序号	名称	数量	清点
			□已清点
			□已清点
			□已清点
			□已清点
			□已清点
			□已清点
			□已清点
			□已清点
			□已清点

四、计划实施	成绩：

1. 请完成车辆维修作业前的检查及车辆防护，并记录信息。

(1)维修作业前车辆的检查。

	作业内容： 作业结果：

(2)维修作业前维修手册的查询。

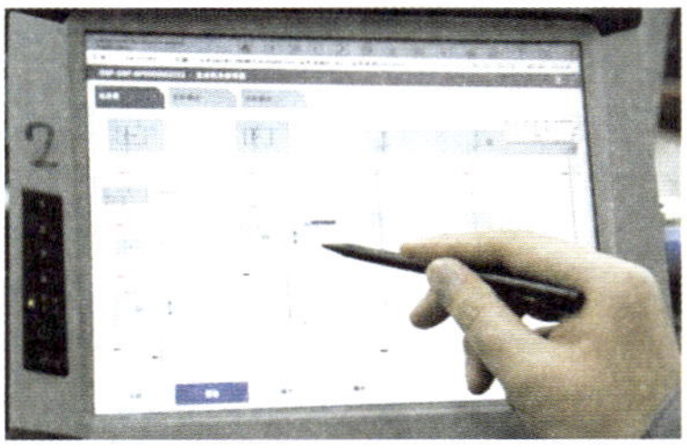	作业内容： 作业结果：

(3)维修作业前维修工具的准备。

	作业内容： 作业结果：

2. 连接诊断仪，进行车辆检测。

	车辆连接端口检查	□正常　□破损　□脏污
	诊断仪连接	□正常　□破损　□脏污
	与车辆通信	□正常　□故障
	检测结果	
	故障码记录	

3. 查询 FlexRay 总线框图。				
查询路径				
绘制总线框图				
4. 相关模块拆装。				
FlexRay 总线控制单元名称	FlexRay 总线控制单元安装位置	FlexRay 总线控制单元功能	拆装过程中的注意事项	故障码
(1)				
(2)				
(3)				
(4)				
(5)				
总结	(1)此车辆上哪个控制单元为 FlexRay 总线主控单元? (2)此车辆 FlexRay 总线的传输介质是什么?			

五、质量检查		成绩:
请实训指导教师检查本实训作业结果,并针对实训过程中出现的问题提出改进措施及建议。		
序号	评价标准	评价结果
1	维修作业前检查及车辆防护	
2	诊断仪连接及故障码读取	
3	FlexRay 总线控制单元查询	
4	FlexRay 总线控制单元拆装	
综合评价	☆ ☆ ☆ ☆ ☆	
综合评语(作业问题及改进建议)		

六、评价反馈	成绩：

1. 请根据自己在课堂中的实际表现进行自我反思和自我评价。

自我反思：

自我评价：

2. 实训成绩单。

项目	评分标准	分值	得分
接受工作任务	明确工作任务，理解任务在企业工作中的重要程度	5	
信息收集	完整、准确地收集信息	10	
制订计划	按照 FlexRay 总线控制单元的实车拆装及检测规范和要求，制订合适的行动计划	10	
	能协同小组人员安排任务分工	5	
	能在实施前准备好所需要的工具和器材	5	
计划实施	规范地进行场地布置及工具检查	5	
	通过实车认知 FlexRay 总线	10	
	连接诊断仪，进行车辆检测	10	
	查询 FlexRay 总线框图	10	
	相关模块拆装	10	
质量检查	学生任务完成，操作过程规范	10	
评价反馈	学生能对自身表现情况进行客观评价	5	
	学生在任务实施过程中发现自身问题	5	
得分(满分 100)			

诊断仪与车辆 D-CAN 诊断接口连接

学　　院		专　　业	
姓　　名		学　　号	
小组成员		组长姓名	

实训目标：

1. 能够依据接待要求，结合客户的需求，独立完成接待准备工作。
2. 能够结合客户车辆的故障现象，根据维修手册初步判断故障范围。
3. 能够根据故障现象及客户的咨询信息，依据维修手册及操作规范和标准，制定车辆的初步维修方案。
4. 能够根据信息查询系统在实车上找到 D-CAN 总线系统各个控制单元的安装位置。
5. 能够根据信息系统的拆装步骤进行拆装。
6. 通过团队合作，规范地完成车辆检修工作。

一、接受工作任务	**成绩：**

一辆宝马 5 系 520Li 轿车，在连接诊断仪过程中偶尔会出现车辆无法识别的现象，更换诊断仪重新连接后依然无法识别。

二、信息收集	**成绩：**

1. 客户信息登记：进店时间：____月____日____时，客户姓名：____________，电话：____________。
2. 客户车辆登记：车型：____________，车牌号码：____________，车辆的 VIN：____________。
3. 车辆进店时里程数：______，油量/电量：______，车上故障灯：□无　□有（说明并备注一下）____。
4. 车辆外观检查情况：剐蹭痕迹：□无　□有（有的话标注在车辆登记表格中加以说明）____。
5. 车辆进店维修内容：____。
6. 查找本车的维修手册____册，版本是____________。
7. 本车维修是：□单人进行　□双人进行　□需要技术支持协助完成。
8. 本车相应的车载网络系统应用检查：□CAN　□LIN　□MOST。整车控制电路图：□完整　□不完整（若不完整，原因是：________________________）。
9. 本次保养所用仪器设备准备情况：□齐全　□不齐全（若不齐全，原因是：____）。
10. 本次保养需要的时长为____________。
11. 本次保养后需要提供给客户的资料有：____。
12. 本次保养后车辆清洗情况：□需要清洗　□不需要清洗。

三、制订计划	成绩：

1. 请根据车辆 D-CAN 诊断接口与诊断仪器的连接和断开过程规范及要求，制定 D-CAN 诊断接口与诊断仪器的连接和断开过程实训计划。

2. 请根据维修作业计划，完成小组成员任务分工。

操作人		记录员	
监护人		展示员	

作业注意事项

(1)实训开始前应摘掉各类饰品，换上实训服，长头发应挽起固定于脑后。
(2)整车实训时应确保点火开关处于 OFF 位置，操作另有要求的除外。
(3)就车工作时，应施加驻车制动，除非特定操作要求置于其他挡位。
(4)举升车辆时应按照规范进行，避免发生意外事故。
(5)工具使用后，应清洁并归还原处。

检测设备/工具/材料

序号	名称	数量	清点
			□已清点
			□已清点
			□已清点
			□已清点
			□已清点
			□已清点
			□已清点
			□已清点
			□已清点

<table>
<tr><th>四、计划实施</th><th>成绩：</th></tr>
<tr><td colspan="2">1. 请完成车辆维修作业前的检查及车辆防护，并记录信息。
(1)维修作业前车辆的防护。</td></tr>
<tr><td>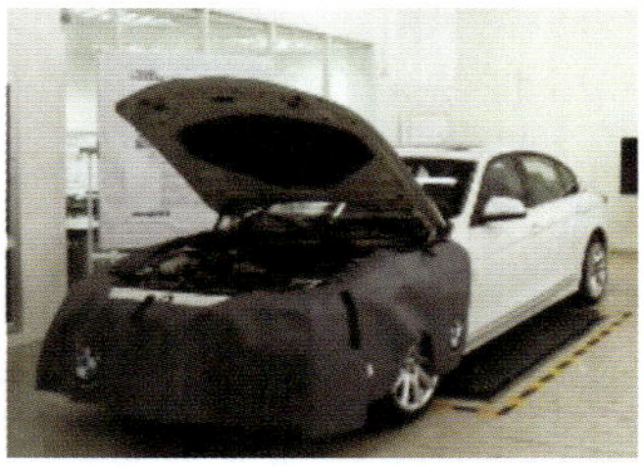</td><td>作业内容：

作业结果：</td></tr>
<tr><td colspan="2">(2)维修作业前的网络连接。</td></tr>
<tr><td></td><td>作业内容：

作业结果：</td></tr>
<tr><td colspan="2">(3)维修作业前维修工具的准备。</td></tr>
<tr><td></td><td>作业内容：

作业结果：</td></tr>
<tr><td colspan="2">2. 查询维修手册，进行诊断连接。</td></tr>
<tr><td>D-CAN 诊断接口在车辆上的位置</td><td></td></tr>
<tr><td>区别 D-CAN 诊断接口的正反，看反向能否连接</td><td></td></tr>
<tr><td>查询电路图和维修手册，记录 OBD 诊断接口的 16 个针脚所连接的分别是哪些数据线</td><td></td></tr>
<tr><td>车辆自检完毕有什么标志，组合仪表上哪些指示灯会在车辆自检完成后熄灭</td><td></td></tr>
<tr><td>如果不使用宝马专用诊断仪，是否可以从 OBD 接口读到车辆数据，可以读到哪些数据</td><td></td></tr>
</table>

3. 查询 D-CAN 总线框图。	
查询路径	
绘制总线框图	

五、质量检查		成绩：
请实训指导教师检查本实训作业结果，并针对实训过程中出现的问题提出改进措施及建议。		
序号	评价标准	评价结果
1	维修作业前检查及车辆防护	
2	诊断仪连接及故障码读取	
3	D-CAN 总线信息查询	
综合评价	☆ ☆ ☆ ☆ ☆	
综合评语（作业问题及改进建议）		

六、评价反馈	成绩：
1. 请根据自己在课堂中的实际表现进行自我反思和自我评价。 自我反思： 自我评价：	

2. 实训成绩单。

项目	评分标准	分值	得分
接受工作任务	明确工作任务，理解任务在企业工作中的重要程度	5	
信息收集	完整、准确地收集信息	10	
制订计划	按照车辆 D-CAN 诊断接口与诊断仪器的连接和断开过程规范及要求，制订合适的行动计划	10	
	能协同小组人员安排任务分工	5	
	能在实施前准备好所需要的工具和器材	5	
计划实施	规范地进行场地布置及工具检查	5	
	通过实车认知 D-CAN 总线	10	
	查询维修手册，进行诊断连接	10	
	查询 D-CAN 总线框图	10	
	绘制总线框图	10	
质量检查	学生任务完成，操作过程规范	10	
评价反馈	学生能对自身表现情况进行客观评价	5	
	学生在任务实施过程中发现自身问题	5	
得分（满分 100）			

★学习评价

1. 选择题

(1)在宝马车系中，Byteflight 总线首次被使用在(　　)车型上。

A. 7 系　B. 5 系　C. 3 系　D. X1

(2)在宝马车系中，Byteflight 总线采用的拓扑结构是(　　)。

A. 线形　B. 环形　C. 星形　D. 混合型

(3)在宝马 7 系车型中，Byteflight 总线主要被应用在(　　)。

A. 紧急呼叫系统　B. 无线通信系统

C. 高级安全电子系统　D. 底盘动态控制系统

(4)FlexRay 总线的数据传输速率为(　　)。

A. 500 kb/s　B. 1 Mb/s　C. 10 Mb/s　D. 50 Mb/s

(5)在宝马 7 系车型中，FlexRay 总线是(　　)的综合性主总线系统。

A. 发动机控制系统　B. 灯光照明控制系统

C. 行驶动态管理系统　D. 影音娱乐控制系统

(6)在宝马 5 系车型中，FlexRay 总线的拓扑结构是(　　)。

A. 线形　B. 环形　C. 星形　D. 混合型

(7)在宝马车系中，BSD 总线的优势是(　　)。

A. 数据传输速率非常快　B. 方便连接车辆上的所有控制单元

C. 免维护　D. 总线费用低廉

(8)以下部件中，不连接在宝马汽车 BSD 总线上的是(　　)。

A. 发电机　B. 蓄电池

C. 起动机　D. 智能型蓄电池传感器(IBS)

(9)在宝马车系中，BSD 总线主要被应用在(　　)。

A. 驻车安全系统　B. 电源管理系统

C. 高级安全电子系统　D. 无线数据传输系统

(10)宝马车系 D-CAN 诊断接口有(　　)针脚。

A. 14 个　B. 16 个　C. 17 个　D. 18 个

(11)大众车系的诊断 CAN 总线又称为(　　)。

A. 虚拟 K 线　B. 虚拟 CAN 总线　C. 虚拟总线　D. 虚拟 CAN

(12)在宝马车系中，D-CAN 故障诊断接口(故障诊断插座)与诊断仪的连接关系是：K1. 30 与(　　)连接，K1. 31 与(　　)连接，D-CAN-L 与(　　)连接，D-CAN-H 与(　　)连接。

A. 5 号针脚　B. 14 号针脚　C. 6 号针脚　D. 16 号针脚

(13)以下功能中，车载蓝牙系统不能实现的是(　　)。

A. 手机免提通话　　　　　　　B. 手机音乐播放

C. 手机 App 遥控车辆部分功能　　D. 车辆充电

(14)雪铁龙车系上的 VAN 与(　　)总线的功能类似。

A. LIN　　　B. CAN　　　C. MOST　　　D. 诊断

2. 简答题

(1)简述 Byteflight 光学总线的数据传输原理及应用范畴。

(2)目前,FlexRay 总线主要用于汽车的哪些系统?

(3)简述 FlexRay 总线的特性。

(4)在宝马车系教学车辆或实训台架上,找出 FlexRay 总线各个控制单元的安装位置。

(5)奥迪车系早期的诊断总线和目前的诊断总线有何区别?

★知识拓展

奥迪 A8 FlexRay 总线系统技术

1. FlexRay 总线的特征和基本原理

2010 款奥迪 A8 由奥迪公司位于巴登-符腾堡州的内卡苏姆工厂生产，于 2010 年 10 月上市，其采用了一个新的总线系统——FlexRay 总线。FlexRay 代表的含义：Flex 的德语意义为 Flexibilit（灵活），Ray 的德语意义为 Rochen（FlexRay 联盟标志中的鳐鱼），其标志如图 6-35 所示。采用 FlexRay 总线是为了满足将来对汽车控制单元联网结构更高的要求，特别是为了实现更快的数据传输率、更强的实时控制和更高的容错运算。使用 FlexRay 总线之后才可以实现驾驶动态控制、车距控制如自适应雷达巡航控制（adaptive cruise control，ACC）、图像处理功能。

图 6-35　FlexRay 总线标志

（1）FlexRay 总线的特征。2010 款奥迪 A8 的 FlexRay 总线具有如下六个特征：①双绞线总线；②最快数据传输率达 10 Mb/s；③传输空闲、Data0、Data1 等 3 种信号状态；④主动星形拓扑结构；⑤实时控制；⑥实现分布式控制和与安全相关的系统的使用。

（2）FlexRay 总线的基本原理：FlexRay 总线的基本工作方式与使用至今的数据总线系统——CAN 总线、LIN 总线和 MOST 总线不同。FlexRay 总线的基本工作方式用索道作比喻比较恰当：索道的站点就像总线用户，即信息发送和接收器（控制单元），索道的吊车就像数据帧，而乘客就是信息。

总线用户通过 FlexRay 总线可以精准确定发送信息的时间点，发出信息到达接收器的时间也可以被精确地识别，这与索道既定不变的时刻表相同。即使总线用户不发送任何信息，也为它预留一定的带宽，就像索道上，无论是否有乘客，索道都在运行。所以，不需要像在 CAN 总线上那样设定信息的优先级。奥迪将“空吊车”情况视作信息发送器发生故障，也就是说，控制单元总是发送信息，但用 Update Bit（更新位）标记新内容。如果没有可以使用的新数据，则再次发送旧数据。CAN 总线与 FlexRay 总线的异同如表 6-2 所示。

表 6-2　CAN 总线与 FlexRay 总线的异同

特性	CAN 数据总线	FlexRay 总线
布线	双绞线	双绞线
信号状态	0、1	空闲、Data0、Data1 数据

续表

特性	CAN 数据总线	FlexRay 总线
数据传输率	500 kb/s	10 Mb/s
访问方式	事件触发	时间触发
拓扑结构	总线、被动星形	点对点，主动星形，Daisy Chainl①
优先设定	先发送优先级别比较高的信息	无，数据在固定的时间点发送
确认信号	接收器确认接收到有效的数据帧	发送器不会获得数据帧是否正确传输的信息
故障日志	在网络中能用故障日志标记故障和错误	每个接收器自行检测接收到的数据帧是否正确
数据帧长度	有效数据最长 8 字节	有效数据最长 256 字节
传输	按需要传输；可以使用 CAN 总线的时间点由负载决定；CAN 总线可能超负载	传输数据帧的时间点确定；传输持续时间确定；即使不需要，也保留时间槽
到达时间	不可知	可知

2. FlexRay 总线协议

在 FlexRay 总线上，信息通过通信周期(communication cycles)传输。通信周期不断循环，也就是说，接连不断。一个通信周期持续 5 ms，由静态段、动态段、网络空闲时间(空载)3 部分组成。

(1)静态段：静态段在总线用户之间传递信息。为了传输数据，静态段被分为 62 个时隙，即时间槽，如图 6-36 所示。一个静态时隙只能发送到一个特定的总线用户中，但是，所有总线用户都可以接收所有静态时隙，也包括那些与它没有确定关系的时隙。所有静态时隙的长度都相等，都是 42 字节，时隙的顺序固定不变。在接连不断的通信周期中，各个静态段传输不同内容的信息。一般无论所有时隙是否都承载信息，整个时隙结构都会被传输。在奥迪车上，总线用户还会持续发送更新位。

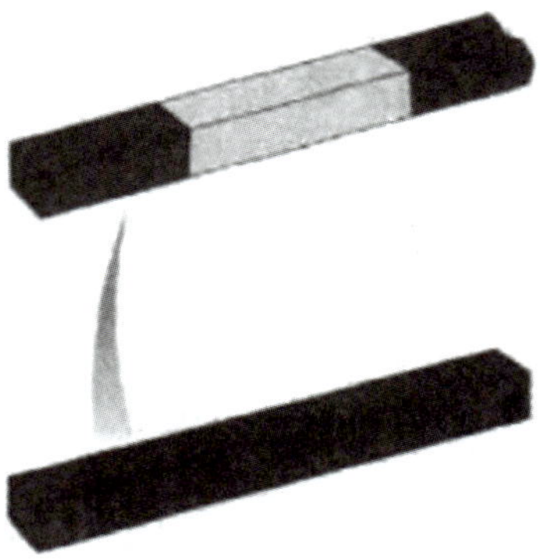

图 6-36　FlexRay 总线的静态段示意

(2)动态段：动态段被分成若干最小时隙，所有总线用户都会接收动态段。动态段是通信周期中为了能够传输事件触发的数据而预留的位置。

(3)网络空闲时间：网络空闲时间就是网络静止时间，在这段时间内，FlexRay 总线上

① Daisy Chainl 表示串联控制单元依次串联的总线拓扑结构。

没有信息传输。数据总线诊断接口 J533 需要这段时间同步 FlexRay 总线上数据传输的过程。所有总线用户都可以利用网络空闲时间使内部时钟与全球时基同步。

3. FlexRay 总线的结构

FlexRay 总线的拓扑结构主要有三种:总线形、星形和总线星形混合型。

通常,FlexRay 节点可以支持两个信道,因而可以分为单信道和双信道两种系统。在双信道系统中,并不是所有节点都必须与两个信道连接。与总线形结构相比,星形结构的优势有两个:第一,它在接收器和发送器之间提供点到点的连接,该优势在高传输速率和长传输线路中尤为明显;第二,具有错误分离功能。图 6-37 所示为 FlexRay 总线的星形拓扑结构。

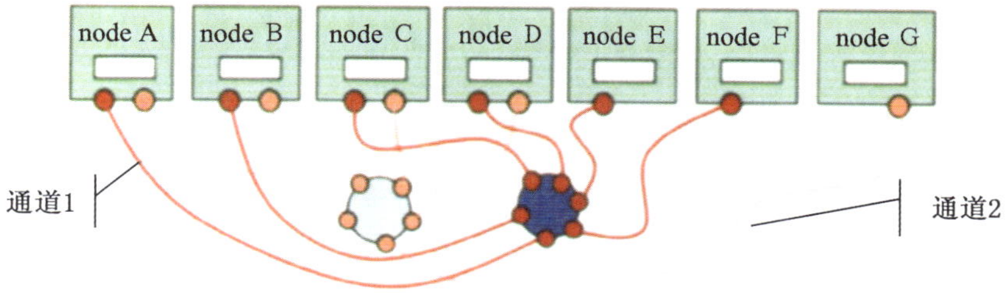

图 6-37　FlexRay 总线的拓扑结构

一条 FlexRay 支路上的中间控制单元通过 4 个芯脚与 FlexRay 总线连接,其中 2 个用来将总线信号转送给下一个控制单元,另外 2 个用于直接与 FlexRay 总线通信。节点控制单元,例如 ABS 控制单元 J104(见图 6-38)只有 2 个芯脚。

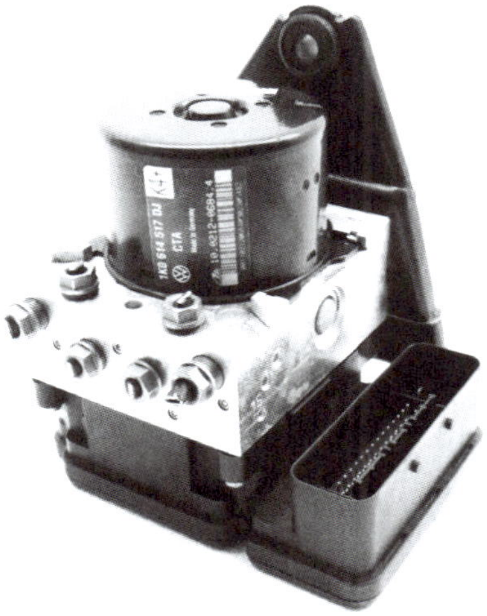

图 6-38　ABS 控制单元 J104 的芯脚

4. 功能流程

(1)唤醒:如果 FlexRay 总线处于休眠模式,系统会先通过唤醒过程使 FlexRay 变成待机模式,即使激活所有接线端 30 的用户,FlexRay 总线也无法主动进行通信。

(2)启动阶段:启动后,FlexRay 总线才有真正的通信。启动,指的是网络的启动,只能由冷态启动控制单元完成。第 1 个向 FlexRay 总线发送信息的冷态启动控制单元开始启动过程。冷态启动和同步控制单元将会启动网络，并建立同步。冷态启动和同步控制单元有数据总线诊断接口 J533、ABS 控制单元 J104、电子传感器控制单元 J849。然而，非冷态启动控制单元则不会启动 FlexRay 总线，对建立同步也没有帮助。只有当 2 个以上其他总线用户在 FlexRay 总线上发送信息后，非冷态启动控制单元才可以发送信息。非冷态启动控制单元有车距控制装置控制单元 J428、车距控制装置控制单元 J850、图像处理控制单元 J851、四轮驱动系统控制单元 J492、水平高度调节系统控制单元 J197（如图 6-39 所示，无法启动网络，但是对同步有帮助）。

图 6-39　水平高度调节系统控制单元 J197

（3）信号状态：FlexRay 总线的 2 条导线分别是 Busplus 和 Busminus。2 条导线上的电压在 1.5～3.5 V 之间变换。FlexRay 的信号状态有 3 种：①空闲，2 条导线上的电压都为 2.5 V；②Data0，Busplus 上为低电平，Busminus 上为高电平；③Data1，Busplus 上为高电平，Busminus 上为低电平。

一个位占 100 ns 带宽，传输时间与导线长度以及总线驱动器的传输用时有关。信号差别传输，也就是说，信号传输需要 2 条导线。接收器通过 2 个信号的差别确定本来的比特状态，典型压差为 1.8～2.0 V。发送器附近必须至少有 1 200 mV 的压差，接收器处的直接最小压差为 800 mV。如果在 640～2660 μs 内，总线上的压差没有变化，FlexRay 总线自动进入休眠模式（空闲）。

5. FlexRay 总线诊断

数据总线诊断接口 J533 可以识别网络中的故障，并使没有故障的区域可以继续工作。故障可能仅出现在某一部分网络内，但是也有可能涉及整个网络。出现故障时 FlexRay 总线的表现为：（1）一条导线搭铁短路，数据总线诊断接口 J533 识别到一个持续不变的压差，相关的总线支路关闭，直到再次空闲，也就是说，识别到休眠模式的电平。（2）2 条导线相互短路，数据总线诊断接口 J533 识别到空闲电压持久不变，该总线支路上再也无法发送和接收数据。（3）控制单元持续发送空闲数据，总线诊断接口 J533 识别到总线支路空闲，并关闭总线支路。

车载自组织网络和车载移动互联网

车载自组织网络路由协议根据接收数据包的节点数量可分为单播路由、广播路由和多播路由。

根据节点间通信是否需要借助路侧单元，可以将车载自组织网络的结构分为车间自组织型、无线局域网/蜂窝网络型、混合型。

车载自组织网络的路由协议主要有基于拓扑结构的路由、基于地理位置的路由、基于移动预测的路由、基于路侧单元的路由和基于概率的路由。车载自组织网络的特点是节点速度变化大、运动模式多变、节点密度变化大、节点异构性、可预测的运动性。

车载自组织网络在智能网联汽车上的应用场景主要包括碰撞预警、避免交通拥堵、紧急制动警告、并线警告和交叉路口违规警告等。随着车载自组织网络技术的发展，其应用范围越来越广泛，主要涉及安全、驾驶、公共服务、商用、娱乐等。

智能网联汽车通过车载移动互联网，可以实现导航及位置服务、实时交通信息服务、网络信息服务、汽车使用服务、汽车出行服务、商务办公等。汽车与互联网互联，赋予了汽车连接真实世界的能力。

V2V 主要应用于避免和减缓交通事故、车辆监督管理等，V2I 主要应用于实时信息服务、车辆监控管理、不停车收费等，V2P 主要应用于避免或减少交通事故、信息服务等，V2N 主要应用于车辆导航、车辆远程监控、紧急救援以及信息娱乐服务等。

C-V2X 是基于蜂窝的通信技术，包含两种通信接口：一种是车、人、路之间的短距离直接通信接口 PC5；另一种是终端和基站之间的蜂窝通信接口 Uu，实现长距离大范围的可靠通信。

LTE-V 系统由用户终端、路侧单元和基站三部分组成，针对车辆应用定义了蜂窝链路式（LTE-V-Cell，Uu）和短程直通链路式（LTE-V-Direct，PC5）两种通信方式。前者承接传统车联网业务，后者可以大大减少路侧单元数量。

V2X 通信的安全风险主要来源于网络通信、业务应用、车载终端和路侧设备等车路协同控制的架构：车路协同通过端、管、云三层架构实现环境感知、数据融合计算和决策控制，实现智慧交通。端是指交通参与的实体元素，包括具有通信功能的车载单元和路侧单元、具有感知功能的摄像头和雷达等、路侧交通设备红绿灯、电子公告牌。管是指实体元素互联互通的网络，包括 4G/5G 和 C-V2X。云是指数据汇集、计算分析、决策、维护的平台，分为边缘侧和中心云。

车路协同控制的应用有停车场自主泊车、城市快速公交系统、景区无人车辆等。

项目七
汽车车载通信新技术

★工作情景描述

随着汽车科技化、智能化、网络化的不断发展，汽车先进驾驶辅助系统(ADAS)、高清车载娱乐系统、车联网系统、云服务及大数据等新兴技术在车辆上的应用，急需一种高带宽、可开放、可扩展、兼容性强及网络聚合便捷的车载网络系统，以满足车载网络的严格法规要求、车载电气环境及高可靠性要求。

★学习目标

通过学习，应达到以下目标：①掌握车载以太网的基本概念；②掌握车载以太网的网络架构；③掌握智能网联线控系统的结构组成；④能正确分析智能网联线控系统的工作原理。

★知识准备

任务一　车载以太网认知

一、车载以太网的概念与特点

车载以太网指的是通过以太网技术，使汽车内部的电子单元互联互通。我们最常见的以太网技术主要以四对非屏蔽双绞线电缆为主，而车载以太网技术在传输数据时只需要通过单对非屏蔽双绞线就能够实现 100 Mb/s，甚至 1 Gb/s 的传输速率，并且完全符合汽车领域提出的功耗小、电磁辐射小、可靠性强的网络架构要求。

车载以太网技术现已被数据中心联盟标准化，该中心目前正在加大以太网在车载网络中的应用。如今，以太网已被应用于汽车娱乐与辅助驾驶系统中，预计不久后其将成为车载网络的“龙头”，这是由它的开放性、可扩展性、廉价性所决定的。

(一)灵活开放性

在车载子系统数量不断增多的现状下，各子系统应该更加注重数据信息的共享。以往使用的车载网络如今已经很难在带宽上适用，在车载网络标准中占据核心地位的 CAN、FlexRay 也将面临停滞不前的发展困境，虽然 MOST 总线能够实现 150 Mb/s 的带宽，但其以多设备共享带宽为常规架构。相较于传统车载网络，以太网的架构是灵活性极高的星形连接，可以为各链路提供 100 Mb/s 的专项带宽，其灵活性主要体现在以下方面：

(1)它是一种以中央节点为中心，把若干外围节点连接起来的辐射式互联结构，各节点与中央节点通过点与点的方式连接，中央节点执行集中式通信控制策略。

(2)它以星形拓扑结构组网，其中任何两个站点要进行通信都要经过中央节点控制。

(3)它是当今现有局域网中最通用的通信协议标准，该标准定义了在局域网中采用的电缆类型和信号处理方法。直扩的无线以太网可达 11 Mb/s，许多制造供应商提供的产品都能采用通用的软件协议进行通信，开放性最好。

(二)可扩展性强

在 ADAS 越来越复杂的情况下，汽车行业对一种简单且标准的技术方法的需求显得无比迫切。随着各子系统之间逐步隔离，将车载系统作为一个网络开展相关管理和运营活动，就能够满足重用性与互操作性的要求。以太网刚好能够满足上述需求，所以主干网络选用以太网最为合适，且以太网在各领域中都能得到较好的应用，尤其适用于对带宽需求庞大的领域。

二、车载以太网网络分层

车载以太网络是以高速以太网作为骨干网络，使用有线网络将核心域控制器（动力总成、车身、娱乐、ADAS）等连接在一起的网络架构，如图 7-1 所示。各个域控制器在实现专用的控制功能的同时，还提供强大的网关功能。这种基于域控制器的网络架构改变了传统的车载网络中 ECU 到 ECU 的点到点通信方式。例如，在车身控制域内部，各部件通过 CAN、LIN 沟通实现数据共享；在娱乐子网中，娱乐域控制器与其子部件的通信通过以太网实现；当一个域需要与其他域交换信息时，则经由网关、以太网路由实现。

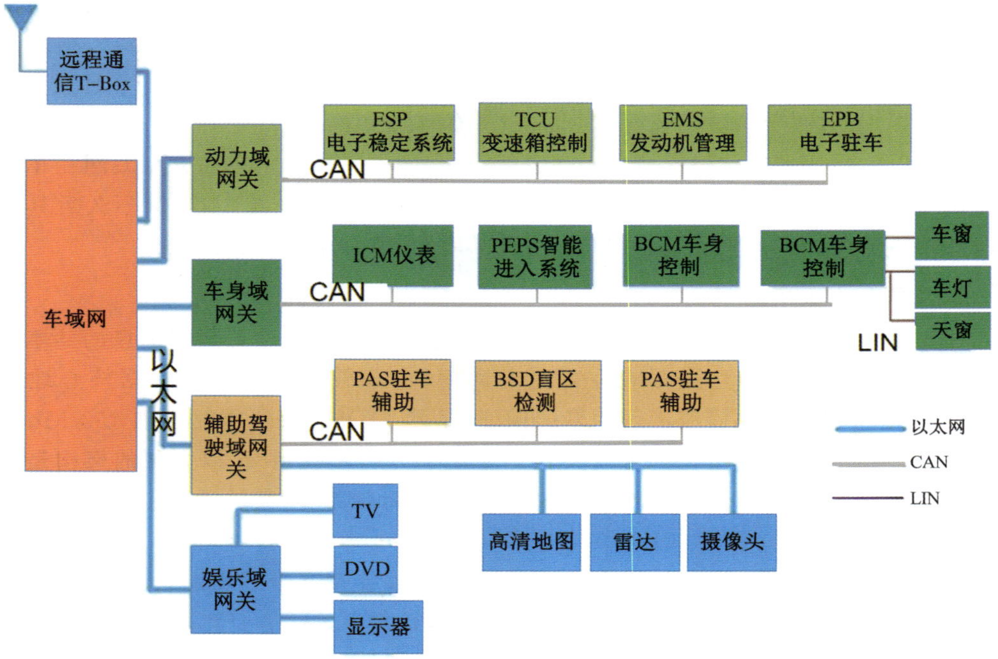

图 7-1　以太网汽车网络架构

任务二　智能网联线控底盘通信技术

线控技术是将驾驶员的操作动作经过传感器转变成电信号来实现传递控制，替代传统机械系统或者液压系统，并由电信号直接控制执行机构以实现控制目的。其基本原理如图 7-2 所示。

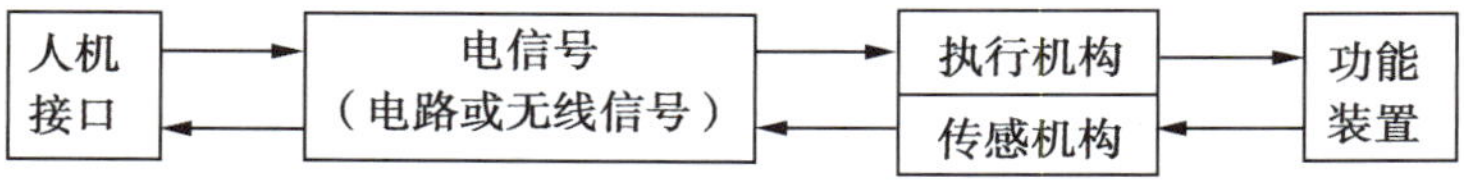

图 7-2　线控技术的基本原理图

一、线控转向系统认知

(一)线控转向系统简介

线控转向系统(steering by wire,SBW)是智能网联汽车实现路径跟踪与避障避险必要的关键技术,为智能网联汽车实现自主转向提供了良好的硬件基础,其性能直接影响车辆的主动安全性能与驾乘体验。

线控转向系统取消了传统的机械式转向装置,转向盘和转向轮之间无机械连接,可以减轻车体质量,消除路面冲击,具有减小噪声和减震等优点。

(二)线控转向系统结构

线控转向系统主要由方向盘模块、转向执行模块和 ECU 三个主要部分以及自动防故障系统、电源系统等辅助模块组成,如图 7-3 所示。

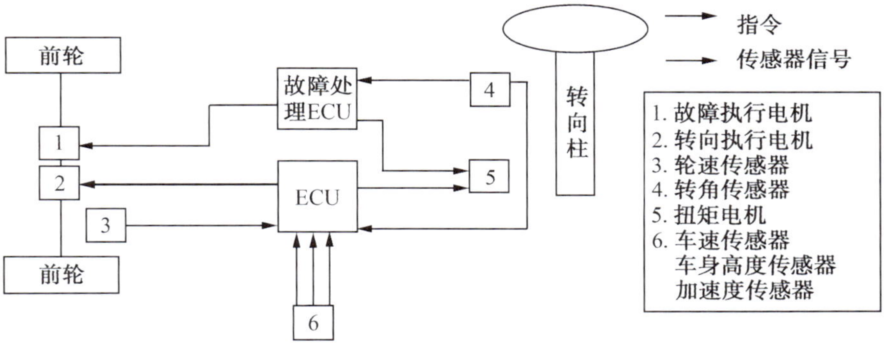

图 7-3　线控转向系统组成结构图

转向盘模块包括转向盘、转向盘转角传感器、扭矩电机,其主要功能是将驾驶员的转向意图,通过测量转向盘转角转换成数字信号并传递给主控制器;同时接受 ECU 送来的力矩信号产生转向盘回正力矩,向驾驶员提供相应的路感信号。

转向执行模块包括前轮转角传感器、转向执行电机、转向电机控制器和前轮转向组件等,其主要功能是接受 ECU 的命令,控制转向电机实现要求的前轮转角,完成驾驶员的转向意图。

ECU 对采集的信号进行分析处理,判别汽车的运动状态,向扭矩电机和转向执行电机发送命令,控制两个电机的工作,其中转向执行电机完成车辆航向角的控制,扭矩电机模拟产生方向盘回正力矩以保障驾驶员的驾驶感受。

电源系统承担控制器、执行电机以及其他车用电机的供电任务,用以保证电网在大负荷下稳定工作。

自动防故障系统是保证在线控转向系统故障时,提供冗余式安全保障,它包括一系列监控和实施算法,针对不同的故障形式和等级作出相应处理,以求最大限度地保持汽车的正常行驶。

当检测到 ECU、转向执行电机等关键零部件产生故障时,故障处理 ECU 自动工作,首先发出指令使 ECU 和转向执行电机完全失效,其次紧急启动故障执行电机以保障车辆航向的安全控制。

(三)线控转向系统的工作原理

如图 7-4 所示,线控转向系统的工作原理是:当转向盘转动时,转向盘转矩传感器和转向角传感器将测量到的驾驶员转矩和转向盘的转角转变成电信号输入到 ECU,ECU 依据车速传感器和安装在转向传动机构上的角位移传感器的信号来控制转矩反馈电动机的旋转方向,并根据转向力模拟生成反馈转矩,同时控制转向电动机的旋转方向、转矩大小和旋转角度,通过机械转向装置控制转向轮的转向位置,使汽车沿着驾驶员期望的轨迹行驶。

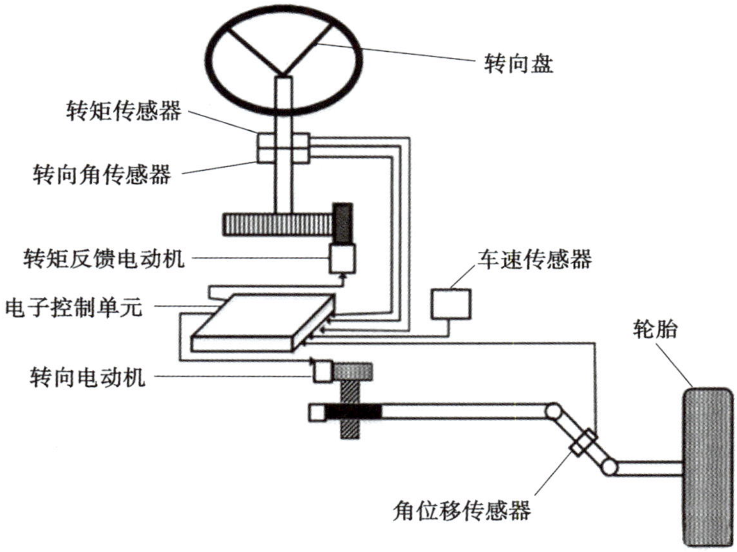

图 7-4　线控转向系统的工作原理

二、线控驱动系统认知

(一)线控驱动系统简介

线控驱动系统(drive by wire,DBW)是智能网联汽车的必要关键技术,为智能网联汽车实现自主行驶提供了良好的硬件基础,也被称为线控节气门或者电控节气门。

发动机通过线束代替拉索或者拉杆,在节气门侧安装驱动电动机带动节气门改变开度,根据汽车的各种行驶信息,精确调节进入气缸的油气混合物,改善发动机的燃烧状况,大大提高了汽车的动力性和经济性。此外,线控驱动系统可以使汽车更为便捷地实现定速巡航、自适应巡航等功能。

(二)线控驱动系统的结构

线控驱动系统主要由加速踏板、加速踏板位置传感器、ECU、数据总线、伺服电动机和加速踏板执行机构组成,如图 7-5 所示。

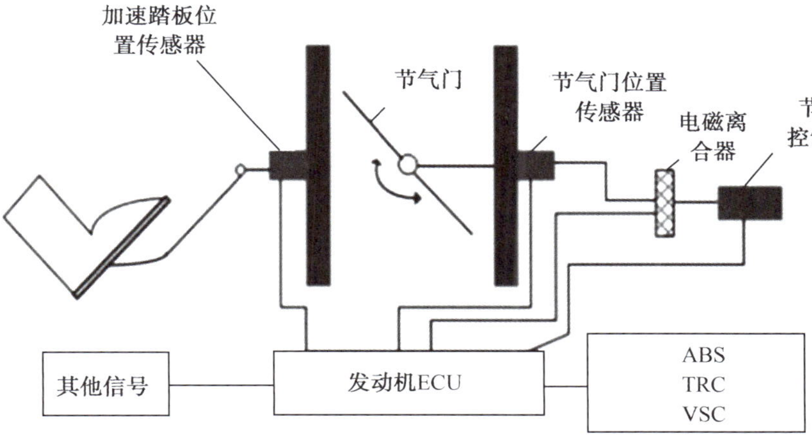

图 7-5 线控驱动系统结构示意图

三、线控制动系统认知

线控制动系统(brake by wire,BBW)是智能网联汽车"控制执行层"的必要关键技术,为智能网联汽车实现自主停车提供了良好的硬件基础,是实现高级自动驾驶的关键部件之一。它是将原有的制动踏板机械信号通过改装转变为电控信号,通过加速踏板位置传感器接收驾驶员的制动意图,产生制动电控信号并传递给控制系统和执行机构,并根据一定的算法模拟踩踏感觉反馈给驾驶员。

传统制动系统与线控制动系统的区别如图 7-6 所示。线控制动技术在 F1 赛车上的应用已经非常成熟,但因其成本及技术问题,目前还未在乘用车上普及。

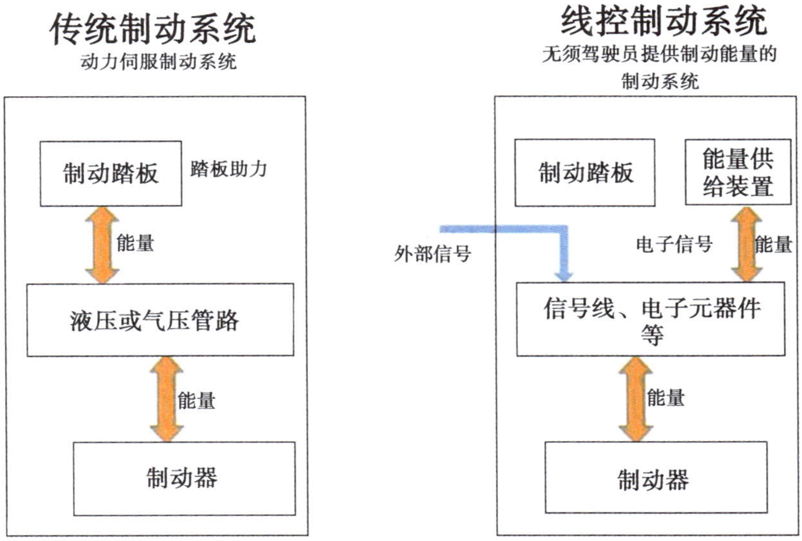

图 7-6 传统制动系统与线控制动系统的区别

★学习评价

1.填空题

(1)车载以太网指的是通过__________技术,使汽车内部的电子单元互联互通。

(2)以太网以________________结构组网,其中任何两个站点要进行通信都要经过____________控制。

(3)车载以太网络是以______________作为骨干网络,使用有线网络将核心域控制器(动力总成、车身、娱乐、ADAS)等连接在一起的网络架构。

(4)线控转向系统主要由____________、____________和____________三个主要部分以及自动防故障系统、电源系统等辅助模块组成。

2.选择题

(1)智能网联汽车是由(　　)组成的。

A.环境感知层　　B.智能决策层　　C.控制层　　D.执行层

(2)智能网联汽车的功能有(　　)。

A.环境感知与定位系统　　B.无线通信系统

C.车载网络系统　　D.先进驾驶辅助系统

★知识拓展

奥迪 ADAS 技术应用

近年来，ADAS 市场增长迅速，原来这类系统仅局限于高端市场，而现在正在进入中端市场。与此同时，许多低端技术在入门级乘用车领域的应用更加常见，经过改进的新型传感器技术也为系统布署创造了新的机会。

ADAS 的发展可以分别从技术和市场应用两个角度来分析。从技术研发角度来看，ADAS 的研发通常是由政府牵头并出资设立相关研究项目，支持并推动技术的开发工作，而实际的开发工作则是由整车厂商与零部件厂商或独立、或合作完成的。从市场应用角度来看，各国政府和消费者都深刻认识到降低事故频率、减轻事故伤害的重要性，而 ADAS 作为前沿的主动安全技术，可以有效降低多数事故类型的发生频率。

1.ADAS 的定义

ADAS(advanced driving assistance system，ADAS)是利用安装在车辆上的传感、通信、决策及执行等装置，监测驾驶员、车辆及其行驶环境并通过影像、灯光、声音、触觉提示/警告或控制等方式辅助执行驾驶任务或主动避免/减轻碰撞危害的各类系统的总称。

2.ADAS 与自动驾驶的关系

ADAS 与自动驾驶之间是有区别的，如表 7-1 所示。

表 7-1　ADAS 与自动驾驶的关系

SAE 分级	SAE 称谓	SAE 定义	转向和变速操作	监控驾驶环境	极端驾驶情况的应对	系统作用范围
0	无自动化	人类驾驶员完成所有的驾驶操作，系统只起到警告和辅助的作用	人类驾驶员	人类驾驶员	人类驾驶员	无
1	辅助驾驶	辅助系统完成转向或变速中的一项操作，其他所有驾驶操作由人类驾驶员完成	人类驾驶员 & 系统	人类驾驶员	人类驾驶员	部分
2	部分自动化	辅助系统完成转向和变速两项操作，其他所有驾驶操作由人类驾驶员完成	系统	人类驾驶员	人类驾驶员	部分
3	有条件自动化	自动驾驶系统完成所有驾驶操作，需要人类驾驶员恰当应答系统的请求	系统	系统	人类驾驶员	部分
4	高度自动化	自动驾驶系统完成所有驾驶操作，不一定需要人类驾驶员恰当应答系统的请求	系统	系统	系统	部分
5	完全自动化	自动驾驶系统达到人类驾驶水平，可处理任何道路和环境的驾驶情况	系统	系统	系统	全部

注：表中 0、1、2 三级属于辅助驾驶(人类驾驶员监控环境)，3、4 两级属于自动驾驶(自动驾驶系统监控环境)，5 级属于无人驾驶。

3.ADAS 的分类及应用

2019 年 1 月 4 日，全国汽车标准化技术委员会在其官网发布了《道路车辆 先进驾驶辅助系统（ADAS）术语及定义》的征求意见稿。该标准中术语对 ADAS 的覆盖范围全面且完整，确定其范畴不涉及自动驾驶系统，明确了边界；不包括有关“系统”层级的定义表述，只对 ADAS 的基本功能进行定义。该标准将技术路线类似的 ADAS 术语相邻排序，总体分成“信息辅助类”与“控制辅助类”两个大的类别。其中 ADAS 的主要应用如表 7-2 所示。

表 7-2 ADAS 的主要应用

系统名称	主要构成	系统功能
车道偏离报警系统（LDW）	摄像头、雷达	当车辆离开其车道，或者接近道路边缘时，系统发出声音报警或者动作报警
前车碰撞预警（FCW）	摄像头、雷达	当车辆与前车太近即将发生碰撞前，系统自动发生警报
交通标志识别系统（TSR）	摄像头	提醒驾驶员注意前面的交通标志，以便驾驶员遵守这些标志
行人/障碍物/车辆探测（PD）	摄像头、雷达	在恶劣的天气条件下，测量车辆的行驶速度
系统自适应巡航控制系统（AC）	传感器、雷达	用于保持车辆以恒定的车速行驶，与交通状况相适应
夜视系统（NV）	传感器、摄像头	帮助驾驶员在很暗的条件下识别超出了车辆大灯的视场范围物体
自适应远光控制系统（AHBC）	传感器、摄像头	用摄像机来探测交通状况，来调亮或者调暗远光灯
驾驶员困倦报警系统	摄像头	驾驶员睡眠时发出报警指示

参考文献

[1]黄建文．汽车车载网络系统检修一体化项目教程[M]．上海：上海交通大学出版社，2012.

[2]廖向阳．车载网络系统检修[M]．3版．北京：人民交通出版社，2014.

[3]于万海．车载网络系统原理与检修[M]．3版．北京：电子工业出版社，2018.

[4]李雷．汽车车载网络系统检修[M]．北京：人民邮电出版社，2009.

[5]林为群．汽车单片机及车载网络系统[M]．北京：人民交通出版社，2007.

[6]吴海东．汽车车载网络技术与检修[M]．北京：北京理工大学出版社，2010.

[7]徐景波．汽车总线技术[M]．北京：中国人民大学出版社，2011.

[8]孙泽昌．汽车CAN总线系统原理[M]．北京：电子工业出版社，2011.

[9]付百学．汽车车载网络技术[M]．2版．北京：机械工业出版社，2019.

[10]韩旭东，陈志军，刘国辉．最新高档汽车车载网络拓扑图集[M]．鞍山：辽宁科技大学出版社，2018.

[11]凌永成．车载网络技术[M]．北京：机械工业出版社，2020.

[12]龙志军，冯竞祥，李泽斌．车载网络技术[M]．武汉：武汉大学出版社，2017.

[13]齐建民，李军．汽车车载网络技术[M]．北京：中国铁道出版社，2013.

[14]胡思德．汽车车载网络技术详解[M]．北京：机械工业出版社，2013.

[15]刘春晖．汽车车载网络技术详解[M]．北京：机械工业出版社，2019.

[16]刘鸿健．汽车单片机与车载网络技术[M]．北京：化学工业出版社，2016.